辽宁传

祝勇 著

中国出版集团公司
华文出版社

祝勇,作家、纪录片导演,艺术学博士,祖籍菏泽,1968年出生于沈阳,现任故宫博物院研究馆员、故宫文化传播研究所所长。出版《故宫的古物之美》《故宫的古画之美》《故宫的书法风流》《在故宫寻找苏东坡》等数十部著作,计五百余万字。"祝勇故宫系列"由人民文学出版社出版。任《苏东坡》等十余部大型纪录片总编剧,获金鹰奖、星光奖等多种影视奖项。任国务院新闻办、中央电视台大型纪录片《天山脚下》总导演,该片入选"新中国七十年纪录片百部典藏作品"。

◇ 辽宁本溪五女山山城

◇ 辽宁北镇市北镇庙是中国最大、保存最好的镇山庙宇,建于隋文帝开皇十四年(594年),是古人祭祀医巫闾山山神之庙

◇ 辽宁朝阳南塔

◇ 女神头像（新石器时代），辽宁凌源牛河梁遗址女神庙出土，辽宁省文物考古研究所藏

◇ 鹿形、虎形金饰片（战国时期），辽宁凌源三官甸子青铜短剑墓出土，辽宁省博物馆藏

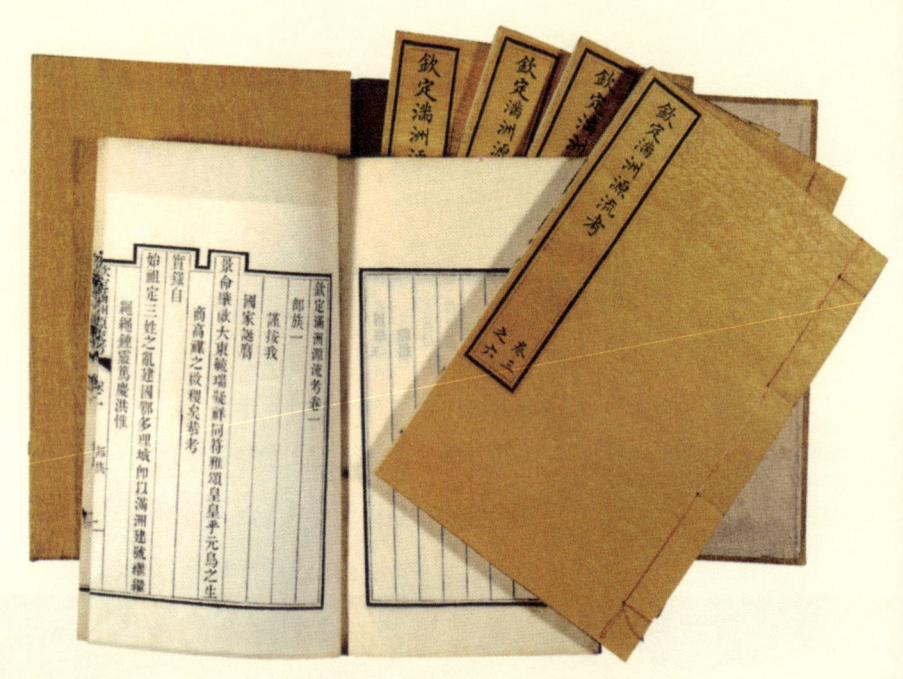

◇ 钦定《满洲源流考》（清），阿桂等奉敕撰。乾隆四十二年（1777年）武英殿刻本。故宫博物院藏

◇ 辽宁朝阳云接寺塔身雕饰

◇ 辽宁九门口·水门

◇ 赫图阿拉，满乡夕照

◇ 沈阳故宫

◇ 沈阳故宫大政殿

◇ 沈阳故宫凤凰楼

◇ 清昭陵隆恩门与碑亭

目录

自 序 ◦◦ 1

楔 子 ◦◦ 1

万历的噩梦

万历四十一年（1613年）九月的那个早上，一个异族女子，骑在一匹烈马上，出现在万历皇帝的视野里。不知为何，这一场景令皇帝感到窒息，狂乱的马蹄，仿佛踩踏着他的神经，令他疼痛难忍。那匹马荡起飞尘，仿佛一团团的祥云，在马的四周飘动。

第一章 ◦◦ 13

一个民族的传奇

历史的目光再次聚焦于辽宁大地。几乎整个萎靡沉寂的国度，都能倾听到女真人的心跳。他们的心跳整齐、昂扬、浑厚，仿佛江河的共鸣。那些曾经被蒙古人的刀锋所驱赶和屠戮的身躯，在经历了血淋淋的撕裂与麻木，以及比黑夜更加恐怖的死亡之后，于万历十一年（1583年）复活了。

第二章 ◦◦ 63

共享的家园

中华文明本质上是一种多元混合型文明，这首先是由于中华文明不是单一起源，而是多点共生的。多种不同的文明体系，在发展蔓延的过程中，不可避免地出现碰撞、汇合和交融，使中华文明处于经久不息的变迁之中，并在变迁中不断优化和成长。

第三章 ◊◊ 91

漂泊不定的长城

长城如同一把刻度精确的皮尺，镌刻着我们的里程。无论从哪个角度观望长城，它都有一种气吞万里的气势，跳跃奔腾的节奏，像一条道路、一条河流、一道雨后的彩虹、一个绵延不绝的回忆、一首有始无终的民歌、一个人的一生。

第四章 ◊◊ 201

帝国创伤

西方人的几声炮响，就把避暑山庄里的中国皇帝吓破了胆。这个大陆时代的主角，在海洋时代只能做一名观众，甚至，其地位连观众都不如，他们直接成为列强凌虐的对象。那些曾经在东北的草原上奔驰的战马，对于强大的炮舰无可奈何。

第五章 ◊◊ 293

艰难的统一

在历经军阀混战之后，当时的东北军，掌握在一个具有现代国家意识的政治家手里，他的民族主义思想，在一定程度上得自父亲的遗传，而他的国际眼界和现代知识结构，使他的头脑里比他的草莽父亲多了一些先进的元素。

自 序

一

这是一部关于辽宁的书,也是一部关于中国的书。

2007年春天,在沈阳,当辽宁出版集团向我约稿,表示他们希望我来撰写此书时,我认为这几乎是一项不可能完成的任务。

这个课题本身就充满难度,首先是内容的难以想象,而且,我还试图摆脱学术史的写法,写出我的个人风格。曾任丹佛大学教授的谢善元先生回忆当年在中国台湾东海大学聆听张佛泉先生主讲哲学概论时说:第一次见张教授,张什么话都不说,从灰色长袍里取出一只苹果放在讲台上,让所有学生花10分钟去详尽描述它。他说:"年事稍长,我们逐渐意识到认知主体与被认知客体之间往往有一层不可逾越的距离。"[①]而辽宁,并非一只苹果,它拥有比苹果复杂得多的结

[①] 谢善元:《〈蒋经国传〉序》,见《蒋经国传》,第1页,北京:中国友谊出版公司,1987年版。

构，它既切近又遥远、既真实又模糊、既具体又抽象，它在空间上是有限的，在时间上却漫无边际。作为一个出生在辽宁的人，我只是它内部微不足道的一部分，又如何能够拥有一个观察它的可靠视角？

以一个地域为切片，来描述中国的历史、传奇和现实，这种写法，先例很少，但它正是本书的追求之一。以前这类作品，我喜欢的，有吕西安·费弗尔的《莱茵河》。我甚至不知该如何界定它，是历史散文，还是历史报告文学？按国外的分法，它大概当属非虚构类作品。但我想，这无论如何是一项有意义的写作。

本书的写作追求之二，是在驳杂的历史景象中寻找一条叙事线索。辽宁至今还没有出版过一部通史，在业已出版的中国通史中，我推崇张荫麟先生的《中国史纲》。可惜我在本书完成以后，才在我的博士导师刘梦溪先生的督促下读了这本书。尽管本书并非一部史学专著，而是一部文学作品，但实际上张荫麟先生的《中国史纲》，也有极强的散文性。顾颉刚先生1945年编著《当代中国史学》时，认为比较理想的中国通史，有吕思勉《白话本国史》《吕著中国通史》，邓之诚《中华二千年史》，陈恭禄《中国史》，缪凤林《中国通史纲要》，张荫麟《中国史纲》，钱穆《国史大纲》等。而对于其他中国通史的写作，顾颉刚先生认为："到今日为止，出版的书虽不少，但很少能够达到理想的地步"，"故所有的通史，多属千篇一律，彼此抄袭","编著中国通史的人,最易犯的毛病,是条列史实,缺乏见解;其书无异为变相的《纲鉴辑录》或《纲鉴易知录》,极为枯燥。"70多年过去了,顾颉刚先生所说的这种情况,在中国通史乃至其他通史的写作中,仍然存在。

在我看来,这一方面是由于我在前面提到的写作难度所致,连张荫麟也说:"无论对于任何时代,没一部中国通史能说最后的话。所以写中国通史永远是一种极大的冒险。这是无可如何的天然限制,但我们不可不知有这种限制。"① 另一方面,是由撰述者的指导思想和能力所导致的。即:在纷繁的史料中,他们不能发现一条连续的线索,也不能为这条线索提供有意味的史实。

这使张荫麟的《中国史纲》在至今不下百种的中国通史中脱颖而出。严耕望先生说过,中国通史必须折中于重点与全面之间,并能上下脉络连贯一气,与断代史有别,与专史也有别。他认为,一部通史,假若不能绘出中国历史发展的脉络和它独有的神韵气数,还是不写为好。

二

尽管本书并非一部真正的通史,但我动笔时的初

---

① 张荫麟:《中国史纲·自序》,见《中国史纲》,第7页,上海:上海古籍出版社,1999年版。

衷，竟与严耕望先生的观点不约而同。也就是说，我从一开始，就着眼于发现一条贯穿辽宁的一气呵成的大历史线索，只有如此，才知道如何选择史实，而那些零散和孤立的史实，才能活起来，在推进中，才有波澜，如韩昌黎先生所说"记事者必提其要"。

因此，我在本书第一章就提到辽宁在地理上的特异性——它刚好处于几大文明板块的衔接带上，并因此导致了辽宁文明的鲜明特征——一种最彻底的多元型文明。应当承认，我在本书写作时，受到亨廷顿教授"文明冲突论"的影响，这位美国哈佛大学国际和地区问题研究所所长、当代最著名的国际政治学者，在《文明的冲突与世界秩序的重建》一书中，把冷战结束后的世界格局分为七大或八大板块，即中华文明、日本文明、印度文明、伊斯兰文明、西方文明、东正教文明、拉美文明，还有可能存在的非洲文明，冷战后的世界，冲突基本根源不再是意识形态，而是文化方面的差异，主宰全球的将是"文明的冲突"。我把"文明冲突论"用于历史研究中，把冲突作为推进历史的一个动力因素，而几大文明板块衔接点上的辽宁，刚好恰如其分地展现了这一历史进程。

然而，为"文明冲突论"提供证据，并非本书的目的。在本书中，我们可以发现超越"文明冲突论"的内容，或许这些内容，使我们可能看到"文明冲突论"的局限性。我试图说明，辽宁（乃至世界）的历史，有冲突的方面，更有对冲突的超越。冲突，是缘于"异"（差异），与之相比，趋同的力量，则显得更加强大。中华文明的主线，不是因"异"而导致的冲突，而是求同。因为种族与文明不论怎样相异，它们追求美好生活、尊重自然等理想是一致的，这使文明具有超越种族的意义，所以我说："更多时候，战争带来的却是关于和平的消息。我们遗忘和平，不是因为和平不存在，而是因为它太过平常，没有任何波澜。史书中对和平岁月的记载少之又少，所以我们更加关注战场上的历史。每个人内心深处都对英雄存有敬意，却对英雄赴死的目标有所忽视。实际的情况是，与战争相比，和平在更大的范围上存在着。""在兵刃的对话之外，不同种族在这块土地上尝试着合作的可能，后者对历史的贡献更加巨大，可惜的是，他们几乎全部被英雄们的呐喊湮没了。"吕思勉、钱穆在各自的通史引论里，都谈到"人类已往的社会，似乎是一动一静的"，吕称之为"生命的节奏"——"人类历史之演进，常如曲线形之波浪，而不能成一直线以前行"，钱称之为"历史的风韵"，大抵就是这个意思。王家范把这动—静视为历史的"要穴"。我们通常关注"动"的方面，本书也花了大量篇幅，对"动"进行描述，但我想说的是："动"的结果是"静"，"动"是表现，而"静"是核心，如同"异"是形式，而"同"才是根本。

如前所述，辽宁地处东北渔猎文化与中原农耕文化、北方草原文化接触的前沿，无论是辽西山区的红山文化因吸收了中原农耕文化的先进因素而率先升起第一道文明的曙光，还是从白山黑水走出来的满族人建立了一个庞大的大清帝国（今日中国的版图正是从大清帝国继承而来），都证明了辽宁文明求同的强大冲动和它对历史的推动力。正因如此，满族人主导的清朝，才能建立起中国历史上最大的跨民族共同体。

这是我在本书中试图贯彻的一条主线，所有的材料，必须围绕它来决定弃取，而不能面面俱到。张荫麟说："最能按照史事之重要的程度以为详略的通史，就是选材最恰当的通史。"① 他列出五条选择史实的标准：一、新异性，即"内容的特殊性"；二、实效，即对当时人群的影响力；三、文化价值，即美的价值；四、训诲功用，即成败得失的借鉴；五、现状渊源，即史实与现状的"发生学之关系"。我除了同意以上五条标准外，还可以为他补充第六条，即"历史的情趣"，因为历史本身比小说更加生动，我们在描述历史的时候不能过于理性，被主线拘束住，而显得毫无情趣。王家范在解释通史之"通"时说："能凸显其意境者方谓之'通'。"② 这份意境，大抵就是他所说的历史

---

① 张荫麟：《中国史纲·自序》，见《中国史纲》，第3页，上海：上海古籍出版社，1999年版。

② 王家范：《中国史纲·导读》，见《中国史纲》，第16页，上海：上海古籍出版社，1999年版。

所"独有的神韵气数"。

这是我写作本书的重要出发点,即在贯通性的线索和灵动的细节之上,努力表达历史所"独有的神韵气数",与历史气息相通,而不是如王家范先生所诟病的,"光靠史料填充版面","全然丢掉了'通史'的灵魂"。①为此,我力求以文学的笔法,表达史学的主题,从这个意义上说,这也是一种跨文体或曰跨学科的写作,希望这种写作方法,能使读者(尤其是外国读者)在阅读本书时感到轻松。我推崇张荫麟的《中国史纲》,是因其既抓到了根本,讲得清楚,又生动活泼,不像许多通史一样从概念出发,充满条条框框。王家范说他"很像是一位具有艺术天赋的导演,要把历史舞台上的人和物、时间和空间调度得活灵活现"。②这也是本书致力的目标。

正因为将文明的冲突—融合这一动一静作为本书的叙事线索,所以本书在讲述中国历史的时候,落点放在辽宁这个特殊的地域,又不能局限在辽宁,而是从中国大历史的视角来审视它。任何事物都生存于某个环境中,都通过与其他事物的关系确定自身,辽宁也不例外。如同任何一个地域一样,辽宁不是单独存在的,而是在与其他地域、其他文明的互动中存在和

---

① 王家范:《中国史纲·导读》,见《中国史纲》,第16页,上海:上海古籍出版社,1999年版。
② 同①。

发展。我们已经习惯于把一个叙述对象剥离出来，沉溺于对它的微观研究，这固然是重要的，但不足以使我们看清我们面前的事物，有时我们退得远一点，反而使事物的形象更加明晰，使它与周围事物的联动清晰可见，那时，我们看到的将不是一个死的标本，而是一个活的生命体。将辽宁的历史和文明放置在中华文明乃至世界文明的大的参照系中去，使本书获得一个更加立体的维度，是本书的追求之三，也是我一贯坚持的写作路线。我曾经为中央电视台写的《1405：郑和下西洋》，以及一本从世界视角观察中国近代史的历史非虚构作品《远路去中国》（原名《纸天堂》）等，都遵循这样的写作方向。辽宁是从中国肌体上取下的一个切片，我们无法孤立地谈论它。谈论辽宁，就是谈论中国；谈论历史，就是谈论现在和将来。

三

即使从具体操作层面上讲，这项工作也是困难的。资料的缺乏，就是一个不可回避的难题。没有一套现成的资料，辽宁省也从未编纂过通史（到我写作此书时为止）。一切需要从头开始。从某种意义上说，搜寻史料的工作，比写作本身更加艰巨。好在背后有辽宁省委宣传部和辽宁出版集团作为后盾，曾任辽宁省委宣传部部长的著名作家王充闾先生，宣传部孟繁华副部长、张允强处长等都给予了极大的支持，使资料收集工作走了不少捷径，而我本人对史料保持着多年不变的嗜好，在档案馆、图书馆翻检那些多年无人动过的原始材料，内心兴奋不可言说。加之我在美国加州伯克利大学访学期间，在伯克利大学中国研究中心和斯坦福大学东亚图书馆以及胡佛档案馆搜集的资料、记的卡片以及翻拍的一些图片，在本书的写作中居然也派上了用场。

除了这些资料外，我在本书写作中，还利用了一些前人的成果，包括老一代辽宁地方史学者的成果，尤其注重西方汉学家的学术成果——费正清、麦尔法夸尔、魏斐德、史景迁、特里尔、施拉姆等，都对中国有深度观察，我想这既有利于增加本书的视角，也有利于外国人对本书的理解。

毫无疑问，本书自始至终渗透着写作者的个人立场，这是我在写作之初就坚持的。我是观察苹果的无数学生之一。本书可以被视为我对辽宁的个人化解读、一个有关地域历史的个人读本，或者，一篇超长的历史文化散文——它并非纯粹的史书，我试图把它塑造成一个结合了历史、文学和学术的综合文本。

尽管离开故乡多年，但我毕竟在辽宁出生、求学、长大。我愿把本书作为我对故乡的回报。

本书原名《辽宁大历史》，2013年由东方出版社出版。2018年版权到期，没有再版。2020年，华文出版社与我联系，希望将此书重版。于是我对书稿进行了全面修订，删除了原稿的最后两章，更名《辽宁传》，以全新的面目呈现在读者面前。在此感谢华文出版社的领导，尤其感谢责任编辑杨艳丽、郭俊萍所做的大量细致而艰辛的工作。乌丙安、周玉、郭大顺、陈文本、丁宗皓、梁启东、徐彻、魏运佳等专家看过初稿后也提出宝贵意见，特此一并致谢。

本书史实如有不妥之处，欢迎读者来函赐教，俾可再版时，予以更正。

祝 勇
2008 年 8 月 19 日记于康定
2009 年 12 月 7 日一改于北京
2009 年 12 月 29 日二改于北京
2018 年 8 月 8 日三改于成都
2021 年 10 月 20 日四改于成都

楔子 万历的噩梦

一　朝廷上的冷战

万历皇帝用一声阴郁的号叫终止了自己接二连三的噩梦。他睁开眼睛，阳光透过寝宫的花窗投射在地上，像一群斑驳的蝴蝶，翻飞跳跃。秋日的艳阳反衬着宫殿的幽暗与冷寂。万历的脸从四百多年前的幕帐背后浮现出来，一张毫无血色的单薄面孔，令人望而生畏。几十年中，他差不多已经被疾病折磨成一具行尸走肉。

自从万历十四年（1586年）起，这位皇帝就没有踏出过皇宫一步，直到去世，不理朝政有30余年之久。万历10岁登基，是名副其实的少年天子。也就是说，他生命中最重要的岁月，是在后宫度过的。晚明学者夏允彝描述："自贵妃宠盛，上渐倦勤，御朝日稀。"[①]的确，这位皇帝的最大乐趣就是泡在后宫的脂粉堆中醉生梦死，他平

---

① 〔明〕谈迁：《国榷》，第五册，第5154页，北京：中华书局，1958年版。

生最厌恶的恐怕就是文官们自以为是的面孔，更不愿意那些枯燥的奏折搅扰了自己的鹤梦。甚至内阁首辅，也很难见到皇帝本人。大臣们的奏章大多"留中"，不做任何处理。甚至部院主管大臣之类的任命，万历也懒得过问。在他看来，那些品级不同的官服穿在谁的身上都大同小异，与自己无干。按照明朝的官制，上述职位在没有得到皇帝钦命的情况下只能空缺，于是，政府中的许多重要职务长期空缺。这使"那些文官们除了极少数的人以外已不再有升迁到最上层的希望"[1]。至万历三十四年（1606年），大学士沈鲤向皇帝诉苦，吏部尚书已缺三年，左都御史亦缺一年，刑部、工部只有一位侍郎兼理，兵部则尚书、侍郎全缺，礼部仅存一侍郎，户部也只有一位尚书。总计部院堂上官三十一位，竟缺二十四位，如果去掉那些不守职责的官员，朝中几乎已经无人理政。这样残缺不全的政府机构，在中国历史上并不多见。朝政到了这个地步，皇帝依然无动于衷。万历甚至把庄严的庙祀也省略了，类似的繁文缛节一律由官员代行。帝国的政治机器在空转，对此，皇帝已经习以为常。

大明帝国的皇帝万历，是当时世界上拥有最大国土面积的帝王，然而，对于万历而言，几阙屈指可数的宫殿，就是他的全部世界；后宫的温柔乡，就是他的全部江山，是他获得江山的全部意义；万里江山，是为这个小小的宫

---

[1] 黄仁宇：《万历十五年》，第90页，北京：生活·读书·新知三联书店，2006年版。

阙而存在的，它的功能仅仅是为宫殿中的万历提供足够的白银。对于宫外那片望不到尽头的国土，他几乎一无所知。内阁首辅张居正死时留下的一笔国库积累，很快就被这位出手大方的皇帝挥霍殆尽。无奈之中，皇帝向全国派遣税监、矿吏，开始新一轮的搜刮运动，这种饮鸩止渴的做法，使整个帝国鸡犬不宁。

官员们目睹了皇帝身体日渐羸弱的过程。登极之初，万历曾以他高贵的仪表，给臣僚们留下深刻印象。"他的声音发自丹田，深沉有力，并有余音袅袅。"[①] 但他的血肉并未在时间中丰盈起来，而是恰好相反：他一天天地萎靡。臣僚们要过好长时间才能与他见上一面，这使他的颓败更加明显。他的病容已经触目惊心，像江山社稷一样一蹶不振，官僚们心知肚明，却难以明讲。

万历免朝，始于万历十四年（1586年）。这一年九月十六以后，万历连日因病免朝，至九月三十，仍不见好转。于是，万历再次命司礼监传谕，说他本欲御门临朝，可是日前暂免朝讲期间，"静摄服药"，并无效果，仍"身体虚弱，头晕未止"。由于"身体虚弱"，万历进而向阁臣提出，孟冬节令祭享太庙的典礼，无法驾临，只得派徐文璧恭代，"非朕敢偷逸，恐弗成礼"[②]。

此后，皇帝的龙体时好时坏，视朝、日讲便三天打

[①] 黄仁宇：《万历十五年》，第10页，北京：生活·读书·新知三联书店，2006年版。

[②] 《万历邸钞》，万历十四年丙戌卷，见《明神宗实录》卷一七八，万历十四年九月末，中央研究院历史语言研究所校印。

鱼两天晒网。万历十五年（1587年）三月初六，万历出现在朝堂上，接受百官朝贺，随后又在皇极门暖阁召见申时行等三位内阁辅臣议论朝政，一见到申时行等辅臣，就说："朕偶有微疾，不得出朝，先生每忧心。"①显然，皇帝知道，他的免朝，已使整个官僚系统陷入惶惶不安。这种不安是双重的，一方面是出于对皇帝龙体的忧虑；另一方面，则是对他不理朝政的不满。在他们看来，皇帝的龙体欠安，是他长年沉湎酒色的后果；而皇帝本人又利用了自己的疾病，把恼人的政务推得一干二净。万历十八年（1590年），一位名叫雒于仁的大理寺评判，在一封奏章中，对万历大加挞伐。他说：

> 我在朝做官已一年有余，仅朝见过皇上三次。此外只听说圣体违和，一切皆免。郊祀庙享，遣官代行，政事不亲自处理，讲筵也停止了很久。我知道陛下之病，是有病因的。我听说嗜酒则腐肠，恋色则伐性，贪财则丧志，尚气则戕生……

皇帝与百官的对峙在继续。张居正去世之后，申时行成为文官领袖，在皇帝与官僚之间充当着润滑剂的角色。这显然是一项艰苦的工作，以至于像申时行这样老谋深算的人，也坚持不了多久。万历十九年（1591年），申时行

---

① 《明神宗实录》卷一八四,万历十五年三月癸卯,见《明实录》第五十五册,中央研究院历史语言研究所校印。

终于辞官回乡。

申时行辞官，对于帝国的打击是致命的。这一点，当时几乎无人察觉。时日一久，官僚们才能体会出申时行在不动声色之间的良苦用心。但此时，一切都为时已晚。失去润滑剂的朝廷陷入空前的冲突中。至万历四十年（1612年），发展成了齐、楚、浙三党与东林党相互争斗的混乱局面。

万历无心，也无力收拾这种复杂的残局。他选择的策略，就是回避。除了渔色，他的最大兴趣就是赚钱，也就是趁自己活着的时候，为子孙（尤其是他最宠爱的福王）谋些产业，使他们在自己死后能高枕无忧。但事与愿违，他的所有努力造成的结果，却是将整个王朝，包括他的子孙们，推向万劫不复的深渊。那位备受他疼爱的福王常洵，很多年后，在洛阳被李自成斩首，用死亡偿还祖上的罪孽。

二　神秘的远方骑手

以今天的眼光来看，万历皇帝在那个早上所做的梦是颇为神秘的，因为它们对于历史的预言堪称准确无误，只是在当时，万历皇帝并不具备这样的历史眼光。他不认为他的王朝存在着任何的危机。华丽的宫殿与山呼万岁的官员们遥相呼应，述说着有关江山永固的谎言。谎言成本巨大，它征用了朝廷的财政和官员们的全部良心，而它的受众，只有皇帝一人。应当说，朝廷上进行的一切，无异于一场行为艺术，每个官员都参与到一场规模宏大的表演当中，以各自的方式，表达对于皇帝的忠诚，而所有的表演，都是为皇帝这唯一的观众服务的。没有了这个观众，无论多么精湛的演技都会变得一钱不值。

在忠诚的表象之下，表面上铁板一块的朝廷，正迅速分化成越来越多的利益群体。明朝的江山如同一片被骄阳炙烤已久的土地，正在龟裂成越来越小的板块，缝隙在迅速蔓延，成长为纵横交错的深渊，即将吞没江山永固的神话。

万历四十一年（1613年）九月的那个早上，一个异族女子，骑在一匹烈马上，出现在万历皇帝的视野里。不知为何，这一场景令皇帝感到窒息，狂乱的马蹄，仿佛踩踏着他的神经，令他疼痛难忍。那匹马荡起飞尘，仿佛一团团的祥云，在马的四周飘动。它由远而近，他还没有来得及看清骑手的相貌，她已经出现在他的面前，手持一柄长戈，向他刺来。他大叫一声，发现自己正躺在龙榻上，额头冒出许多虚汗。

万历皇帝惊魂甫定，虚弱的身体隐隐作痛。贴身的太监为他擦去额角的汗珠。他命太监宣大臣们进宫。对于大臣而言，这样面见皇帝的机会并不多。他们纷纷跪倒在龙榻前。皇帝向他们讲述了这个奇怪的梦。史官根据皇帝的叙述，将这个梦写进《明神宗实录》，这使我们有可能在四百多年之后，依然对这场梦了如指掌。皇帝希望臣子们能够为他解梦，他说：

"诸位可以不避忌讳，其意如何？直言讲来。"

官员们很快提供了他们的答案：梦中的异族女子，就是古代的女直（女真）[①]、现在的满洲（后金）；乘马持矛，用意在于夺取大明帝国的江山。

如果史书的记载是正确的，那么，我们应当惊异于历史的提示。在明朝开始向着那个万劫不复的深渊滑落的时候，命运已经以梦的方式向明朝的主人发出了提示，它甚至指明了危险的来源，以及挑战者的身份。现在我们无法判断官员们对梦的解析，是真的根据他们的解梦理论，还是对时局的分析，希望通过这个机会，来向皇帝劝谏。我们更无法得知，他们认为大明帝国的真正威胁来自女真人，而并非来自陕西的民变，以及蒙古高原上的金戈铁马；是因为他们真正具有穿透历史的慧眼，还是巧合。但无论如何，这个梦是耐人寻味的。历史有时像小说一样丝丝入扣。然而，万历显然把官员们的分析视为危言耸听，无论怎样严峻的局势、无论怎样激昂的进言，都敌不过酒色仙丹的力量，无力将皇帝从虚幻的满足中解脱出来。

三　万岁之死

万历四十四年（1616年），当女真人努尔哈赤在现在辽宁新宾县老城——当年的"赫图阿拉"宣布即汗位，建立大金国（史称"后金"）的时候，不知万历皇帝是否

[①] 女真族是中国东北的古老民族，关于女真的源流，本书将在下一章论及。辽道宗时，因避辽兴宗耶律宗真之讳，改称"女直"。

能够记起他三年前的那场梦。尽管努尔哈赤在24岁那年（万历十一年，即1583年）承袭了父亲的职位，被明朝任命为建州左卫的都指挥使，但是，久居深宫的万历皇帝对这个名字显然是陌生的。不知万历从什么时候开始记住努尔哈赤这个名字的，但他不会想到，这个辽东边地的部落首领将向他的王朝发出挑战。两年后，即万历四十六年（1618年）四月十三日，努尔哈赤率领两万步骑征讨大明王朝，临行前书《七大恨》作为讨明宣言，焚香告天。誓师完毕，努尔哈赤将他的八旗铁骑分成两路，向明朝发起进攻。左翼四旗攻东州、马根单；努尔哈赤亲率右翼四旗，进攻辽东重镇抚顺城。

一把长戈带着白色的弧光刺入夜色，所不同的只是，持戈的人是努尔哈赤，而非万历梦中的异族女子。他的长戈向前一挥，成千上万的八旗士兵像潮水般呼啸着向城墙涌去。一切几乎与万历对那场梦的描述一模一样。持戈的女子（女直）在烈马上飞奔，万历做梦的龙榻，就是她（他们）的目的地。

对于业已发生的一切，皇帝不动声色，这并非因为他的稳重，而是因为他的冷漠。丹炉中的火焰照亮了他的面孔，只有面对它的时候，万历的眼中，才能够闪耀出几许兴奋。

万历四十七年（1619年）九月，在吏部尚书赵焕的号召下，朝廷百官齐刷刷地跪在文华门前，企求皇帝视朝议政。这样的场面，在今天看来，堪称惊心动魄。这是一次来自官方（而不是民间）的请愿行动，官员们以这种绝决的方式表达了对于皇帝的抗议。这种行动，在世界政治史上，也是不多见的。抗议行动持续了整整一天。一天的时间，对于那些单薄的膝盖而言，已经显得无比漫长。那些老弱的官员，能够坚持下来，已属奇迹。官僚们都到齐了，只有皇帝空缺。皇帝以不在的方式表明了他的存在，以沉默的方式宣示了他的权威。一整天，皇帝没有任何指示，这使抗议的官员们陷入两难——他们既不能自己站起身来，就此结束抗议，也难以坚持下去。显然，在这一问题上，膝盖和大脑的立场并不一致。在与皇帝的较量中，百官们永远不可能占到便宜。如果皇帝坚持不下发任何旨意，眼前的僵局将如何打破？夜幕降临，吞没了所有官员的身影。所有弯曲的身体，在初秋的夜风中，裹紧了官袍。事态变得难以收场。皇帝看到火候差不多了，命太监跑到文华门宣旨，请所有官员回府。至于上朝一事，皇帝的态度只有两个字：免谈。

失望之极的赵焕在奏章中质问皇帝：如果有朝一日蓟门遭蹂躏，铁骑踏京郊，陛下您是否还能在深宫内高枕无忧，称病却之呢？

固执的万历不可能因官僚们的施压而改变立场，相反，他将因此更加痛恨百官。女真部落的崛起并未引起他的太多关注，他仍然专注于搜刮钱财。因辽东饷绝，户部尚书李汝华下令扣留广东进解的一笔金花银（照例应入皇室内库），充辽饷之用。此事令万历十分震怒，他下令扣除李汝华一个月的俸禄作为惩罚，并要求他立即补足交入内库。为了筹集辽饷，朝廷只能加征。万历四十六年（1618年），加征田赋。万历四十七年（1619年），在前一次加征的基础上，再次加征。万历四十八年（1620年）三月，第三次加征。此时，虚弱的国力已经难以支撑皇帝疯狂的欲望。

万历四十八年（1620年），"在御宇四十八年之后，万历皇帝平静地离开了人间。他被安葬在他亲自参与设计的定陵里，安放在孝端皇后和孝靖皇后即恭妃王氏的棺椁之间"。[①]在万历手中颓败不堪的王朝，即使遇到崇祯这样励精图治的君主，依然无力回天。24年后，即崇祯十七年三月十九（1644年4月25日），大明王朝末代皇帝崇祯在煤山寿皇亭自缢身亡，大明帝国最终崩溃。女真铁骑冲入山海关，呼啸南下，五月初三，清摄政王多尔衮傲然占领北京。九月，顺治皇帝由沈阳到达北京，并于十月初一举行登基大典。万历的梦，终于变成无法修改的现实。

---

① 黄仁宇：《万历十五年》，第91页，北京：生活·读书·新知三联书店，2006年版。

第一章 一个民族的传奇

一　交叉点上的辽宁

围困已经持续了两天，英宗皇帝与官兵一样，两天没有饮水。时间正是八月，天大热，土木堡寸草不生。瓦剌军队占领了南面的河流。明军士兵们自两天前开始挖井，井已经有两丈深了，但他们仍未得到一滴水。英宗看着他们，唇边流露出一丝苦笑。

英宗从车辇上下来的时候，刚好看见了长城。那条灰色的城墙在远处隐约可见。那是他的曾祖父和高祖父打造的一道屏障。英宗对着它伫视良久，为瓦剌人如何越过那道天堑感到困惑不解。

瓦剌军队的使者来了。双方开始谈判，谈判的结果是蒙古人撤军。蒙古人使用了欲擒故纵的策略，明军果然中计，他们看到蒙古人已经后撤，便迫不及待地向河流的方向冲去。对水的渴望使他们忘记了来自敌人的威胁。蒙古人的进攻就在这时开始了，明军立刻溃不成军。

英宗听到厮杀声,心头一惊,立刻上马,率领身边的士兵,开始突围。瓦剌军队瞬间就杀到了眼前。自己的队伍已经被冲散了,英宗知道自己已无抵抗的可能,他从马上下来,扔掉了武器,盘膝坐在地上……

著名的"土木堡之变",发生在明英宗十四年(1449年),它的结局,是大明帝国的皇帝成了蒙古人的战俘。

实际上,自永乐末年以来,元朝在蒙古的残余势力就已经成为大明王朝的心腹之患。明朝曾经对蒙古人的防御采取积极的姿态,永乐大帝多次御驾亲征,不断迫使蒙古人向西伯利亚大平原撤退,但是,他的威力无法遗传给那些在后宫中成长的后代帝王,而明朝一旦放弃了积极进攻的军事姿态,蒙古人便会驻兵长城之下,并在无人报警的情况下直逼大同和北京。[1]随着蒙古瓦剌部的势力日渐强大,它的领导者也先后多次挥师,从蒙古高原呼啸而下,蒙古和大明的军队在辽东、蓟州、宣府、大同等大明王朝的重要边镇,相互拉扯、撕咬,双方用血的河流,划出彼此的边界。

声名狼藉的仇鸾号称自己在古北口大败蒙古军队,向朝廷交出了八十颗敌人首级。那场胜利是他自己虚构的,而他的战利品,也是用八十颗普通边民的头颅冒充的。他企图用百姓的血修饰自己的军功,但他显然低估了皇帝的

---

[1] 吉斯:《明代的北京》,第57—62页;傅吾康:《15世纪初期中国对蒙古的征讨》,第82—88页。均转引自[美]魏斐德《洪业——清朝开国史》,第23页注2,江苏人民出版社,1998年版。

智商。仇鸾的图谋未能得逞,从此失宠,一蹶不振。明嘉靖三十四年(1555年),以抵抗蒙古人而闻名的杨继盛遭严嵩弹劾,被定死罪。杨氏之妻上疏皇帝,表示愿替夫受刑,死后要率鬼魂之军,为明朝作战。严嵩扣留了这封上疏,使之未能到达皇帝手中,但它却在民间流传了很长时间。

几乎从开国以来,明朝就把"北虏"(当时的蒙古人)和"南倭"(日本海盗)视为自己的主要敌人。现在的辽宁地区,即大明王朝的辽东边境,刚好处于大明王朝与两股敌对势力的交叉点上,任何一方,都不可能对这块土地等闲视之。从这个视角观察辽宁,才可能对辽宁在中国历史乃至东亚史上的地位有所理解。辽宁不是孤立的,它刚好处于几大文化板块的衔接带上,像一个绳扣,把蒙古人的草原文明板块、中原汉民族的农耕文明板块,乃至大和民族的海洋文明板块连接起来,它在文明拼图中所起的作用是决定性的。作为衔接带,接受来自各个方向的拉扯、挤压和撞击,无疑是命中注定的,它也必然承担历史委以的重任。从中原文化的视角来看,辽宁地处边地,即使站立在宫殿的最高处,万历皇帝的目光也会半路夭折,而永远无法抵达这里;但是,如果站在一个更广阔的视角上观察,就会发现,辽宁刚好处于文明冲突与融合的核心地带,如同一个重要的穴道,暗藏在历史的肌体中,并将在适当的时候,发挥不可替代的效用。

北方政权崛起时,中国正在经历一个有趣的变化,即中国首都向北的靠拢。这一点常常被人忽略，是因为它是在漫长的时间中缓慢进行的，至少，在几百年的时间中，才逐渐完成。早在炎帝与黄帝时期，统治中心曾经沿着东西方向滑动，这一传统在后世不断得以赓续，帝国的首都经常性地沿着这条线路东西徘徊。这种情况自宋代开始发生改变。自公元10世纪起，长安和洛阳就已经失去了它们作为传统首都的显赫地位。"9世纪80年代以后长安遭到毁坏，它的地位就再也没有比地方性的首府更高过，而整个西北也逐渐沦为落后地区。后梁在东部平原的交通中心河南开封建都后，洛阳同样也开始衰退。开封被重新统一了中国的宋再次作为首都。1127年，当宋朝人丢掉了整个中国北方和他们的都城开封后，中国政治重心开始了向东北部转移的第一步。南宋政权随即在杭州建立了'行都'，这里发展成了第二都城，其富丽豪华比开封有过之而无不及。与此同时，作为中国北方主宰者的金，在北京建立了中都，随着1276年以后几年间南宋的溃亡，杭州也永远丧失了其作为国家政治中心的地位，此后近一个世纪内全中国都要服从北京的号令。"[①]

而明朝初期的都城北移，堪称都城历史上一次重要事件，是农耕民族一次大胆寻找政治平衡点的行动，这也在一定程度上，证明了游牧民族的不断壮大并与农耕民族的不断整合。北京，刚好处于这两大文明板块的支点上。中

---

① ［德］傅海波、［英］崔瑞德编：《剑桥中国辽西夏金元史》，第17页，北京：中国社会科学出版社，1998年版。

国都城的横向移动，意味着敞开，中国的版图像一幅画轴，在宽度上横向展开；而纵向移动，则意味着深入，意味着异质文明之间日益发生着深刻的联系。这种联系，对中华文明共同体的诞生，起着关键性的作用。

北京在中华版图上无可置疑的重要地位，在10世纪至20世纪的千年史中，逐渐得到证明。"它的地位一直保持到20世纪中华帝国的寿终正寝。"① 这不是偶然事件，而是与10世纪以后，中国北部的形势急剧变化密切相关。对此，《剑桥中国史》认为，"公元10世纪时，国际形势（这里指中国内部各种政权之间错综复杂的形势——引者注）在长达60年的时间里变幻无常，到处都在发生政权的崩溃。在这种近于无政府的混乱状态下，契丹人渐渐地、几乎是意外地成了中国北方草原世界上那场军阀政治争斗的参加者，主宰这场争斗是他们的首要目标。此外，这种四分五裂的状况延续了很多年。就中国本身来说，政治分裂持续了将近1个世纪，从公元880年黄巢攻陷长安起，直到979年宋军最终征服北汉。在这段时期的大部分时间里，中国被多达九个或十个地区性国家所割裂；在960年以前，北方一直被一系列不稳固的、短命的军事政权所统治。正是在这一时期，军事力量决定着政治状态，并继续成为宋初几十年间的一个主要因素。"②

---

① ［德］傅海波、［英］崔瑞德编：《剑桥中国辽西夏金元史》，第18页，北京：中国社会科学出版社，1998年版。

② 同①，第21页。

中国在进入中世纪以前,版图始终处于激烈的震荡当中。或许与经济和军事技术的提高有关,政权的分化与重组自10世纪开始加剧进行,如同洗牌般,令人眼花缭乱。中国首都向东北方向的滑动,在某种程度上证明了中国北方部族的兴起。一方面,它改变了中华版图的构成,北方少数民族的疆域,无论在它们自己的统治者眼中,还是中原的皇帝们的眼中,都是中国疆域的一部分,"那些'藩'国包容进一个中国人的更大的文化共同体中去。"[1]北方少数民族疆域成为中华帝国的辽阔腹地,这使原有的中原都城,比如西安、南京、洛阳,不再处于中华版图的中心位置上,无法履行它原有的职能。另一方面,它表明了东北地域奇特的吸引力。它的军事成长与文化创造,使它具备了挑战中原的能力,而此后的数百年中,它都像吸盘一样,吸引着中原王朝的注意力。在东北的各种势力当中,女真的崛起,举足轻重。

明代在东北地区的行政建置,分为南北两个大的行政区域。其中的南部行政区,北自开原(今辽宁省开原市),南达旅顺,西起山海关,东抵鸭绿江畔,相当于现在的辽宁省境。大明王朝将这一地区称为辽东,又称"辽左",以其位居京师左侧,视同人之左臂,不可或缺,其重要性可想而知。为了防御蒙古军队,大明王朝在长城一线设置

---

[1] [德]傅海波、[英]崔瑞德编:《剑桥中国辽西夏金元史》,第21页,北京:中国社会科学出版社,1998年版。

了九座军事重镇,而辽东则位居"九边"重镇之首。① 从明初起,政府就革去这里的州县,改行都司卫所统治,马步军经常有十余万。为了解决补给的困难,开始实行屯田制,军士三分屯种,七分守城,使整个地区屯堡相望,阡陌相连。

辽左重镇的主要功能是防范蒙古军队的进攻,有意思的是,这一战略要地,自身正在演变为一支新的力量,加入当时错综复杂的政治和军事角逐中。历史总是在不经意间显示它的老谋深算,出乎所有人的意料,一个名为"女真"的民族慢慢走到历史的凝光灯下,成为主角。在明代民间颇有影响的一部预言书——《推背图》中,有这样几句谶语:

杨花落尽李花残,
五色旗分自北来,
太息金陵王气尽,
一枝春色占长安。

谶语中的"李花残",暗指李自成政权的没落,"五色旗分自北来",已经暗示着大清王朝的建立("一枝春色"意味着清明时节,即清朝建立)。这几句谶语已经清楚地表明,那匹闯入万历皇帝梦境的骏马,不是来自蒙古

---

① 《明史·地理志序》卷四十,《明史·兵志三》卷九十一,分别见《明史》第596、1493页,北京:中华书局,2000年版。

草原，而是来自东北方向——真正的攻击者不是来自正面的蒙古，而是它的侧翼——以太阳为背景，那匹白色的马变成一个黑色的剪影，逆光而来，万历无法看清骑手的面孔。这使骑手的神秘性得以保留。直到两任皇帝以后，它的谜底才在崇祯皇帝那里解开。那是后来的事，万历皇帝对此漠不关心，也一无所知。

二 文献中的密码

清乾隆四十二年（1777年）七月的和珅，突然忙碌起来，乾隆皇帝宣旨，指明他与另外三位大学士，即阿桂、董诰、于敏中，担负起为他们民族考辑源流的重要使命。深谙乾隆心思的和珅，当然不敢怠慢。他和他的同事们，开始为寻找办公地点、拟订编纂凡例、挑选编译人员而奔忙。这是清朝建立后一次规模庞大的官方修史活动，对于这个第一次掌握全国政权的民族来说，它的意义可想而知。这个富于文化责任感的皇帝，希望看清这个民族的来路，并通过上天的暗示，确定自身的执政合法性。

"女真"这一名词出现在历史视野中，最早是在五代。查阅《大金国志》可以知道，至少在大唐贞观年间，就已经有了"女真"这个名字。

《大金国志》是这样描述女真的："其居混同江之上，初名女真，乃黑水遗种……"

从《金史》中，我们还可以查到对当时生活在辽阳以南的"熟女真"的生活记录。这些几乎是对女真民族的最早记录,问题是,女真民族的历史,是否自五代以后才开始,我们的目光,能够穿透岁月的尘障,看出多远呢?

一部名为《松漠纪闻》的文献提供了一条重要线索。这部书中写道:"女真即古肃慎国也,东汉谓之挹娄,元魏谓之勿吉,隋唐谓之靺鞨,其属分六部,有黑水部即今之女真。"

这一记载的重要性不言而喻。它如同一个言简意赅的向导,使我们从杂乱丛生的历史信息中,找到了正确的线索,使我们不会被民族的称谓在历史中的频繁变化误导。在它的指引下,我们将溯着时间的河流,触摸到这个民族的源头。

不知道和珅是否捻动过这部史籍枯黄的纸页,但是,他的书稿中关于"部族门"的部分,在阐明"满洲"为"本部族名"之后,上溯了肃慎、夫余、挹娄、三韩、勿吉、百济、新罗、靺鞨、渤海、完颜、建州的历史,显然与《松漠纪闻》的记载一致。九月初八,和珅等给皇帝上奏,请求皇帝为这部著作定名。第二天,他们得到了皇帝的批示:"知道了,书名著定为《满洲源流考》,钦此。"[1]《松漠纪闻》仿佛一部重要的密码本,使古代文献的字句变得条理清晰。根据《松漠纪闻》提供的线索,我们可以轻而易举地从中国古代的早期文献中,寻找到肃慎(息

---

[1] 《大学士阿桂等奏折》,见〔清〕阿桂等撰《满洲源流考》卷首,第30页,沈阳:辽宁民族出版社,1988年版。

慎）的名字，并且知道，这一古老的名称，与辽宁地区那支部落有着密切的联系。

五帝时期，来自北方朝贡的就有"山戎、北发、息慎"①。周朝帝王认为，"肃慎、燕、亳，吾北土地"②。

一群远方飞来的隼鸟死在陈国的宫廷上，每只鸟的身上都带着一支楛矢石砮（一种木石制成的箭镞）。显然，那种特殊的箭镞改变了它们的飞行方向，使国君的宫殿成为它们的坟墓。它们以死亡的方式给陈国国君带来了意外的礼物。国君并未因死鸟的降临而产生不祥之感，相反，他对从天而降的礼物感到新奇和兴奋。那礼物，就是刺在隼鸟身上的新式武器——楛矢石砮。陈国国君——陈湣公对它的秘密一无所知。于是，他派人找来了周游列国途经陈国的孔子。从孔子口中，他第一次听说了"肃慎"这个名字。孔子回答："这些隼鸟来自很远的地方，楛矢石砮是肃慎人制造的。过去周武王灭殷，势力扩大到九夷百蛮，命令各以本地名产朝贡，于是肃慎就贡了楛矢石砮，石镞长一尺八寸。为要光大武王长女的美德，把肃慎贡来的楛矢石砮赐给了她。她许配给舜的后人胡公，而封在陈。同姓分给珠玉是重视亲属关系，异姓分给远方贡物是让他们不忘服从王室。你们可以到旧的府库里去找一找。"陈湣公派人去找，他们在金柜里找到的楛矢石砮，居然与

---

① 〔西汉〕司马迁：《五帝本纪》，参见《史记》第32页，北京：中华书局，2000年版。

② 〔春秋〕左丘明：《左传·昭公九年》，见《左传》下册，北京：中华书局，2012年版。

孔子的描述一模一样。

透过孔子浓重的山东口音，陈国国君得知了楛矢石砮的秘密，而我们，则从孔子那里打探了有关那支古老部族的消息。所幸，《国语》记录了这段故事[①]，使得那支古老部族的消息，没有消失在历史的尘埃中。

由于女真人以口传的方式记录他们的历史，直到清太宗即位后，才开始大规模编纂早期的历史文献，所以，我们只能在中原汉族政权的文字史料中，搜寻这一民族的身影，来印证女真的历史。好在那些史料并没有让我们失望，在史料的引见下，我们与女真人一再相遇。

无论是舜禹、夏商、春秋时代的肃慎，还是入汉以后的挹娄，魏晋时的勿吉，隋唐五代的靺鞨，它在历史中都保持了一脉相承的关系，环环相扣。通过《松漠纪闻》的导引，我们得以将那些松散的词汇联系起来，连接成一个民族复杂多变的史诗。他们的身影在《尚书》《左传》《国语》《史记》《山海经》《后汉书》《三国志》《魏书》《晋书》《隋书》以及新旧《唐书》等典籍中神出鬼没，并且日益占据着重要的篇幅。《隋书》中专设了《靺鞨传》，将这一民族分为七部：粟末部、伯咄部、安车骨部、拂涅部、号室部、黑水部和白山部。在《唐书》中，这一民族的活动区域为："东至海，西接突厥，南界高丽，北邻室韦。"任何历史的书写者都无法回避它们的存在，于是，女真人的历史，就自然而然地包裹在中华民族的整体历史中。

[①] 参见《国语》卷五，《鲁语》下。

三　天命玄鸟

　　一只神鸟降落在时间的源头，为女真族的历史提供了一个富于抒情意味的开始。当我们开始把视线投向女真民族的时候，我们显然不能忽略那只鸟的存在。每当我们回望女真历史，那只鸟都会降落在佛库伦的衣服上。在女真族的神话中，佛库伦是天上的三位仙女之一，她还有两位姐姐——恩古伦和正古伦。三位仙女在布库里山下的布勒瑚里池洗澡的时候，神鸟把它衔着的朱果放到佛库伦的衣服上。接下来的一切显示了神话的超现实色彩——佛库伦把那颗朱果放在指尖，在阳光下端详良久。那颗果实在阳光下发出神异的色彩。佛库伦含在嘴里，并且咽下去。不久，她怀了孕，无法飞上天了。姐姐们说："你是天授妊娠，等你生产以后，身子轻了再飞回来也不晚。"姐姐们都飞走了，而佛库伦，在不久之后，生下一名男婴。

　　这名男婴就是库布里雍顺，女真人的始祖。作为大自然的传人，他与神话里的各种始祖一样，有着超自然的力量。所以，在鄂多里城，终日厮杀的三姓部族，见到他，都不约而同地停止厮杀，顶礼膜拜。他娶了一个名叫百里的女子为妻，并在这里建立了自己的国家——满洲。[①]

　　后来，布库里雍顺的子孙虐待国人，引起国人反叛，

[①] 《清太祖武皇帝弩儿哈奇实录》，卷一，第1页，北平：故宫博物院，1932年印行。

国主家族的人几乎都被杀死,唯有幼儿范察逃脱。范察的后人孟特穆,用计策将先世仇人的后裔四十余人引诱到鄂多里城西1500余里的赫图阿拉,斩杀一半,报了大仇,遂在这里定居。这位孟特穆,就是清朝的"肇祖原皇帝"。赫图阿拉,就是后来努尔哈赤建立大金国(后金)的都城。

女真人为他们的起源,提供了一种充满神性的解释。清太宗即位后主持编纂女真族早期文献时,对这一起源神话进行了浓墨重彩的表达,这表明了这一起源神话的重要性。有意思的是,这种肩负着特殊使命的神鸟,在中国各民族的起源神话中频繁出现,当不同的民族对自身的起源困惑不解时,都会有一只神鸟及时出现,比如,殷人的始祖契,他的母亲简狄,是帝喾的次妃。一天,三人同到河里洗澡,玄鸟(燕子)降下一卵,简狄吞下去以后,怀孕生了契。契长大成人,帮助夏禹治水有功,被封于商,所以《诗经》里说:"天命玄鸟,降而生商。"[1]秦人的始祖也有着类似的履历。据司马迁《史记》记载,女修正在纺织时,玄鸟掉下一卵,女修吞下之后,生子大业,而大业,就是秦人的始祖。[2]

无论是殷人、秦人还是女真人,他们的起源神话居然存在着如此惊人的一致性。在资讯和交通都极不发达的远古社会,他们彼此抄袭的可能性几近为零,那么,这种神

---

[1] 《诗经》,下册,第817页,北京:中华书局,2015年版。
[2] 《秦本纪》,见〔西汉〕司马迁《史记》,第125页,北京:中华书局,2000年版。

奇的巧合，将提醒我们关注远古先民们的思维共性，在这种思维中，鸟，成为一个可以彼此互通的公共性符号。

　　天空中的飞鸟，用翅膀划出了它与人类的界限。作为大地与天空的连接物，在人类的早期思维中，鸟成了超越现实的灵物，一种带有神异色彩的生命。在古老的《尚书》中，我们见到了那只最早的飞鸟。《尚书》卷六《禹贡》写道："岛夷皮服，夹右碣石入于河。"（关于著名的碣石，本书将在第四章关于长城的段落中论及。）"岛夷"，是唐以后才改的，以前的古本，写成"鸟夷"。关于"鸟夷"，《大戴礼记》等书也曾提及"东长、鸟夷、羽民……"[1]"鸟夷"，是古代辽宁地区最古老的民族——东夷的一支，正是因为对鸟的崇拜，才得到这个名字。实际上，鸟作为一种图腾，并非为"鸟夷"所独享，对鸟的崇拜在当时的"九夷"中普遍存在。"九夷"的提法，见《后汉书·东夷传》，在此书中，东夷被分为九种："夷有九种，曰畎夷，于夷，方夷，黄夷，白夷，赤夷，玄夷，风夷，阳夷。"这种分法，在后世日渐流行。有学者认为，风，就是凤，风夷是以凤凰为图腾的部族，指天皋氏；赤夷是以丹凤为图腾的部族，指帝舜的部族；白夷是以鹄为图腾的部族，指帝喾的部族；黄夷是以黄莺为图腾的部族，指伯益的部族；玄夷是以玄鸟（即燕子）为图腾的部

---

[1]〔西汉〕戴德：《大戴礼记》卷七《五帝德》，见《景印文渊阁四库全书》（经部），第一七四册，中国台北：台湾商务印书馆，1986年版。

族，指商人……①透过九夷的名字，我们几乎目睹了一幅完备的鸟类图谱。天空中姿态各异的飞鸟，成为我们区分不同部族的记号。而《左传》昭公十七年却提到十种鸟，表明以鸟为图腾的部族，可能不止九种。商朝中后期，夷人第三次向南方迁徙，他们的图腾，也飞过渤海，在山东半岛栖落。我们至今能够从战国时代文物中，与山东沿海地区神仙方术中的"仙人"相遇，这些"仙人"，一律是身上有毛、翅膀、鸟喙的人形，显然，这是夷人图腾在经历了漫长的奔波劳顿之后的变异——即使那支在辽东半岛与山东半岛之间漫长的通道上流动的人群消失之后，两者在文化上的血缘联系，也是显而易见的。这种文化变形，在战国时代发展为齐国宗教文化的要素之一，并对燕齐区域的文化风格产生了重要的影响。无论怎样，古东夷族，应该是满洲（即肃慎、女真）人的祖先。

而沈阳新乐遗址出土的"木雕鸟"，可能是我们目前所能见到的最早的鸟形文物。这是一只长达38.5厘米，宽48厘米，厚6厘米的大鸟，出土时已断成三截，专家考证它是新乐民族的图腾。几乎与此同时的河姆渡文化、仰韶半坡、良渚文化的陶器图案中，也有大量的鸟类栖息。但是，只有新乐遗址中的鸟，是以三维的形式出现的，这无疑是一只特异的鸟。现在，这只神秘的鸟被放大在沈阳的市政府广场上，成为这座城市人所共知的徽记。

---

① 何光岳：《东夷源流史》，第6—7页，南昌：江西教育出版社，1990年版。

这些民族起源神话还透露了另外一个共同的事实，即：它们的孕育者，几乎全部是处女。对此，德国学者纽曼指出，在这类"伟大母亲"（the Great Mother）的特征中，其母性特征是一个处女（the Feminine was a Virgin），一种独立于个体的人之外的创造原则。因为处在母系氏族阶段的原始人只看到了妇女与生产之间的现象关联，尚不懂得性活动和生育之间的联系。当时的人在性成熟之前很早就加入了杂乱的性生活，因而，并不能在性交和妊娠之间看到因果关系。这样，受孕的原因就被归结到超自然领域之中。①于是，他们将植物种粒与果实之间的因果关系，嫁接到人类身上。这不仅使他们的想象力得以施展，而且与原始母系氏族社会阶段"知母不知父"②的认知水准相匹配。如果从世界史的视角来看，女真人的始祖传说也不是孤立的，世界上许多民族在创世神话中都保持了不约而同的默契。对于图班人，妻子不孕的土人的庄稼将受到颗粒无收的威胁，而不受孕，是由神秘原因导致的。③对特罗布里昂人的最新研究表明，所谓不知道生物意义上的父亲，有时并非出于真正的无知。特罗布里昂人认为，妇女怀胎

---

　　① Erich Neumann, The *Great Mother: An Analysis of an Archetype*, pp.269–270, Princeton University Press, 1972.

　　②〔战国〕吕不韦：《恃君览》，见《吕氏春秋》，下册，第736页，北京：中华书局，2011年版。

　　③［法］列维–布留尔：《原始思维》，第421页，北京：商务印书馆，1981年版。

是由于有一个精灵进入她体内。[1]对此,列维-布留尔认为:

> 真正的原因,他将永远在看不见的力量的世界中去寻找,在我们叫作自然的那种东西以外的地方去寻找,在真正"形而上的"王国中去寻找。简而言之,我们的问题对他们说来不成问题,而他们的问题也是我们所素昧平生的。……
>
> 可以毫不踌躇地断言,假如具有这种趋向的思维把自己的注意力集中在受孕现象上,则它并不停留在这一现象的生理条件方面。它知道这些生理条件,或者不知道或者很少知道,反正它是要忽视它们的,因为它必定要在另外的地方,在看不见的力量的世界中去寻找原因。……如果说在原始人看来,任何人的死都不是"自然"的死,则根据同样的理由,任何人的生也不可能是自然的生。[2]

种子是一切事物的开始,是生命的真正起点,远古先民,通过对种子的认识,完成了对自身起源的推理。米尔希·埃利亚德在《大地·农业·妇女》一书中写道:

> 种子这东西需要一种助力。至少在成长的过程

---

[1] [法]伊·巴丹特尔:《男女论》,第44页,长沙:湖南文艺出版社,1988年版。

[2] [法]列维-布留尔:《原始思维》,第421页,北京:商务印书馆,1981年版。

中非得有点什么伴着它。这种生命的所有形态与行动的（人们所加上的）连带性，是原始人最根本的观念之一。而且原始人信从（二者）共同而行可得最良好的结果此一原理，而朝向咒术般的优越情境展开（其行动）。女性的多产性影响了田园的丰饶。然而，植物丰盛的成长，反过来亦有助于女性的怀孕。[①]

飞鸟、处女、种子（果实），作为三个不可或缺的要素，在各个民族的起源神话里出没。我们可以在各种版本的起源神话里，见到它们似曾相识的影子。它们无论如何组合，都表达着万变不离其宗的主题，那就是生命是自然世界的血肉果实，由植物到血肉的转换是神奇的，只能借助神灵的魔法。总而言之，对于女真的先民来说，他们民族的肇始是不可解释的，他们只是用一种无懈可击的想象，暂时缓解了自己对于生命来源的困惑与焦虑。

四　古代国家的诞生

女真人在自己的始祖神话中，最早植入了"满洲"这个词语，试图以此证明，"满洲"是一个古代国家，是与以后女真人建立的所有国家的最早渊源，即他们在历史上创立的所有国家，都是由布库里雍顺的满洲转化来的。天聪九年（1635年），清太宗皇太极命多尔衮等西去黄河接

[①] 吴继文：《玄鸟降临》，转引自王孝廉、吴继文编《神与神话》，第368—369页，中国台北：联经出版公司，1988年版。

收林丹汗之子额哲，得传国玉玺，察哈尔灭亡，后金的版图向西扩大到漠南蒙古；也是在这一年，皇太极发布圣旨，禁止本族称诸申，只能以满洲相称。懿旨内容如下：

> 我国原有满洲、哈达、乌喇、叶赫、辉发等名，向者无知之人，往往称之诸申。夫诸申之号，乃席北超墨尔根之裔，实与我国无涉，我国建号满洲，统绪绵远，相传奕世。自今以后，一切人等止称我国满洲原名，不得仍前妄称。[①]

皇太极认为诸申的名称"与我国无涉"，这种说法并不正确，而以满洲命名他的国家，意在强化他自己的君权地位。但实际上，在布库里雍顺的时代，它仅仅是一个部落名称而已，与国家的概念相距遥远。

无论我们为这一民族赋予一个什么样的名字，这一民族共同体，在经历了时代的冲刷之后，没有溃散、解体或泯灭，在经历了各种形式的撞击和交融之后，一个民族的血脉流得以传下来，没有在历史的道路上失踪，变成荒野里破碎的骨殖或古代典籍里无法破译的单词，而是像辽河一样，永远积蓄着强大的势能，涌动不止，没有什么力量能收束它的脚步，这本身就是一个奇迹。这表明了这一民族文化结构的超强稳定性和强大的内在能量。这种能量，

[①]《太宗文皇帝实录》，见《清实录》第二册，第321页，北京：中华书局，1985年版。

又在近一千年的历史中获得了前所未有的表现机会，成为中国历史上不可回避的发光体。

　　肃慎、挹娄、勿吉、靺鞨、女真、满洲，与夏、商、周、秦、汉、魏、晋、南北朝、隋、唐、宋、元、明、清，这两组词汇都能够在时间中找到对应性，几乎像榫卯一样严丝合缝。《左传》等史籍对于肃慎的记载，本书前文已有引证。春秋、战国之际，肃慎的名字突然从中原史籍中消失了。取而代之的，是"真番"这个生僻的新词。汉武帝平定朝鲜，设置四郡，真番就是其中的一郡。真番的方位，恰巧与肃慎从前的位置重合，可见，它们同属一块地域，只是名称不同而已。到后汉时，真番的名字又从史籍中消失了，挹娄这一称谓，则浮现出来，而肃慎的名字，有时与挹娄并用。《后汉书》中说："挹娄，古肃慎之国也。……自汉兴已后，臣属夫余。"①从北齐天保五年（554年）的历史档案中，我们还能查找到有关肃慎遣使朝贡的记载。②但从此之后，就再也见不到肃慎入献中原的记载了，勿吉、靺鞨、女真，又相继出现。这一民族名称的更替，与中原王朝的朝代更迭相呼应，它们构成某种平行关系，自成体系，又遥相呼应。

　　但是，它们与中原王朝之间的距离并非总是等距的，而是有时远，有时近，甚至有时有交叉。这两条线索——

---

　　① 〔南朝宋〕范晔：《东夷传》，见《后汉书》，第1900页，北京：中华书局，2000年版。

　　② 见《北齐书·帝纪》。

北方民族与中原民族——的对话关系，构成了贯穿中国五千年历史的一条主轴，这种对话，可能是以和平的方式，也可能是以战争的方式进行的（有关两种文明之间的冲突，本书将在后面进行论述）。但无论怎样，它们如同音乐中的复调，既互相拉扯又互相配合，使整个乐章显得更加深厚、立体、激情饱满。

根据恩格斯对于国家的定义，女真人在自己的文明源头建立的满洲，并非真正意义上的国家，而前文引用的《后汉书》中所提到的夫余，则被认为是中国古代东北地区第一个建立政权的民族。它约于公元前2世纪建国，公元494年"为勿吉所逐"，宣告灭亡，存在了600多年。此后，高句丽在浑江谷地兴起，于公元前37年建国，在历经两汉、三国、魏晋、南北朝之后，于668年灭亡，存在了705年。

在夫余身后，白衣彩衫的高句丽飘逸出场，被15个世纪以前辽河平原的阳光照亮，那种光芒即使在今天残留的墓葬壁画上，依然光鲜夺目。高句丽人崇尚色彩艳丽的服饰，与辽河平原五彩的阳光相呼应。在安岳三号墓壁画中，墓主穿深紫色带有红线的衣服，表明他尊贵的身份，墓主车前的骑士衣是白色的，墓主的记录官的衣服是绿色的，手持旌节的旗手是黄色的……在其他古墓壁画上，以绿色花纹装饰的紫、黄、灰三色衣服，或者以红、绿等花纹装饰的黄、紫、灰色衣服，依旧没有褪色。几乎所有鲜艳的色彩都轮流出场，以至于我们回望历史的目光无论多么粗疏，都不能不落在富于文化独创性的高句丽人身上。在奴隶制的高句丽王国，人们能够根据服饰的颜色辨认他们的身份和地位，"唯王五彩"，享有对色彩的最高使用权。还有衣饰，比如带子，权力者使用的是皮制的，而且以白为贵，帽子有冠、帻、折风、弁等，其中最具美感的是折风，带有黑色台带和白色装饰物，两边带绳，台带将额头上部遮住，饰物将竖髻隔开，为防止冠物脱落用带子系于额下，这是一种便于从事活动的简便冠帽，它的务实倾向丝毫不妨碍高句丽人对美的苛求。后来，这一习惯被走向朝鲜半岛继续发展的高句丽人延续，至今犹存。或许，正因如此，在女真人的所有先民心中，高句丽人的形象是最鲜明可感的，在错综复杂的民族演变图谱上，他们的身影能够被我们轻而易举地辨认出来。

高句丽这一名称，可以追溯到朱蒙[①]立国以前。现在的辽宁省新宾县，就有一个地方，以此命名。在这里居住的貊人，被称作高句丽。高句丽的族源问题是一个敏感问题，但史家一般认为，高句丽是夫余的一支。有学者认为，"高句丽人来自夫余，夫余是肃慎系统的通古斯族，即后来的女真族。高句丽人也应该是肃慎人的后代，与女真人同一族属。"[②]

公元前1世纪，来自蒙古草原的夫余族大规模东迁，被广袤的东北大地所接纳。一部分夫余人从夫余国中脱离出来，向东南进入浑江流域。这支部族因国破家亡而备受

---

① 朱蒙：传说中的高句丽开国君主。
② 王健群：《高句丽族属探源》，原载《学习与探索》，1987年第6期。

蹂躏的神经,被浑江流域浓稠的阳光所抚慰。这一气息奄奄的民族再度苏醒,他们濒于泯灭的面孔再度被阳光照亮,那无疑是在穿越了血泊和泪水之后的幸福抵达。许多史书也一再对此提供证明。《魏书》记其父为夫余王,母为夫余王侍婢。由于朱蒙有智谋,善骑射,遭到嫉恨,才南逃避祸,来到沸流谷卒本(忽本)川之地建国称王,即卒本夫余。卒本川,就是今天浑江与富尔江交汇处(辽宁桓仁一带)。浑江、富尔江下游陆续出土的3750座高句丽早期古墓,为史书提供了最有力的注脚。1960年的《考古》杂志登载文章指出,这里是"早期高句丽族长期居住过的中心地区之一"[①]。《魏书》还提到一个陌生的名字——"纥升骨城":"朱蒙至……纥升骨城,遂居焉。"从中我们可知高句丽都城的位置,就是纥升骨城,史学家们认为,纥升骨城,就是现在辽宁省桓仁县境内的五女山城。

即使以今天的目光来看,高句丽的城池也是无比巨大的存在。它们以巨大的形骸,抗拒着黑夜和岁月的蚕食。它们一般建在山上,选择三面高山峭壁围绕,这使它们具有了军事上的实用性,居高临下,易守难攻,具有浓郁的中世纪城堡特点,同时增加了技术上的难度。甚至有国外学者将它称为"东方的卫城"。著名作家王充闾写道:"同希腊迈锡尼卫城和雅典卫城相比,五女山高句丽王城无论就其时代的悠久、内涵的丰厚来说,都是毫无逊色的。而在祖国东北广大民众的心目中,它更是'奥林匹斯山上的

[①]《桓仁县考古调查发掘简报》,原载《考古》,1960年第1期。

宙斯'。"[1]这些坚硬的影像，首先让我们想到的，除了古人惊人的想象力，还有就是建造它们的技术难度。悬崖上的城池，如同野茫中的王国，本身就是一个巨大的奇迹，而这奇迹，又以视觉化的形式展现出来。那些高居险处、威风凛凛的古城堡，就是这些奇迹的赋形。纥升骨城建立在辽宁桓仁五女山的山顶，南面下临悬崖，西面利用山势做屏障，东北随山势，取石筑墙，陡峭的山城，在北方的寒风中显得格外挺拔和威武。如王充闾先生所说："山城具王都霸气，擅形势之胜，地形险要，居高临下，易守难攻；且因紧邻浑江平原，扼水陆交通要道，独得地利优势，为高句丽政权拓宽生存与发展空间。历经两千载沧桑变化，昔日云旗逶迤、戈戟交辉之势，已隐入历史烟尘；而作为古代中国乃至东北亚颇具代表性之山城形制，其气势之恢宏，布局之合理，防御体系之完备，文化内涵之丰富，至今犹令人惊叹。"[2]

这些山城十分坚固，所用石材，都经过加工，依据城墙的位置和具体条件，选择适当的石头材料。城墙的地基，根据不同的地形和地质条件，用大小不一的石子加工夯固，使之能够承受城墙自身的压力，并防止水土流失。城墙使用大块巨石作基础，纥升骨城最大的基石长达2米，然后用加工成四角方锥的巨石自下而上依次堆砌。

---

[1] 王充闾：《山城的静中消息》，第131页，沈阳：辽宁教育出版社，2004年版。

[2] 王充闾：《五女山山城载入世界遗产名录记》。

城墙建筑的高度和斜度，与建筑学和军事行动的要求十分吻合。经测定，其倾斜比率的数值与现代石筑墙壁的倾斜比率几乎一致。尤其是采用阶梯状加固设施和防止滑坡等独特的石砌方法，这些都增加了墙垣的稳定性。城门、瓮城、女墙、雉堞、角楼、暗水、水门等各种设施和细节一丝不苟，成为一套完整的体系。①这一不朽建筑，在2004年得到联合国教科文组织的认可，与吉林省集安的丸都城、国内城等一道，作为"高句丽的王城王陵和贵族墓葬"项目的有机组成部分，列入世界遗产名录。

在五女山脚下，我看到一块巨大的石碑，上面镌刻着著名作家、学者王充闾先生撰写的碑文，碑文以古雅精湛，唤起人们朗诵的欲望：

……饱蕴着中华民族勤劳、智慧之五女山山城，作为世界文化遗产，既属于桓仁，属于辽宁，属于中国，亦为全人类共同之宝贵财富。其丰富文化内涵，不仅为弘扬中华民族悠久历史文化传统提供重要载体，而且必将成为沟通人类共同情感与精神之纽带，联系世界文明、传递古今文明信号、扩展中外友谊合作之桥梁。

价值所在，责亦随之。自"申遗"之日起，山城所在地之政府与社会公众，即已矢志不渝，为全

---

① 据《高句丽的山城》，原载《东北亚历史与考古信息》，第13期。

人类自觉担承起永久保护之重任。

予承荷重托,援笔作记,与有荣焉。意犹未尽,又从而歌曰:

"云山苍苍,江水泱泱。文明之光,山高水长。"①

高句丽王朝存在了705年之久,它的寿命超过了任何一个中原王朝,除了女真人自己的记载——比如,和珅等四位大学士联手打造的《满洲源流考》——从中原王朝的记载中,我们很容易窥到这个国度庞大的身影。比如,从我们熟悉的《三国志》中,居然能够看到这片辽阔的北方国土:"高句丽,在辽东之东千里,南与朝鲜、濊貊,东与沃沮,北与夫余接。都于丸都之下,方可二千里,户三万。"②辽东,就是今天的辽阳,而那时的首都,已经转换为"丸都"。

一个王朝的衰落,必然意味着另一个王朝的崛起。698年,即唐代武则天时期,粟末靺鞨首领大祚荣乘契丹李尽忠反唐的时机,率部东迁,在今东北东部地区建立了一个地方二千里、户十余万、兵数万人的震国,包括五京、十五府、六十二州。开元元年(713年),唐玄宗李隆基派遣鸿胪寺卿崔忻前往震国,设渤海督护府,封大祚荣为左骁卫大将军、渤海郡王,从此,粟末靺鞨"去靺鞨

---

① 王充闾:《五女山山城载入世界遗产名录记》。
② 〔西晋〕陈寿:《东关传》,见《三国志》,第625页,北京:中华书局,2000年版。

名号，专称渤海"[1]，女真民族的称谓再次更替。这个国家（隶属于大唐王朝的区域性政权），也被称为渤海国。

关于渤海人的族源问题，学术界普遍认为，是以粟末靺鞨为主体，联合部分夫余、沃沮、高句丽等族集聚而成。渤海国至辽太祖天显元年（926年）被契丹所灭，存在了229年。其疆域最大时，版图包括现今吉林省、黑龙江省大部和辽宁省部分地区，北达俄罗斯滨海地区，东南至朝鲜咸镜北道、南道、两江道和平安北道的一部分，是在东北亚十字路口上出现的一个关键性的政权，被称为"海东盛国"[2]。

渤海国是女真历史上出现过的最强盛的王国之一。如同唐朝一样，这一政权的中央政府实行三省六部制，三省为政堂省、宣诏省和中台省，分别相当于尚书省、中书省和门下省；而六部分别以忠、仁、义、智、礼、信命名，与唐朝的吏、户、礼、兵、刑、工遥相呼应。渤海的地方政府如同唐朝一样，也实行府、州、县制，军队亦仿唐制，设立十卫，每卫设大将军、将军各一人统领，表明它们强大的文化吸纳能力。

在典章之外，宫殿城池在茁壮成长，被各种精雅的器皿所修饰，即使今天，我们仍然可以看到精致的玛瑙柜、

---

[1] 〔北宋〕欧阳修、宋祁：《新唐书》，第4695页，北京：中华书局，2000年版。

[2] 参见金毓黻《渤海国志长编》卷十四《地理考》，社会科学战线杂志社，1982年版；王承礼《渤海简史》，第66页，哈尔滨：黑龙江人民出版社，1984年版。

紫瓷盆、玳瑁杯、千佛小像、金耳环、金带铐、骑马铜人、石狮、石龟、莲花瓦当，等等。清朝康熙时代编纂的《古今图书集成》对玛瑙柜的描述为："玛瑙柜方三尺，深色如茜，所制工巧无比，用贮神仙之书。"

渤海国并没有像契丹、蒙古那样创建自己的文字，而是沿用了中原的汉字。但是，考古工作者从渤海遗址中发现了一批带字瓦，上面的字迹多为汉字，此外，还夹杂了一些看上去很像汉字，却又无法认读的怪字，比如：仫、𠆢、侼。它们到底是什么意思呢？

学者们从不同角度进行了解释。日本学者稻叶岩吉认为，它们是"渤海创制的文字，类似日本的万叶假名"[1]。也有学者认为，这是采用新罗的吏读而创制的文字。[2] 金毓黻认为，它们是"渤海人特制之字，以表特有之音"，用以表示靺鞨人特有的发音，补充汉字之不足[3]。如今，这些古老的字已然成谜，剩下的，只有我们困惑不解的表情。

五　金戈铁马入梦来

金朝是带着金属的光泽进入我们视野的。在拂去时间的层层尘土之后，我们最先看到的，就是这个王朝闪烁

---

[1] ［日］稻叶岩吉：《增订满洲发达史》。
[2] ［俄］沙弗库诺夫：《渤海国及其在滨海地区的文化遗存》。
[3] 参见金毓黻《渤海国志长编》，社会科学战线杂志社，1982年版，第538页。

着北国寒光的刀锋。我们最早是从岳飞抗金的故事中，体味到那个铁血王朝的血腥残暴，我从来没有想过，那片以"金色"命名的土地，竟然是我的故乡。这使我们有必要调整自己的目光，重新打量那片北方沃野，并且，对古代国家重新作出定义——至少，《说岳全传》中的金国，并非现代国际法所认定的主权国家，而只是中华版图上的一个地域性的政府。就像后汉三国，或者南北朝一样。虞云国先生说："当时，宋、辽、夏、金与蒙古政权，无不视对方为外国，但又无不主张'天下一家'而自称'中国'。"[1]于是，面对"大金国"，我们的目光不再疏远而冷漠。我们会从金国人的野性里，发现他们特有的尚武、进取和冒险精神，这些都是极为可贵的稀有元素。由于本章的主旨是讲述女真人的嬗变史，因而，它们与中原王朝的交锋——被西方学者定义为"文明冲突"的曲折历史，将留在后面叙述。

完颜阿骨打在辽天庆五年（1115年）称帝的时候，对他的国号作出如下解释："辽以镔铁为号，取其坚也。镔铁虽坚，终亦变坏，惟金不变不坏。金之色白，完颜部色尚白。"[2]这位金朝的太祖从一开始就把他的崭新王朝坚硬的质地，作为他的信念。正像完颜阿骨打所描述的，与这个满怀新锐之气的新王朝相比，那个已经维持了二百年

---

[1] 虞云国：《从中州到钱塘——虞云国说宋朝》，第407页，北京：中华书局，2021年版。

[2] 〔元〕脱脱等：《金史》卷二《太祖纪》，第18页，北京：中华书局，2000年版。

的契丹王朝，已显示出衰败之态。而所有王朝即将土崩瓦解的征兆之一，就是道德的彻底崩溃。

辽天祚帝几乎与所有的末代皇帝有着相同的癖好，史书将他的习性概括为"耽乐无厌，不恤国政""禽色俱荒，嬖倖用事"[①]。契丹贵族们也开始争相到女真民间渔色。"银牌天使"这一刺目的名字出现在史籍中，所有派往各地的使者，都会佩戴一枚银牌，他们因此而得名；与这个优雅的名字相反，"天使"们专门经营魔鬼的勾当，不仅贪纵骄横，而且恣意玩弄女性。起初，只要女真民间待字闺中的少女陪宿，后来求"海东青使者络绎，恃大国使命，惟择美好妇人，不问其有夫及阀阅高者"[②]。从这个意义上说，女真人是在契丹人的逼迫下，跃上历史舞台的。

实际上，天祚帝耶律延禧与完颜阿骨打有一次面对面的机会，这次高峰会晤发生于天庆二年（1112年），只是那时的完颜阿骨打还没有当上国家元首，而仅仅是辽国治下一个女真部落的首领。那一年，天祚帝到春州（今黑龙江肇源县西）巡游，完颜阿骨打作为酋长之一前往朝见。这或许是他们平生唯一一次会面，这次会面显露了完颜阿骨打不甘居耶律延禧之下的野心——在宴席间，所有酋长都起舞助兴，来表示他们对于皇帝的衷心拥护，只有完颜阿骨打面无表情，一动不动。他的这一"举动"，当然无法逃脱天祚帝的眼睛。即使在宴席上，天祚帝仍然感受到

[①]《契丹国志》卷一〇《天祚皇帝下》。
[②]〔宋〕洪皓：《松漠纪闻》卷上。

一种不祥的杀气。尽管完颜阿骨打什么都没做，但是，他的不做，在这里却意味着挑战。几乎所有的在场者都感受到了完颜阿骨打身上发出的气息，宴席的气氛突然紧张起来。天祚帝一言不发，双目紧盯着完颜阿骨打。完颜阿骨打岿然不动。这是一场心理上的较量，是他们兵戎相见之前的一场预演。也许是预见了日后之祸，敏锐的天祚帝做出了除掉完颜阿骨打的决定，但大臣萧奉先唯恐这一决定将引起女真部族酋长们的不满，打消了皇帝的念头。这场较量最终以平局收场。鉴于完颜阿骨打当时居于弱势地位，所以，这场平局，对他而言，等同于胜利——心理上的胜利。

但他也为这种胜利付出了代价，那就是，他的厉兵秣马，已经引起了辽国的注意。

一个名为阿疏的首领，从女真部落中叛逃，投奔辽国，把完颜阿骨打准备秘密起兵的消息，透露给辽国。愚蠢的辽国此时并没有采取先发制人的战术，而是给完颜阿骨打写了一封信，对他进行指责。这已经证明了辽国的昏弱无能，而完颜阿骨打的回信，则义正词严："我们是附属小国，服从大国不敢缺少礼节。而大国不但不施加恩惠，反而包庇罪人，用这样的办法来安抚小国，小国能不心怀不满吗？如果把阿疏交还我们，我们就朝贡。如果不能满足我们的条件，我们难道能束手就擒吗？"

这样的口气，显然有些桀骜不驯，既是对"骄肆废弛"的辽主的挑衅，也是试探。它表明女真人已经做好了战争的准备。

　　战争已经不可避免。辽水畔成为完颜阿骨打率军誓师反辽的壮观现场，这时是天庆四年（1114年）九月，辽河平原的收获季节。金色的戈矛在麦浪中熠熠发光。所有的锋刃在呐喊声中汇集成一股洪流，以强大的势能，冲向大辽的城池。天庆六年（1116年）五月，金军在照散城歼灭辽军6万人之后，乘胜进攻沈州（今辽宁沈阳），进行了一场惊天动地的大战，史书以简练的笔触写道："五月，斡鲁与辽军遇于沈州，败之。进攻沈州，取之。"①

　　天辅七年（1123年），完颜阿骨打在节节胜利的凯歌里去世，其弟完颜晟即位。两年后，溃逃的天祚帝在山西应州，被金兵重重包围。无奈之中，天祚帝对金兵说：

　　"我就是大辽天祚帝！"

　　金兵上前绑他，他奋力挣脱，大声喝道：

　　"放肆！你们敢绑天子吗？"

　　金将完颜娄室驱马到天祚帝面前，翻身下马，跪地作揖，说道：

　　"奴婢不才，乃以甲胄冒犯天威。请陛下下马！"

　　天祚帝凄然一笑，下马。马鞍上的王朝，在他的下马动作中，悄然终结。

　　然而，随着天兴三年（1234年）金哀宗自缢，完颜阿骨打开创的基业存在了120年后，被蒙古人灭亡。但他

---

① 〔元〕脱脱等：《金史》卷七一《翰鲁传》，第1082页，北京：中华书局，2000年版。

们毕竟创造了自己的辉煌,他们强锐的军队,灭掉了北宋,并与南宋形成了南北对峙的局面,以至于万历四十四年(1616年),58岁的努尔哈赤称汗时,仍以"金"命名自己的国家。

金与辽的区别,除了军事上的强劲以外,还在于文化上的进展。这个披坚执锐、在马背上冲杀的民族,发达的肌体从不拒绝文化的浸透与滋润,《金史》表明:"世宗、章宗之世,儒风丕变,庠序日盛,士繇科第位至宰辅者接踵。"[①]并进而总结道:"金用武保国,无以异于辽,而一代制作能自树立唐、宋之间,有非辽世所及,以文而不以武也。"[②]一个以武立国的王朝居然释放出巨大的文化能量,这一点,或许出乎金国创立者完颜阿骨打的意料。应当承认,这些凭借原始的热情与冲动生活和搏击的身躯,辽宁(乃至北方)大地迎来了自渤海国之后的又一文化鼎盛时期,在书法、绘画、文学、舞蹈、音乐几方面达到高峰。

天会五年(1127年),金军灭亡辽国之后,乘胜挥师南下,直捣黄河岸边,威逼北宋首都汴梁,几乎与此同时,金国咸州(今辽宁开原)举行了一场酒宴,宋朝派往金国求和的使臣许亢宗这样记录酒宴时的场景:"每乐作必以十数人高歌以齐管籥,声出从乐之表。"[③]"又有五六

---

① 〔元〕脱脱等:《金史》,第1813页,北京:中华书局,2000年版。
② 同①。
③ 〔北宋〕许亢宗:《宣和乙巳奉使金国行程录》,所载第29程。

妇人，涂丹粉艳衣立于百戏后，各持两镜高下其手，镜光闪烁……"①汴梁宫阙里的大宋皇帝已经手忙脚乱，而金国的普通城市里，却是一片歌舞升平。这类手持双镜的舞蹈，类似于萨满教中身着彩衣、手持鼓铃的表演。在时隔近700年之后，我们通过金代的出土文物——比如：双鱼纹铜镜——看到了许亢宗文字里的镜子，感受金人从身体到精神的双重自由。

六 十三副铠甲的神话

金灭后，辽宁大地历经元明两朝，进入本书开篇所谈到的明万历时代。《明史》指出："明之亡，实亡于神宗。"②中世纪以来，世界范围内的最大帝国——大明王朝，就是在万历（明神宗）手中，"元气尽澌，国脉垂绝"，以致时人感到"天下将有陆沉之忧"，此时的大明王朝，就像"一辆沿着下坡奔向悬崖的马车，所有的势能都指向一个万劫不复的终点"。从张居正到申时行，无论有多少妙手回春的招数，都已无济于事，所有的努力，都将成为江山倾覆之前，与之诀别的一个苍凉的手势。

历史的目光再次聚焦于辽宁大地。几乎整个萎靡沉寂的国度，都能倾听到女真人的心跳。他们的心跳整齐、昂

---

① 〔北宋〕许亢宗：《宣和乙巳奉使金国行程录》，所载第39程。
② 《神宗本纪二》，见〔清〕张廷玉等《明史》，第195页，北京：中华书局，2000年版。

扬、浑厚，仿佛江河的共鸣。那些曾经被蒙古人的刀锋所驱赶和屠戮的身躯，在经历了血淋淋的撕裂与麻木，以及比黑夜更加恐怖的死亡之后，于万历十一年（1583年）复活了。一个名叫努尔哈赤的24岁青年站到了旗帜下，脸上洋溢着自信的笑容，尽管他的全部实力，仅为十三副铠甲和不到一百名士兵。

努尔哈赤比万历大4岁，也就是说，努尔哈赤起兵反明的时候，那个被他反对的皇帝只有20岁，他们都有足够的时间，完成自己的事业。努尔哈赤的目标，从一开始就是明确的，那就是消灭部落中的敌人，成为女真的领袖；而万历的志向，只是在他的宫中寻找长生不老之术。皇室出身的万历有着高贵的血统，他的祖先朱元璋、朱棣，都是极富野心的人物，尤其是明成祖朱棣，一生把宏伟事业视为自己的癖好，对他而言，宫殿的天地太小了，宫殿里的群臣们都是被驯服的动物，按照统一的口令，规规矩矩，俯首帖耳。显然，操纵他们，对于这样的皇帝来说，实在太小儿科，太不够刺激，太没有成就感，他需要征服更广大的世界，需要更多的血和人头来祭奠他的圣名，需要在更大的范围内展现他的皇恩浩荡。所以，这类皇帝的视线，通常停留在千万里以外的事物上，远视眼是他们的职业病。朱棣在坐稳皇帝宝座之后，基建项目纷纷启动，其中包括：北京紫禁城、明长城、十三陵、永乐大钟、大报恩寺、武当山金顶，等等。这些工程有一个共同的特点，那就是规模之浩大，令人瞠目。但对于皇帝来说，这些是必不可少的，没有它们，皇帝的功德，就难以被世人目睹。不仅如此，作为朱元璋的儿子，朱棣的血液里充满了尚武的基因。朱棣出生的时候，朱元璋正忙于和陈友谅打仗，战争是他的胎教。21岁时，他又被封往遥远寒冷的燕地，到战争的第一线接受考验。在他的侄儿朱允炆登基之后，他以"靖难"为名，发起一场争夺皇位的战争。这场战争尽管是在家人之间展开，但堪称你死我活，朱棣笑到了最后，成为新的皇帝。即位后，他又多次亲征蒙古，在冰天雪地的战场上，与士兵们一起冲锋陷阵。对于久经考验的朱棣来说，在这个世界上，没有什么事物能够让他感到畏惧。他的那些萎靡不振的子孙们与他相比，简直是一堆不值一提的蛆虫。他是一个无法超越的神话，把他的帝国送入世界最强国之列；同时他也是一个巨大的吸血鬼，为了自己的事业，吸干了大明王朝的国库。遗憾的是，作为朱氏传人的万历，没有继承先辈们的勇武精神，而是继承了他们吸血的癖好，而且变本加厉。所不同的是，他把王朝的血吸干，充盈自己的小金库。万历忽略了一个简单的道理：在王朝的基业垮掉之后，自己腰里的钱包，将在哪里安放？

　　当万历皇帝对自己的生存哲学津津乐道的时候，20多岁的努尔哈赤正在部落兼并的挑战中经受最初的锻炼。根据优胜劣汰的原则，最终称汗的努尔哈赤必定是最优秀的，但这在当时还显露不出来。最初的佼佼者叫李满住，他实现了分散的女真各部最初的联合，并赢得了威信。

历经沧桑的女真族在进入明代以后，主要分为三大部，分别是建州女真、海西女真和"野人"女真。15世纪中叶，建州女真迁移到浑河上游，李满住是建州女真最著名的首领。这一时期，为了抗击共同的敌人，建州女真部落之间开始流行一种传箭制度，凡遇出兵，就在各部之间传箭，作为一致行动的约定。作为最初的、简单原始的联合措施，传箭制度产生了积极的效用。这使在蒙古等力量的打击之下日趋分散凋零的建州女真部落，尝到了联合的好处。

然而，部落联合并不是一件轻而易举的事情，它始终与忠诚与背叛、欲望与禁忌、道德与利益、真实与谎言，纠缠在一起。战火、鲜血、背叛和阴谋，伴随着这个过程。它们连同北国的冰雪风霜一道，将努尔哈赤年轻的面孔塑造得粗粝、冷峻而坚硬。残酷的部落战争正在进行，对于历经苦难的女真民族而言，不啻于一场悲剧，但反过来，也通过血与火的洗礼，把本民族中最优秀的战士，遴选出来。这是一场在深山河谷间进行的"海选"，它的背景，是遍布山野的尸体。

在努尔哈赤的统一大业中，复仇成为最大的动力。它始于复仇，并始终贯穿着复仇的主题。原因很简单，没有什么能够比复仇更能调动一个英雄的激情，当英雄的身体和锐利的兵器无所适从的时候，正是复仇为他们指明了方向。同时，因为复仇暗合了人们心理中的公正感，如弗洛姆所说，当神的权威或者世俗的权威未能发挥作用的时候，人通过复仇掌握了通向公正的道路。所以，复仇具有无可比拟的煽动性，似乎没有什么因素，能比共同的仇恨，更具有黏合剂的效用，把来路不同的人们，集合在同一面旗帜下。

万历十一年（1583年），由于尼堪外兰的挑唆，努尔哈赤的祖父觉昌安、父亲塔克世在一场战役中被明朝军队误杀，复仇的愿望在努尔哈赤的血液里燃烧，并最终在这一年五月化为一场军事行动。

尽管手中只有祖父、父亲遗留下的十三副铠甲，但努尔哈赤还是从此踏上一条不归路。此时，来自另一支部落——苏克素护河部萨尔浒部——的诺米纳，因同尼堪外兰有仇，联合本部落的另外三名小酋长，即噶哈善、常书、杨书，投奔努尔哈赤，成为他最早的盟友。然而，一个叫龙敦的人，却开始挑拨努尔哈赤与诺米纳之间的关系，使后来诺米纳背叛了同努尔哈赤的誓盟。

起初，努尔哈赤并没有为难诺米纳，而是朝着自己的既定目标前进，那个目标，就是尼堪外兰占据的图伦城。在这里，努尔哈赤迎来了自己起兵以来的首场胜利——胆小如鼠的尼堪外兰没有迎战，直接弃城逃向嘉班。努尔哈赤乘胜追击，进攻嘉班城。而诺米纳，则提前向尼堪外兰通风报信，尼堪外兰故技重演，再次弃城而逃。努尔哈赤在追击过程中，收到诺米纳的来信，要努尔哈赤攻打诺米纳的敌人——巴尔达，否则，诺米纳将拦截他的道路，使他寸步难行。这封信，使努尔哈赤终于下定了决心要歼灭诺米纳。不久，努尔哈赤采用噶哈善等人提出的一条计策，与诺米纳相约，要求共同攻打巴尔达，遭到后者拒绝，努尔哈赤便向诺米纳借盔甲兵器，要求单独攻打，诺米纳果然上当，就将所有的盔甲兵器通通交了出来。努尔哈赤趁机反戈一击，兵不血刃地除掉了诺米纳，占领了他的萨尔浒城。万历十四年（1586年），尼堪外兰也成为努尔哈赤的刀下之鬼。

复仇使努尔哈赤获得了原动力，而战争一经发动，恩与仇的主题便会反复上演，仇恨就会像雪团一样越滚越大。这使努尔哈赤的事业获得了源源不断的道德支援。可以说，是仇恨引发了统一女真部落的战争。

同时，仇恨如同牛奶，把努尔哈赤的事业，一天天喂养大。

龙敦是一个天生的教唆犯，他在挑拨诺米纳与努尔哈赤的分裂以后，并没有浅尝辄止，这一次，他的挑拨对象是努尔哈赤同父异母的弟弟萨木。在他的挑拨之下，萨木杀死了努尔哈赤最早的追随者，也是努尔哈赤妹夫的噶哈善。努尔哈赤要带人去寻尸，由于他的力量过于弱小，而萨木和龙敦实力强大，没有人愿意与他同去，他只好带很少的几个人去了。这是一次危险的旅程，尼玛兰城的首领、努尔哈赤的族叔棱敦，劝说努尔哈赤及时放弃，但努尔哈赤没有听从他好心的劝告。努尔哈赤决定向他的对手们示威。一跨上马背，一股莫名的战栗就从努尔哈赤的身体深处升起。"一个天生的军人，一踏上战场，就好像优秀的演员走上舞台，马上会进入一种忘我的状态，万虑皆消"①。他手持兵器,在城南横冈上纵马狂奔,努尔哈赤的这一形象,作为一个经典造型,印进了大清王朝的历史,他至死都保持着这一形象,几十年后,68岁的努尔哈赤就是在宁远之战中纵马拼杀,被明军的红夷大炮打伤,不治而死的。②

仇恨在努尔哈赤的体内注入了一股非同寻常的力量,而这种力量,又产生一股气场,令对手不寒而栗。努尔哈赤拥有成为领袖的个人素质,一种兼具威慑力和感召力的素质。果然,对手们目睹了努尔哈赤的雄姿,无人敢应战,努尔哈赤就这样,单枪匹马地抢回了噶哈善的遗体。

两个月后,努尔哈赤领兵四百,向纳木占、萨木占、纳申、完济汉进攻,开始了为噶哈善的复仇之战。漫长而险要的玛尔墩山(今辽宁省新宾县境的玛尔墩岭)成为主战场。山势陡峻,努尔哈赤命令三辆战车并进;道路狭处,一车前进,二车随行;路再狭,以三车联络上攻。飞石和粗木,如同高空炸弹,从城上倾泻而下,杀伤力极大。有的战车被毁了,士兵们躲在残存的兵车下面,连探头的勇气都没有了。努尔哈赤再次获得了展现勇气的机会,他身先士卒,将纳木占等四人射倒在城上,然后命令士兵包围对方城池。三天围困之后,终于在第四天攻入山城。这场胜利,是努尔哈赤从苏子河到浑河一带的又一场

---

① 张宏杰:《大明王朝的七张面孔》,第114页,桂林:广西师范大学出版社,2006年版。

② [朝鲜]李肯翊:《燃黎室记述》卷二十七引《春坡堂日月录》。

重大胜利。

统一女真的战争，在以赫图阿拉为中心的东西两侧艰难进行。万历十三年（1585年）四月，努尔哈赤同他的弟弟穆尔哈赤领兵五百，西征浑河流域的哲陈部。一场突如其来的洪水，几乎冲溃了他们的军队，他们的队伍，还没有踏上战场，就几乎消失在了翻滚的泡沫中。勉强爬上岸的，只有区区八十人，其中，披绵甲的五十，披铁甲的三十。就在他们与洪水搏斗的时候，已经有人向对方告了密，托漠河、章佳、巴尔达、萨尔浒、界藩五城已经联合起来，共同对抗努尔哈赤。对此，努尔哈赤一无所知，带着所剩不多的人马，孤军深入。当他们看到对方阵营的时候，所有人都惊呆了。那是一个由800多人组成的军阵，密密麻麻，排列在浑河与南山之间。如果努尔哈赤识时务，那么，他就应该回头，这是一场不可能取胜的战斗。但努尔哈赤有他自己的逻辑。激怒努尔哈赤的，不是对方的示威，而是自己士兵的畏惧。他向军士们大骂：

"你们平日在家，称王称霸，现在遇到敌人，为什么如此畏惧？"

说完，翻身下马，带领弟弟穆尔哈赤以及两个随从，冲入重围。

这场战斗的过程，史书上的记载并不多。现在我们知道它的结局，那就是努尔哈赤胜利了，否则，努尔哈赤以后的故事，将无法延续。而他究竟是如何取胜的，至今仍是一个谜。

回营以后，努尔哈赤大笑着说："今天以四个人，打败敌兵800人，真是天助我也！"[1]这不是虚构，这段话记录在《满洲实录》中。

应当说，努尔哈赤的目标，在开始时是复仇，统一女真的目标，则是试探性的。后者是接踵而至的胜利送给他的礼物。复仇，依靠匹夫之勇加上适当的运气，就可以成功；而统一，除了锐不可当的气势之外，更需要打持久战的心理准备和精密可行的战略。它不是依靠偶然性就可以完成的。最后的胜利，不可能建立在运气之上。好在，血雨腥风已经让努尔哈赤意识到这一点。没有死，他就有机会成熟。

实力的增强与野心的扩大永远成正比，现在，努尔哈赤的理想，已经不是消灭一两个对手，他甚至不满足于李满住时期临时性的联合体，他要建立一个真正的女真帝国。在经历了与尼堪外兰等敌人的战争这一系列的必修课之后，年轻的努尔哈赤已经逐渐具备了一个统治者所应具备的才能与素质。对于他的统一大业，他采取了"恩威并行"的策略，"顺者以德服，逆者以兵临"[2]，有条不紊地，一步步向目标接近。

这一年九月，努尔哈赤又攻破了苏克素护河的安图瓜尔佳城。

第二年五月，攻克浑河部的贝欢寨。七月，攻克哲陈部的托漠河城。

---

[1] 《满洲实录》卷二，见《清实录》第一册，北京：中华书局，1986年版。

[2] 《满洲实录》卷一，出处同[1]。

万历十六年（1588年），攻克完颜城，杀其酋长岱度墨尔根。

至此，建州部所属的苏克素护河部、浑河部、完颜部、栋鄂部、哲陈部，或征服，或招徕，基本上归于一统。对此，清朝文献的记载如下："环满洲而居者，皆为削平，国势日盛。"①

20年后，努尔哈赤的所有政敌，都已经从这块土地上消失了。当努尔哈赤把他手中的地图展开的时候，他年轻时期梦想中的女真帝国已经真实地展现在面前了。帝国南自鸭绿江，北达黑龙江，东濒大海，西到辽东明朝长城，它的政治中心，于万历三十一年（1603年），由费阿拉城，迁移到赫图阿拉。

万历四十四年（1616年）正月初一，58岁的努尔哈赤，在连续征战34年之后，得到了应得的荣耀。这一天，天还没有亮，皇太极等诸贝勒、大臣们，就作出一个蓄谋已久的集体决议：我们没有汗时，忧苦极多，蒙天保佑，为使人民安生乐业，给降下一位汗，我们应给抚育贫苦人民、恩养贤能、应天而生的汗，奉上尊号。

议定后，在以皇太极和他的三位兄长代善、阿敏、莽古尔泰为首的八旗诸贝勒、大臣的率领下，文武官员，在四面四隅的八处各就各位。八旗八大臣从众人中走出，手捧文书，跪在前面。八旗诸贝勒、大臣率众人跪在后面。

---

① 《清太祖武皇帝实录》，见《清实录》第一册，北京：中华书局，1986年版，卷一，第8页。

阿敦虾（虾，即侍卫）站立在汗的右侧，额尔德尼巴克什（巴克什，即学者）立于汗的左侧，从两侧前迎八旗八大臣跪呈的文书，奉于汗前，置于桌上。额尔德尼巴克什站立在汗的左前方，在黎明的寂静中，宣读上尊号：

"奉天覆育列国英明汗。"

刚读完，跪着的各位贝勒、大臣纷纷起身，努尔哈赤也从御座上站起来，走出衙门，向天空叩首三次，之后，努尔哈赤回坐在御座上，这次，他要接受八旗诸贝勒、大臣的叩首。人们行礼如仪。[①]

从这一天开始，一个以"金"命名的朝代，进入中国的朝代序列中，只是为了与完颜阿骨打在辽天庆五年（1115年）创立的金朝相区别，后人称之为"后金"，年号为天命。[②]这一称谓，至今保留在当年的一些文档上。甚至在朝鲜的《李朝实录》所记录的文件中，还有天命四年（1619年）努尔哈赤在文件上盖下的"后金国天命皇帝"七字大印的记载。曾经一团散沙的女真人在努尔哈赤的聚合之下，终于变成铁板一块，出现在大明帝国的卧榻之侧。统一战争使女真人在动荡中壮大，将这个分散而积弱的民族凝聚成一个强大的民族。在消灭了所有的敌人之后，骁勇的女真人需要新的敌人，这时，一个更大的野心开始在努尔哈赤心中孕育，那就是吞并大明王朝。对此，大明王朝万历皇帝一无所知。

[①]《满老文档》太祖卷五，第67、68页。
[②]〔明〕王在晋：《三朝辽事实录》卷一。

七　文字的诞生

努尔哈赤在重建女真的过程中的一个重大贡献，就是创制了女真文字（即满文）。女真族一直是一个只有语言而没有文字的民族。因此，当我们研究女真民族起源的时候，我们找不到任何可信的早期文献。金代，女真人一度创造过文字。它们是依据汉字创制的一种方块字，不同于蒙古文的拼音文字。可惜的是，随着金亡元兴，元朝实行同化政策，这种女真文字失落在了历史深处。到元末，懂得这种文字的人，已经十分罕见，至明代，更是彻底失传，女真人只好借用蒙古文。对此，史书有证："玄城卫指挥撒升哈、脱脱木答鲁等奏：臣等四十卫，无识女真字者，乞自后敕文之类，第用达达字。从之。"[①]

创造文字并不是一件容易的事情，而教会整个民族掌握和使用统一的文字，更是一件无法想象的巨大工程。这一工程的最终完成，不仅显示了女真人的文化创造力，更显示了他们的文化决心。这令人想到现代希伯来语之父本·耶胡达，他的处境与当年的努尔哈赤相似，也曾经异想天开地企图为失去语言的犹太人重建语言。他要恢复自己民族的语言，让死去的希伯来语在人民的生活中复活，从而使犹太人民以同样的声音凝聚在一起。他开始深入周

---

① 《明英宗实录》卷一一三，正统九年二月甲午，见《明实录》卷十五册，中央研究院历史语言研究所校印。

围犹太人的家庭中,与他们交谈,与他们和睦融洽地相处,收集古老的希伯来单词,并且与他们探讨怎样以希伯来语谈话。经过艰苦卓绝的努力,他差不多收集了所有的希伯来语词条,并且创造了很多新的希伯来语词组。他一方面从事《现代希伯来语词典》的编纂,一方面从事推广希伯来语的工作。他从自己做起,让他的妻子只能使用希伯来语跟自己的孩子们说话,在没有学会希伯来语之前就能说话。这种古老的、凝练的语言时时让他激动不安,有时甚至被这些文字感动得热泪盈眶。当现在的犹太人用希伯来语谈话时,谁能想到,他们的每一句话都包含着本·耶胡达的全部生命和热情!① 世界上很少有一个民族能出现这样的奇迹,女真人是奇迹的创造者之一,而且比本·耶胡达早了300多年。

缔造满文的人不是努尔哈赤,而是额尔德尼和噶盖,但他们是根据努尔哈赤的旨意,以及他提供的方法完成的。这时的努尔哈赤一定意识到,真正的统一,不是依靠武力来强制的,而是建立在文化认同的基础上的。从此以后,女真人的思维、文化和历史,都通过自己的语言记录下来。满族人人为地创造了一个幽深复杂的语言系统,满语词汇的繁密令我们深感惊讶,这里面包含着他们对于世界的全部认识与想象。比如,"冰雪"这个词,在满语中,就有60多种表达方式;而关于"水"的词汇,更是有130

---

① 参见张锐锋《札记簿》,见《蝴蝶的翅膀》,第263—265页,北京:解放军文艺出版社,1999年版。

多个，不同状态的水，比如秋天里消退的水流，或者游鱼造成的水纹，都有专门的词汇表述。在满语中，野猪被分为11种，其中一年生长方牙的野猪被命名一次，三年生长獠牙的又被命名一次；由于鹿角形态变化多端，外形不同的鹿被分别冠以29种各式各样的名词。我们聆听这些细腻的词汇的同时，也看到了满族人观察世界时明察秋毫的眼睛。似乎没有任何事物能够躲避这样的眼睛。他们将"院子"和"别人"分别读成"HUA！""GUA！"。聆听满语，等于我们借用了满族人的眼睛，重新打量世界。

八　民族综合体

现在的问题在于，尽管女真人以书面的形式，将自己的历史确定下来，但是，那些在时间深处消失的古老民族的身影，是否真的如他们自己描述的那样，与他们具有血缘联系？历史出现了许多断点，谁能保证后人在时间的逆向之旅中，不会误入歧途？

书面的历史有多少误差，我们无从得知。在上述叙述中，为肃慎、夫余、挹娄、靺鞨……以至女真、满族建立起来的民族谱系，遭到许多学者的怀疑。当我们回顾女真历史的时候，我们发现，它并不像想象中的那样简单。由于这一民族的历史源头距离我们过于遥远，文字的创制又相对较晚，使得许多珍贵的历史信息在转述中丢失，更由于它在复杂的历史进程中的不断转型变幻，使这一民族的影像变得扑朔迷离,时明时暗,关于女真历史的争议,也就从来不曾中断。比如,高句丽人是否可以纳入女真的历史中去,就众说纷纭。需要指出的是,女真族并不是一个封闭的民族,它的衍生与变迁,也是在民族融合的基础上进行的。它是一个有机体,像任何一种生命那样,呼吸、吐纳、成长,而从来不是一个坚硬的固体,有鉴于此,《剑桥中国史》引入了"民族综合体"这一概念:"历史学家必须注意的另一个简单化倾向是术语的使用。当我们使用契丹、女真、党项(译者注:元代蒙古人称为唐兀)或蒙古这些术语时,应该记住每一个术语所指的不是一个纯粹同种的民族,而是一个综合的实体。契丹、女真或党项这些称呼,实际上是指在契丹人、女真人或党项人领导下的那些联盟。……这些联盟本身都是多种族和多语言的。""女真人……在他们的联盟中我们发现除了蒙古人以外,还有其他通古斯部落。"[①]这表明,对民族的界定不是绝对的,尤其是在漫长的历史进程中,每个民族的肌体,都经历着微妙的变化。

[①] [德]傅海波、[英]崔瑞德编:《剑桥中国辽西夏金元史》,第12页,北京:中国社会科学出版社,1998年版。

第二章 共享的家园

一　山河的布局

尽管女真人在很长的时间中占据着辽宁历史舞台的核心位置，但历史并不是他们的独角戏。当我们放大视野，我们便会与乌桓、鲜卑、契丹，乃至汉族等族群不期而遇。

中华文明本质上是一种多元混合型文明，这首先是由于中华文明不是单一起源，而是多点共生的。多种不同的文明体系，在发展蔓延的过程中，不可避免地出现碰撞、汇合和交融，使中华文明处于生生不息的变迁之中，并在变迁中不断优化和成长。

这种混合型文明，在辽宁表现得最为典型。各种不同的族群在北方的雄关险隘间穿插交错飞扬旋转，各种各样的服饰丰富了大地的图景，辽宁好像是从中华文明肌体上取下的一个切片，从中可以清晰看到它多元文化的分子结构。这一点中国与其他地区有很大差别。

尽管中华文明是混合型文明，但具体到某一地域，则可能是被某种单一文明所主导。比如，广西、云南、贵州，这里的土著居民的来往被高山深水所切断，处于遗世独立的状态，几个世纪以来，彼此不相往来，甚至对其他民族的存在茫然无知，即使只有一山之隔，也对对方的存在毫不知情。他们生活的世界有着明显的边界，不可能无限扩大。这种世代封闭的状态，很难形成区域性的文化共同体。而在内地，比如，山东、河南、安徽、河北等区域，虽然没有大起大落的地理阻碍，但由于世代的自然经济的制约，商品交换很不发达，形成了另一种封闭，一种由经济发展规模所决定的封闭。[1]

　　辽宁的情况有所不同。东北地区主要有三大山系，即大兴安岭、小兴安岭和长白山，这三大山系呈纵向排列，形成一个"川"字。其中，辽宁东部山区，属长白山支脉，有大黑山、龙岗山、老岭等分布其间；东部河流有鸭绿江，自长白山天池蜿蜒流出，此外还有清河、浑河、太子河、大洋河、碧流河等。西部有著名的医巫闾山、努鲁儿虎山、松岭等山脉，构成西部山地丘陵，它西接燕山山脉，北连蒙古高原，地形由高西北向低东南构成冲压之势，西北山高路险，东南则在山海之间，存在着一条又细又长的道路，接通东北与华北。明代在这山海之间修起一座关城，从而控制了东北与中原内陆的交通联系，河流主

---

[1] 参见李治亭、田禾、王昇《关东文化》，第29、30页，沈阳：辽宁教育出版社，1998年版。

要有六股河、兴城河、小凌河、大凌河等。辽北大地，位于辽东山区的西部、辽西山区的东部、辽河三角洲的北部，是辽河中游的冲积平原，北与松花江平原相接，构成著名的松辽大平原，是关东大地最富饶的地区。辽南，就是辽东半岛，地理上指鸭绿江口至辽河口连线以南地区，它的整个地形，以千山山脉为骨干，北起本溪的连山关，南至旅顺的老铁山，构成辽宁东南的整个丘陵地势。

清康熙三十二年（1693年）夏天，被流放辽宁的一代鸿儒、《古今图书集成》编著者陈梦雷，在吴全阳道人和铁氏弟子的陪同下，游览了距沈阳100余公里的千山，归来后写下了3000多字的长文《游千山记》，开篇写道："余居东十有二年，稔闻巫闾、千山之胜，徒托之神驰梦想，竟未获一骋足寓目。"表达了对千山的向往之情。文中对山水寺松的描写都惟妙惟肖，他写千山之松："里许又有罗汉洞二所，前后相属，乔松参天，从岩侧虬蟠鹤跱。盖他山松生石上者不数见，而千山之松皆从石罅攫挐而出。宿根老干为石所束，盘屈结盖，亭亭苍翠，极人工天巧之奇。"写千山之山势："自寺门中立南望，则前此诸峰皆在平地，拱者，伏者，起者，卧者；如龙蟠者，如虎跃者，如鸟翔者，如潮涌者，千态万状，毕现目前。一望苍茫无际，惟黑山九峰微露。远天一碧，盖至此而极千山之巨观矣。"此文收在他的《松鹤山房文集》中，1934年，金毓黻等人编撰《奉天通志》，特将此文收入。这篇文章不仅是陈梦雷在沈阳所作的重要作品，同时也是中国文学史上游记文学的上乘之作。

从科学的角度说，千山山脉是在地质时期的褶皱运动中，历经多次剧烈的冲撞形成的，它形式上的美，在一定程度上应当归于几次偶然的定型。但在那数亿年前的几次偶然之后，它同时拥有了仙人台、五佛顶等这些形态不同的山峰，一线天这样悠长的石隙夹道，以及无数的流泉飞瀑。在历经时光流转之后，岩石间，除了日益旺盛的花树之外，又增添了许多文人墨迹。

努鲁儿虎山、医巫闾山、凤凰山……辽宁省群山并起，形成了无比壮美的大地景观。著名作家王充闾就生长在医巫闾山脚下，因而他对这座山系有着更深的体悟：

我幼年时节，有一道百看不厌的风景线，那就是开开茅屋后门就会扑入眼帘的绵亘于西北天际的一脉远山。阴雨天，那一带连山漫漶在迷云淡雾之中，幻化得一点踪迹也不见了。晴开雨霁，碧空如洗，那秀美的山峦便又清亮亮地现出了身影，绵绵邈邈，高高低低，轮廓变得异常分明，隐隐地能够看到山巅的望海寺了，看到峰前那棵大松树，好像下面还有人影在晃动哩。①

大山高插云霄，上接穹宇，常被认为上达天神的最佳阶梯；从它的巨大体量和坚劲的线条中，则

---

① 王充闾：《化外荒原》，见《王充闾作品系列》之《西厢里的房客》，第83页，沈阳：辽宁教育出版社，2004年版。

能读出对于人的藐小与软弱的嘲弄。因此，自古即有"大山崇拜"的习俗。最典型的当数泰山，其次，就是医巫闾山了。隋唐以降，历代帝王对医巫闾山都有封爵，唐代封为广宁公，金代、元代封为王位，明、清两代诏封神号。自北魏文成帝开始，历朝凡遇大典，都要由皇帝亲临或委派官员登山致祭。单是清代，包括康熙、乾隆在内，竟有五位皇帝多次朝觐闾山。①

起伏多变的辽宁地形仿佛一朵巨大的莲花，漂浮在江海之上。高山、平原、草原、河流、湖泊，甚至海岸线，辽宁几乎涵盖了所有的地理类型。在这里，"几乎所有影响环境的指标都具有过渡性，上苍将草原与农田的属性都赋予了这片土地"②。更重要的是，辽宁的地理不是封闭型的，而是开放型的，一个人在东北的大地上行走，无论是从北向南经辽宁进入中原内陆，还是向西入内蒙古、向东进朝鲜半岛，都不会遇到大的阻碍。这为人们转换生活方式提供了可能。一个林中狩猎者转换为田野上的农夫，并不是一件困难的事情。这种自由的属性，使辽宁（乃至整个东北地区）成为中国历史诸多民族轮番亮相的自由区域，一个由北方民族共享的生存舞台。这些条件，不仅有

---

① 王充闾：《家山》，见《西厢里的房客》，第115页，沈阳：辽宁教育出版社，2004年版。

② 韩茂初：《草原与田园——辽金时期西辽河流域农牧业与环境》，第2页，北京：生活·读书·新知三联书店，2006年版。

利于形成一个经济与文化的共同体,而且塑造了辽宁人开放进取、热情开朗的性格和强悍的体魄。历史上我们只看到东北和西北的铁骑不断南驰,却鲜见南方民族扬威北方,原因也在这里。

我们不妨再度将视线放大,超越中华版图,来观察辽宁在欧亚大陆上的位置。那是世界上最大的一块陆地,被中国的南海、印度洋、地中海、欧洲的大西洋岸及北冰洋所包围。而这块大陆,却被一条看不见的界限,分成两个部分——草原和田园。从世界地图上进行观察,我们惊异地发现,由东起东北亚的大兴安岭、燕山、阴山、祁连山、昆仑山、兴都库什山、萨格罗斯山、高加索山,向西直至欧洲境内的喀尔巴阡山画一条横向连线[①],将亚欧大陆区划为两部分:横线以南多为湿润的平原森林地带,宜于农耕,其中西亚美索不达米亚平原,东亚的黄河、长江流域,印度的恒河流域等都是人类历史上出现最早的农耕中心;横线以北多为干燥的高原荒漠地区,与农耕地带平行,东起西伯利亚,经中国东北、蒙古高原、中亚、咸海、里海以北、高加索、南俄罗斯,直到欧洲中部,是历史上游牧民族活动的地带,其核心

---

① 划分方法略有不同。姚大中《古代北西中国》(中国台湾地区三民书局,1982年版)以亚洲东北部的堪察加半岛尖端与阿拉伯半岛西端相连接画一直线。札奇斯钦《蒙古文化概说》(中国台湾地区中央文物出版社,1987年版)则称"自东北亚洲大陆的嫩江、松花江流域,沿长城线,经西藏高原,伸向阿拉伯半岛画一条线"。本书划法,见吴于廑《世界历史上的游牧世界与农耕世界》,原载《云南社会科学》1983年第1期,转引于余同元《崇祯十七年》,第306页,北京:东方出版社,2006年版。

地区是蒙古高原至中亚一带。亚欧历史自然条件的差异，形成以农耕世界与游牧世界两个区域长期的双轨发展，同时又发生和发展了两个世界的各种交往和矛盾，构成近代以前整个世界历史的基本内容。中国的版图兼有南农北牧两大区域，也注定有相同的发展路线，由周秦到明清，长城内外的对峙，农牧民族的分合，正是人类历史上农牧世界二元一体化的历史缩影。①

格鲁塞在他著名的《草原帝国》中有这样的描述："从中国东北边境到布达佩斯之间、沿欧亚大陆中部的北方伸展的一个辽阔地带。这是草原地带，西伯利亚森林从它的北缘穿过。草原上的地理条件只容许有很少几块耕地存在，因此，居民只得采取畜牧的游牧生活方式……其中的一些部落（即森林地带的那些部落）确实还停滞在马格德赫狩猎者的文化阶段。……由于这一地区的自然条件，这儿长期保留了其他地区早已抛弃了的那种生活方式。"②

草原与田园的边界是模糊的，但它确实存在，并因此造就了不同的文明形态。"当亚洲其余地区已步入先进的农业阶段时，这些畜牧民族残存下来，这一事实在历史剧中是一种非常重要的因素。毗邻各族之间产生了一种时代的移位。公元前2千纪的人们与公元12世纪的人们共

---

① 据余同元《明后期长城沿线的民族贸易市场》，原载《历史研究》，1995年第5期。
② ［法］勒内·格鲁塞：《草原帝国》，第4页，北京：商务印书馆，2004年版。

存。"①经济基础对上层建筑的影响,在这两块不同的区域里清晰可见。对于在田园上建立起来的中原王朝来说,粮食成为整个社会的核心,于是,政治的改革与文化的发展,都建立在粮食这一命题之上。而粮食在游牧社会中的作用却极其有限,它们掌握的是会走动的粮食——牛羊,尤其是羊,在草原上,很难找到比羊更有经济价值的牲畜了。"羊供给他们以羊毛,制造盖蒙古包用的毛毡。羊皮(硝制带毛的)可以做衣服。夏天有羊乳,还可以做奶酪和奶油,供冬天食用。冬天还有羊肉。羊粪可以做燃料(羊晚上关在羊圈里,它的粪可以堆在一起,然后整块地拿出来烧)。所以,羊比其他任何牲畜更能建立食、住、衣和燃料的基本经济准则。"②由此,我们可知,为什么早在殷商时期,一些游牧人被称为"羌","羌"的意思,就是"羊人"。由于没有一块草原能够提供取之不竭的牧场,游动,成为这一文明的重要特征。此外,由于牛羊会周期性地死亡,游牧民族很难像农耕民族那样,积累起"固定资产"。这使得对空间的占有成为他们的生存主题,而不是文化在时间中的积累。

考古学家很容易根据墓穴随葬品或居住遗址分辨农夫或牧民的身份。那些厚重的随葬品,会透露出墓主人的身

---

① [法]勒内·格鲁塞:《草原帝国》,第4页,北京:商务印书馆,2004年版。

② [美]拉铁摩尔:《内蒙古民族主义的衰落》,1936年;转引自[美]拉铁摩尔《中国的亚洲内陆边疆》,第48页,南京:江苏人民出版社,2005年版。

份——他们往往来自农耕文化区；如果相反，则多半是游牧者。中原王朝的统治者们，无一例外地建造规模宏大的陵墓，试图以此证明自身的伟大；而世界上最大帝国的统治者——成吉思汗，遗体却在草原上悄然消失，至今无处查访。

历史学家把这样巨大的文化差别，归因于这块大陆上降雨量的分布不均。也就是说，这块大陆上所有人的命运，包括游牧民族与农耕民族之间没完没了的战争，都受到天气的控制。他们划出了一条400毫米降雨线，这条线的北边，降雨量少于400毫米，为半干旱地区，不适宜种植农作物，因此成为游牧地区；而在南边，由于降雨量多于400毫米，为半湿润和湿润地区，适宜农业，因此成为农耕社会。①而这条降雨线，与前面提到的那条山脉的连线，是基本重合的。天空与大地之间严密的呼应关系，令我们叹为观止。"人类地理学上的问题变成了一个社会问题。"②"耕耘着中国北部优质黄土地的农业公社，种植着伊朗的田园，或基辅的肥沃黑土地的那些农业公社，被一条贫瘠的牧地围住，牧地上常常是恶劣的气候条件，那儿十年一次的干旱，水源干枯，牧草枯萎，牲畜死亡，随之而来的是游牧民本身的死亡。"③

哈佛大学著名教授塞缪尔·亨廷顿在他那部曾长期

---

① 参见盛洪《长城与科斯定理》，原载《南方周末》，2007年7月26日。
② ［法］勒内·格鲁塞：《草原帝国》，第5页，北京：商务印书馆，2004年版。
③ 同②。

列于《华盛顿邮报》图书排行榜非虚构类榜首位置的著作《文明的冲突与世界秩序的重建》中,把异质文明之间的关系,分为遭遇和冲突两种主要模式。草原与田园的遭遇与冲突,已成为欧亚大陆上上演了几千年的规定情节。它们显然使中国历史无比跌宕和生动。在中国历史上,既有中原农耕文明繁荣强盛,使北方游牧民族"臣服"的时期,也有北方少数民族"入主"中原的时期,对于后者,本书上一章已有所表述。现在,问题出现了——无论是北方游牧民族"臣服"于中原农耕民族,还是他们"入主"中原,它所建立的政治联合体,都跨越了两种文明,但是,并不能使两种文明真正"合并",草原依旧是草原,而田园依旧是田园。游牧人进入中原以后,只有转变为农民,才能生存下去;同样,当一个农夫进入草原,变成牧民,才是他最有效率的理想选择。对于帝国的统治者而言,有一项事物是他永远无法超越的,那就是上天。他可以改变一切,唯独无法改变上天的旨意。400毫米降雨线,永远无法消泯。而这一自然条件的存在,使两种文明很难真正黏合在一起。10世纪时候,契丹人攻占了中国的都城开封之后,不知道该怎么办,于是又退出了该地。[1]伟大的成吉思汗也曾经拥有一颗巨大的野心:将黄河以北的大量田园改造为牧场,这一计划,因受到耶律楚材的劝

---

[1] [法]雷纳·格鲁塞:《蒙古帝国史》,第272、273页,北京:商务印书馆,1989年版。

阻而取消[1]（耶律楚材是辽宁历史上一位传奇性人物，有关他的故事，本书将在后面介绍）。"征服北京地区以后，他的真正欲望是使河北平原上肥沃的玉米地上升到牧地的地位。"[2]同样，等待这个战无不胜的英雄的，只有失败。

然而，历史并非一成不变，这种历史定局，在女真人手中发生了微妙的变化。历史，再一次超出了它的常规。现在，我们需要收拢目光，回到我们的辽宁。也只有在这时，辽宁的地理独特性才能得以显现。这里既远离中原农耕社会的中心，又紧靠蒙古草原北端，而且，女真人起源于400毫米降雨线以南的宜农地区，而随着年度气候的变更，400毫米降雨线始终按照一定的摆幅南北摆动，像海滩上的潮水线一样，时涨时落，而辽宁，刚好处于它的摆动幅度之内。这必然注定了辽宁丰富多变的气象、自然和文化条件。如本节开始所述，早期的女真人亦农、亦牧、亦猎，由于种族的分布与地理环境的差异相呼应，因而，从总体上看，狩猎、渔雁、游牧，以及农耕民族相互叠压冲突的情况并不多见。地理条件的丰富性，使不同民族如同一个庞大机器上的零件，相互补充，并有秩序地运转。辽宁既是两大文明板块的衔接带，又是过渡带，在文化上，接受了游牧民族文化和农耕社会文化的双重投影。辽宁正是处于这样一种在中国地理结构和文化结构上的特

---

[1] [法] 雷纳·格鲁塞：《蒙古帝国史》，第276页，北京：商务印书馆，1989年版。

[2] [法] 勒内·格鲁塞：《草原帝国》，第15页，北京：商务印书馆，2004年版。

殊位置,从而使女真人更有可能以两种文明的衔接者的身份,为文明冲突提出最终的解决方案。因此,我们深入辽宁的文化结构内部,了解它的多元互动机制,就显得格外重要。

二 最早的文明

红山文化牛河梁遗址距离建平县城只有一个多小时的车程,没有围墙,没有纪念馆,五千多年前的神庙,以石堆的形式存在着。如果没有考古工作者的指点,我们便会与它擦肩而过。像这样的石头,在辽西的山野间几乎随处可见,但是它们与众不同:它们曾经被先民的手搬动和堆砌。它们被从不同的山体上截取下来,打磨,整形,然后,一块一块地,组合成一座座宏伟的建筑。现在,先民们粗粝的手消失了,石头却定格在五千年前的位置上,再也无法挪动。

时间因石头而停滞。那些石头,具有凝固时间的力量。遗址四周,是苍翠的山野,时间的参照系消失了;这里的风景,五千年不曾变动。石头本身就是漫长时间的凝结物,它有着令人捉摸不定的纹络,但那每一个纹络都珍藏着一部冷酷的自然史。在这个世界上,没有比石头更加沉重、坚定和持久的事物了,所以,当古人们为神灵和亡灵建造居所时,首先想到的就是石头,他们试图借用石头的力量与时间抗衡。石头本身就是一部完整的教义,给人以一颗顽强的心。那些灵魂只有住在石头里面才会觉得安稳。

这些神庙和冢群是比长城更加久远的石质建筑。五千多年后，它们仍然执着地向人们诉说着它们的喜乐与悲伤。一切都静下来，这个时候，我们可以倾听到石头的声音。石头是有声音的，就像石头也有呼吸、心跳和血液循环。我用手去触摸那些石头，感受到的，是时光的深邃与壮美，是生机勃勃的寂静。

牛河梁北部山丘顶，地势偏高，丘顶是一个宽敞的大平台，女神庙就坐落在大平台南侧10余米处。它的结构至今清晰可见——这是一座半地穴式建筑，由多室与单室组成，均在一条中轴线上。多室为主体建筑，单室为附属建筑。其顶盖、墙体都采用木架草筋，内外敷泥、表面压光后，用彩绘装饰。在平台正中，我还发现一条古道，直通向平台北部边缘的另一处庙址。牛河梁遗址不知有多少座神庙和遗冢，荒草掩盖了它们之间的秘密联系，但先人们的梦想，他们对生命的超越性的追求，还是浮现出来。遗址是他们在大地上做下的永久性记号。生与死都是瞬间发生的事，但这些生命的印记却留了下来，他们创造了物质的奇迹，并以此来证明他们信仰的虔诚。

关于他们的生活，关于他们的痛苦、悲伤和欢乐，我们一无所知。但他们并不因此放弃与我们交谈的机会。他们借用遗址中的女神像与我们对话。那是中国的维纳斯，像米洛岛的阿芙洛蒂提一样，虽然肢体残缺，但她们的美却没有丝毫减损。六座女神像，是他们最高的神——众女神，她们深知他们的内心，掌握着他们的一切命运。那些女神的脸，我觉得似曾相识，不知在哪里见过。或许，我们每个人的心里都藏着一个女神，所以，与女神的初见，都仿佛重逢。

那些古陶，是古人送给今人的礼物，它们在穿越了漫长的时光旅途之后才抵达我们的面前。其中最大的一只镂空彩陶，直径达1米，被称为"陶器之王"。还有各种可爱的小动物，因为获得了玉的身体，而五千年不死，它们是：玉龟、玉鸟、玉鸮、玉鱼……这是一座神奇的迷宫，里面居住着各种各样的居民，只有敏感的人，才能寻找到其中复杂的街巷，破译所有事物间的神秘联系。这是一个东方式的迷宫，它曲折婉转的布局完全具有东方式的哲学特点。它庞大而复杂，必须倾尽一个时代的全部力量才能完成。中国人毫不保留地把一个时代的所有能量都消耗在建筑上，这一传统至少在红山时代就开始了，至今未曾终止。所有的石头都跃跃欲试，企图成为一个宏伟工程的一部分。这片滋养万物的黑土地，也给各种巨大建筑提供营养素。红山文化，在辽宁西部地区，有近千处遗址，仅在建平县，就有数百处。牛河梁，只是我们走进红山文化的无数个入口之一，由这个入口出发，我们可以进入红山文化的浩大体系中。

这些遗址包括：

旧石器时代：

金牛山，28万年前，辽宁省营口市治所大石桥镇永安乡西田屯；

鸽子洞，15万年前，辽宁省喀喇左翼蒙古族自治县水泉乡瓦房村；

后庙山，10万年前，辽宁省本溪市山城子乡汤河右岸；

建平人，6万~5万年前，辽宁省建平县阳树岭乡南沟村；

沈家台，5万~3万年前，辽宁省锦县沈家台乡杏树沟村附近小凌河一条支流右岸山坡上；

仙人洞，4万年前，辽宁省海城市小孤山村东南海城河右岸；

古龙山，2万~4万年前，辽宁省瓦房店市……

新石器时代：

查海文化，8000年前，辽宁省阜新市沙拉乡查海村西南5公里处，农业文化类型；

新乐文化，7000年前，辽宁省沈阳市北部原新乐电厂宿舍区内，农、渔、猎并存的文化类型；

小珠山文化，6000年前，辽宁省长海县广鹿岛中部吴家村西、小珠山东坡，农、渔、猎并存的文化类型；

胡头沟玉器墓，6000年前，辽宁省阜新市胡头沟；

牛河梁女神庙与积石冢群，5000年前，辽宁建平县与凌源县，农业类型……

笔者在走访和调研中，发现了一个有趣的现象，正是查海文化、新乐文化，以及红山牛河梁文化把中华文明的历史提前了1000至3000年，5000年文明史将被改写为6000年或8000年。这些文明遗址出土的文物，为这一地域早期国家（"满洲"）的建立提供了实物验证。比如，沈阳新乐遗址出土的"木雕鸟"，与女真传说中神鸟将朱果放到仙女佛库伦衣服上，佛库伦吞下朱果后生下库布里雍顺，成为女真人始祖的故事相吻合。换句话说，如果时间像河水一样逆流六七千年，那么，包括中原仰韶文化在内的中国早期文明都将被湮没，而牛河梁文化和查海文化，却漂浮在水平面之上，安然无恙。学术界认为："5000年前这里存在着一个具有国家雏形的原始文明社会。"这一发现"将中华文明史提前了1000多年，夏以前将不是只有传说"，"我国的文明史将与古代的巴比伦、埃及、印度一样久远"[1]。国家的出现，被认为是人类进入文明社会的主要标志，那时的整个华夏，只有牛河梁达到这个发展阶段，所以，历史学家把它称为"中华大地上第一道文明曙光"[2]。

正是在这里，我们发现了辽宁的秘密。它是一把钥

---

[1]《光明日报》，1986年7月25日。
[2] 参见《象征中华的辽宁重大文化史迹》，载《辽宁重大文化史迹》。

匙，没有它，中国这把坚固老旧的锁永远无法打开。它不仅如本章上一节所述，在空间上占据着关键性的穴道，同时，它在时间上也占据着最显要的位置。它是中华文明最早显露出来的部分，我们对古老的史卷的阅读，必须从这里开始。

另外一个有趣的事实是，这些遗址是作为不同类型文化的代言者出现的，从农耕、渔猎、游牧，到多元混合型。这刚好为我们上一节中对辽宁多元混合的文化类型的描述提供了证据。或者说，只有这种多元，可以使辽宁的早期文明，在生机无限的变动中繁殖和生长。辽宁非同寻常的文明史，正是这种交汇的结晶。不同的遗址展现着不同的文化特点，如暗夜的火焰，交替明灭。即使在相同的地区，生态类型乃至文化类型，也会因时而变。比如，西辽河流域，历史中就多次经历从草原到田园的农牧业轮回。红山文化时期的农业文明曾经照亮整个流域，那时刚好处于全球气候转暖时期，落叶阔叶林向西北推移了三个纬度，暖温带的阳光覆盖了西辽河流域，呈放射状，把它的精华注入大地。阳光改变了大地的形貌，田园开始大幅度地呈现，与此相匹配，有各种神秘的石头城穿梭其间。那一时期为我们留下了兴隆洼、赵宝沟、红山、小河沿，以及夏家店下层等原始农业文明遗址。而3500～3000年前地球气候的骤然转冷，再度把西辽河流域的形貌涂改得面目全非，广袤的田园消失了，草原再度浮现，400毫米降雨线开始向南方大幅度退却，牧民扬起牧鞭，而农夫则带着他们的锄犁与家眷开始南迁。[1]所以,当我们在红山牛河梁,透过陶器上的图纹感受数千年前的农业文明的时候,我们会有一种"隔代"之感。在我们的想象中,那时的牛河梁,应该遍布森林与草原,怎么会出现农业呢?但是,过渡带上的辽宁,遵循着它自己的历史逻辑,辽宁也正是通过自己的历史,来展现它的"不可思议"。

梳理辽宁的文化脉络并不是一件容易的事情,它太复杂。400毫米降雨线在这里周期性地摆动,使这里无数次陷入草原与田园的轮回之中。这里的历史布景定期转换,不同类型的植物与人群,带着各自不同的面孔、性格与命运,在这块大地上交替出现。这使辽宁这块土地始终处于生机无限的变动中,永无止歇。它像一颗生生不息的心脏,放置在中华帝国庞大的躯体内部,为躯体提供氧气与能量。汤因比把中华文明的持久性视为一种悲剧,认为这是一种僵化状态,"一种无意义的存在"[2],辽宁的历史,就是一种确凿的反证。辽宁从不停留在一种僵化状态里,更不会在静止中死去。所有的死亡,都将转化为崭新的生命,一如此刻的我,面对那些古老的神庙,相信所有消逝的事物都会重现,所有死去的人们,都会在下一个早晨,悄然醒来。

---

[1] 参见韩茂莉《草原与田园——辽金时期西辽河流域农牧业与环境》,第6页,北京:生活·读书·新知三联书店,2006年版。

[2] 参见汤因比《历史研究》。

三　谁是东胡

东胡，那个令赵武灵王推崇和仿效的民族，到底有怎样的传奇呢？

穿越时间之网，我们看到了那支在北方原野上闪过的马队，在马蹄扬起的飞尘之上，他们采取着近乎飞翔的姿势。作为游牧民族的一支，东胡在历史上闻名已久。从战国末期到汉朝初期，东胡一直是中国北方（包括辽宁）历史上的主角。它的力量在公元前3世纪末冒顿首次成为匈奴单于时达到顶点。他们甚至经常向西发起进攻，与强悍的匈奴人作战，并侵入他们的土地。可是，局势很快就发生了变化，在一次出其不意的袭击之后，冒顿征服了东胡。[1]

《剑桥中国史》认为，东胡是由乌桓和鲜卑两个民族组成的部落联盟，但并不是一个政治实体，偶尔还彼此交战。当它被匈奴征服后，联盟就不复存在。[2]他们的名字，来自两座山的名字，即"乌桓山"和"鲜卑山"。在匈奴退出辽西边塞以后，以乌桓居南、鲜卑居北的格局分布于辽西。但是，在经过两千多年的世事流转之后，这两座山，早已消隐于辽西的群山中，人们很难再将它们辨认出来了。有些史书认为乌桓山别名为"赤山"，由此可以断定，乌桓山应指靠近辽西至赤峰二河（西拉木伦河、老哈

---

[1] 参见《汉书》卷九四上，第三七五〇页；《后汉书》卷九十，第二九七九页。

[2] ［英］崔瑞德、鲁惟一编：《剑桥中国秦汉史》，第415页，北京：中国社会科学出版社，1992年版。

河）之间的赤峰红山以北诸山；而鲜卑山，也因在大兴安岭西南、呼伦贝尔市阿里镇中段的山中，发现了公元443年（北太平真君四年）的刻石文字"鲜卑石室"，而被辨认出来。

当我们把目光投向边疆古民族的相互关系时，我们最容易想到的就是战争。的确，那些昂首长嘶的骏马，与骑手的气质是吻合的。这些来自辽河上游的战马，无论在多么寒冷的冰雪上都能纵横驰骋。这一种族是强悍的，曾被春秋战国时代的燕将所破，被迫流浪于辽河上游并在酷寒中积蓄力量。生存的意志激励着他们，使这一古老的部族寻找着更为广阔的疆域，供他们自由驰骋，为此必须付出血的代价。乌桓和鲜卑，犹如一对孪生子，在北方的冰天雪地间面对着相同的命运；这两个古族有着同样的天禀，他们之间的胜败乃是同一灵魂里两种力量的此起彼落，他们的盛衰史仅仅是彼此的仿制，因而，他们的命运具有某种对称性质。他们游牧辽河，征战四方。战马以血作烙印，始终散发着不朽的野性。他们的每一次强盛都预示着厄运的开始，因为他们积累了冒险的力量。他们的每一次衰落又预示着兴盛，因为他们暂时收起了战刀，开启了和平的生活。"他们因奏凯而患祸，又因溃败而得福，他们又不得不在这两者之间循环——他们以此为佛陀的轮回作注解，又不能摆脱与生俱来的永劫。"[①]

[①] 张锐锋：《古战场》，见《蝴蝶的翅膀》，第215、216页，北京：解放军文艺出版社，1999年版。

历史的复杂性往往超出后代人的判断。我们太容易对战争双方进行道德评判，为他们戴上正义的或者不正义的脸谱。在古代，战争是人们对于生活的一种选择，是一种极端状态下的交往方式。但更多时候，战争带来的却是关于和平的消息。我们遗忘和平，不是因为和平不存在，而是因为它太过平常，没有任何波澜。

史书中对和平岁月的记载少之又少，所以我们更加关注战场上的历史。

每个人内心深处都对英雄存有敬意，却对英雄赴死的目标有所忽视。实际的情况是，与战争相比，和平在更大的范围内存在着。有证据表明，秦汉时期，东胡人与汉人之间的贸易关系是经常性的、平和的；政治上，鲜卑宫廷甚至使用汉人作顾问。公元205年，当曹操的军队向北部边境推进时，幽州与冀州的十余万户逃往乌桓寻找庇护，此事说明在两个民族之间相互信任已经逐步发展起来。"这是由沿边境进行的兴旺的贸易发展所取得的结果。"[1]

在刀刃的对话之外，不同种族在这块土地上尝试着合作的可能，后者对历史的贡献更加巨大，可惜的是，他们几乎全部被英雄们的呐喊湮没了。

---

[1] ［英］崔瑞德、鲁惟一编：《剑桥中国秦汉史》，第420页，北京：中国社会科学出版社，1992年版。

四　龙之城

"秦时明月汉时关，万里长征人未还。但使龙城飞将在，不教胡马度阴山。"在中国，这是一首人人会背诵的唐诗，它的作者叫王昌龄。"胡马"，当然是指东胡人的兵马。但是，"龙城"到底在哪里，知道的人就不多了。

鲜卑人在辽宁（乃至东北）的地位一直延续到晋代。他们的身影没有被众多民族的影子湮没，反而在民族的夹缝中脱颖而出，他们的耐力和适应性都在历史中得到了证明。这个经过了战争筛选与和平铸造的民族，很快走到了历史的追光灯前，把这个民族在漫长艰辛的历史中积累起来的能量，全部释放出来。在当时的五胡十六国中，鲜卑族的慕容氏缔造的前燕、后燕和冯氏北燕最为强大，前后统治达百年之久。这三个王朝的首都，都在"龙城"，就是现在的辽宁省朝阳市。

据《晋书》和《十六国春秋》记载，公元341年1月，根据前燕王慕容皝的旨意，一个崭新的都城在"柳城之北，龙山之西"筑造起来，定名为"龙城"。这不仅表明了与龙山之间的地理渊源，而且表明了帝王与龙之间的神秘联系。第二年10月，这位龙城的缔造者自棘城迁都到龙城，据说真的与龙不期而遇——他见到黑白二龙在城东龙山（今凤凰山）顶戏翔，慕容皝于是设坛祭祀。这种天子与真龙之间的会晤显然是值得诏告天下的，慕容皝于是派人在龙山上建造了一座壮观的龙翔寺，又把自己的宫殿命名为"和龙宫"。

慕容氏在龙城建造了一座辉煌的都城,由承乾殿、祖庙等众多威严的建筑组成。除此之外,还建了一座能容纳千名学生的皇家学府——东庠,赐皇家和大臣子弟进学。值得一提的是,慕容氏在这里亲自讲学,并主持考试,为他的政权选拔人才。他的这些努力,很快使他的王朝成为北方唯一强大的政权。

自前燕建龙城至辽金元时期,朝阳城先由三燕政权的都城转变为北魏至唐时期的边陲军镇,又由边陲军镇转变为辽金元时期的普通州府。随着朝阳城历史地位的改变,其城市布局也相应地发生了变化。考古学家说:"现在进行的发掘可以在文献中得到验证,比如,北门,据记载,后燕皇帝慕容熙昏庸无度,曾为死去的宠妃大办葬礼,灵车出北门发现门洞太矮,于是'毁北门而出';修筑北门时,取土困难,土价金贵,'与谷价同'。"

中国考古学会常务理事、著名考古专家郭大顺先生认为,根据龙城在当时的位置,中原文化正是通过这里向东北及朝鲜半岛、日本列岛进行传播。新发现涉及中国东北边疆历史的主线,事关重大。更值得关注的是,历史上的龙城,曾是中原文化、东北亚文化的汇聚之地。

辽宁省考古所专家认为:"作为中国古代都城演变史上的重要一环,作为少数民族政权建立的都城,三燕故都龙城在中国古代都城演变过程中占有重要位置。魏晋至隋唐时期是古代都城格局的形成阶段,代表都城布局演变的典型古城有三国时期的曹魏邺城、十六国时期的三燕龙城、南北朝时期的北魏洛阳城,此后传承到唐长安城、明清的北京。龙城在这一过程中承前启后。"[1]

尽管我出生在辽宁,但中国历史上的北方政权,对我来说,一向显得神秘而遥远。城市的变化,使那些朝代的表情日益模糊,变成了史籍中生疏、枯涩的名词。但在朝阳行走,我却第一次感受到北方政权的气息,古旧、斑驳、平实、厚朴,带着几许天真的憨态,而丝毫不见血腥和野蛮的成分。战争曾经像潮水一样,在这块土地上漫过来,又漫过去。涨潮时,它被战争湮没;退潮时,它又显露出来。城中有南、北两座古塔(原来还有一座东塔,在清末倒塌),像船上的桅杆,使这艘古船永不沉没。

北塔是一座佛塔,而且是东北最古老的佛塔。根据考古资料和史籍记载,它原是北魏时期修造的木结构楼阁式佛塔,距今已有1500多年了。后被毁,主体为唐代所建,1044年,辽代进行大规模维修。在这座方形13级密檐式砖塔上,我们看到了燕、魏、隋、唐、辽五个朝代的合作,更重要的是,它是经由不同民族的手共同建立起来的,因而它的象征意义不言而喻——它可以被认为是中华文明多元共生的一个物化体现。一座洒满佛的光芒的巨塔,在他们放下兵刃之后,平稳地树立起来。

站在朝阳古城的各个角度,几乎都能看到这座佛塔。当我循着塔内的石阶,攀到塔顶,佛塔在我的视野里消失

---

[1] 《龙城从记忆中醒来》,原载《辽宁日报》,2005年9月12日。

了——我站立在佛塔上，所以我看不到佛塔；我所能看到的，只是一条条纵横的街道，以及在街道中平静生活的各族百姓。

五　融合竞争的机制

女真族的历史，当然包裹在辽宁地区多元复杂的历史总谱中。他们的民族传奇，第一章已作说明。应当说，这一民族是在得到其他民族的滋养之后，开始建立自己的王朝的——辽宁所有民族的发展，都是互相影响、互为背景的，只不过它们在不同时期此消彼长而已。由于所有民族的身影交织错落，游动不止，将某一个民族的历史单独梳理出来，并不是一件容易的事情。即使女真族自身，也是多种文化形态的混合体。《剑桥中国史》就对"生女真"和"熟女真"的差异曾作如下论述："严格说来，女真人完全不是游牧民。甚至那些生活在东北地区深山老林里的'生女真'，也是定居一处的，他们依靠渔猎和某种农业为生。他们不住帐篷，而是住在由一个个木屋组成的村庄中。东北平原上的女真人，在被契丹人吞并以前一直是渤海国的一部分，他们也不是游牧民，尽管他们有成群的马。女真人中这些生活方式上和经济上的差异，可以从'生'女真和'熟'女真这些称呼上反映出来，这些称呼在辽代就已经流行了。党项人在他们独立以前也已采用了一种混合经济很久。因此,把所有这些政权的建立者都一概而论,皆以'游牧入侵者'作为他们的特征,无疑是一种天真的、过于简单化的认识。"①

在辽宁,我们几乎可以找到中国最古老,也最复杂的血缘。与这里,它们的复杂性——地貌、植物、水文、气候、文化、历史与命运的复杂性遥相呼应。进入辽宁,就等于进入了一个复杂无比的古代阵图,所有的历史图像,都被抽象在这幅图景中,每个符号都不是孤立的,牵一发而动全身,而且,不能停留于它表面的含义。它看上去一目了然,实际上却异常神秘,"如同一个大脑的沟回,里面密藏了被揉皱了的宽广画卷,人们之所以从这样的路径上走过,正是为了从这样的脑皱纹里提取自己的种种记忆。"②它使我们痴迷、激动和警醒,它让我们想象自己血液的源头,并且从这种追溯中传接到某种奔腾不息的力量。

---

① [德]傅海波、[英]崔瑞德编:《剑桥中国辽西夏金元史》,第12页,北京:中国社会科学出版社,1998年版。

② 张锐锋:《船头》,原载《十月》,2004年第3期。

# 第三章 漂泊不定的长城

一　时间的遗骨

站在大地上，面向北，无论我们从哪里出发，都能与长城相遇。长城横亘在大地上，是我们必然相遇的事物。如果一个人对长城一无所知，那么，长城的存在一定会令他深感惊异和疑惑——它为什么总会横亘在我们的道路上，难道它有未卜先知的能力？长城是最高的城墙，它占据着山脉最险要的位置，像山脉一样剧烈地起伏。面对长城，我们的目光永远向上。漫长的2000多年里，人们面对长城的姿态从来没有改变。对于所有人，长城都是无法超越的高度。

长城在很大程度上决定了我们的命运，我们通常对此一无所知，那是因为我们对自己的来路，一无所知。对于一些妄图成为好汉的人而言，他们能否成为英雄，首先要征询长城的意见，"不到长城非好汉"，长城的话语权威性是无可置疑的。长城以其巨大的体积，进入各式各样的史书。所有的史书都以它为荣，它们喋喋不休，婆婆妈妈，从来没有停止过对长城历史的讲述。

长城如同一把刻度精确的皮尺，镌刻着我们的里程。在荒漠、山谷或者高原上，我们那么容易就通过长城确认了自己的位置。城垛、烽火台、城楼，按照某种固定的节律，反复出现。重复，容易使建筑本身显得单调和乏味，但长城的设计者却表达了他们对重复的迷恋，那些石质的城墙也在无休无止的重复中，获得了一种巨大的震撼力量，与千军万马的磅礴气势遥相呼应。所以，无论从哪个角度观望长城，它都有一种气吞万里的气势，跳跃奔腾的节奏，像一条道路、一条河流、一道雨后的彩虹、一个绵延不绝的回忆、一首有始无终的民歌、一个人的一生。这一切犹如盘起来的一条绳子，被叙述慢慢拉出去，拉到了路的尽头。

但是，还有一种长城，是我们肉眼看不见的，必须用心去体会，用大脑去想象。换句话说，我们能够看见它，但不是用眼睛，而是用别的器官。因为这种长城已经被掩埋在地下，不同朝代的荒草已经一层又一层地将它覆盖。这种长城以遗骨的形式存在着，它是过去的长城，是长城的始祖，现在我们能够看到的长城，都是继承了其遗志才建立起来的——所有看得见的长城，都是由这些看不见的长城繁衍来的。

二　长城的时间起点

公子小白在莒国的宫殿里听到了父亲被杀的消息，他的脸上并没有流露出太多的慌乱。他的父亲是齐国国君，人们称他齐襄公。关于宫廷里的那场内乱，他一无所知。现在，他最重要的使命，就是回到齐国。在他的故乡，掩藏着他生存还是毁灭的秘密。那个秘密折磨着他，他急迫地试图解开那个秘密。他知道，与此同时，在另一个隐秘的地方，有一匹同样的马，在向昨日的宫殿飞奔。马背上的骑手，与他同样年轻，甚至，与他有着相似的容貌。他就是公子纠，自己的兄弟。谁先到达都城，谁就是齐国的国君。他们正在进行一场速度的较量。这是历史上最重要的一场体育比赛，等待他们的不是金牌，而是生或者死。这场比赛的成绩不仅与他们个人的命运密切相关，而且，与整个长城的历史密切相关。小白跨上马的时候，阳光的利刃刺痛了他的眼。他流泪了，不是因为胆怯，而是因为兴奋。这种兴奋使他颤栗。任何一个年轻人，在这样的重要关头面前，都不可能抑制住这种战栗。这个后来被称为齐桓公的年轻人，此时对未来有的是预感，尽管在那个时候，命运尚未向他透露任何消息。

公元前686年，从莒国通往齐国的道路充满险恶。各种形式的阴谋埋伏在道路的两边，随时准备断送公子小白的事业。有时，小白自己也会被马蹄声的单调与激烈吓住。但是，他仍然能够把飞箭的声音，从马蹄声中分离出来。与马蹄声的急迫滞重相比,飞箭显得更加平滑和流畅,它的速度里包含着一种置人死地的果决。那支飞箭同样具有决定历史的重大意义。一个名叫管仲的中年男子隐藏在路边的树丛里,箭镞向奔马上的骑手迅速瞄准。他的机会只有一次,所以,这更像一场赌博。箭头沿小白飞奔的方向滑动,然后是"砰"的一声,箭飞出去,以更快的速度奔跑,它迅速追上小白,管仲听到一声惨叫,那个年轻的身体从马背上消失了,那匹失去了负重的马仿佛受了惊吓,拖着一声古怪的长嘶,消失在道路尽头。

小白并没有被射中,他用假死骗过了管仲,也骗过了公子纠。作为公子纠的谋士、小白的政治对手,管仲再次见到公子小白的时候,已经成为他的囚徒,而那个从他的飞箭下逃生的年轻人,却是齐国的新任国君。最令他意外的,不是小白没有处死他,而是听从鲍叔牙的推荐,任命自己为国相。

这是一项大胆的任命,它表明了齐桓公非凡的政治眼光。历史证明了他的决定是正确的。在管仲扶助下,齐桓公不仅创造了齐国的辉煌历史,他自己也被推到"春秋五霸"的位置上,成为春秋时代一位著名的政治明星。更重要的是,在他的时代里,有人为后来的长城堆了最初的一抔土。我们无法看清那个人的脸,但他肯定存在,如果没有他,整个长城的历史都会显得不可思议。

作为历史上最早的长城,齐长城最初是从河堤防洪工程脱胎出来的。管仲曾经在《管子》中写道:"五害之属,水为最大。"但谁也没有想到，那些高高低低的堤坝，后来会成为阻挡入侵者的堤坝。我们从《左传》中得知，公元前555年，在晋国的号召下，诸侯的联合部队向齐国发起攻击，齐灵公说了一句"御诸平阴，堑防门而守之"，这句话的意思是从堑壕里挖出泥土附在堤防上，加高堤坝以防入侵之敌。这些泥制建筑，实际上已经具有了长城的性质。

长城起源于堑壕的说法在学界尚有争议，在长城史上，堑壕身份可疑，尚未经过专家验明正身。但是至少，堑壕战对于统治者的启发是巨大的，那些隆起的土墙，成为他们抵挡敌军箭矢的最好盾牌。它们是原始意义上的城墙，是长城的发起者。

齐长城就是在这样的基础上生长起来，日复一日地加大它的体量，像历史本身一样，变得日益粗壮、厚实、冗长。在历经了齐威王和齐宣王两个时代后，长城已经在公元前6世纪的阳光下完形。一百多年后，雅典人为了捍卫自己的出海通道，才在公元前457年，在通往比利牛斯半岛上的三个港口大道旁，各修筑一道数十公里的城墙壁垒。

大约在公元前656年，曾经有过一场耐人寻味的对话。对话双方，一个是准备伐楚的齐桓公，另一个则是楚国派往齐国的特使屈完。当时，齐桓公与屈完一起检阅了部队，他的目的当然是炫耀兵力。然后，齐桓公望着尘土飞扬的演兵场，对屈完说：我有这样的军队，谁能战胜？

屈完的回答是："楚国方城以为城，汉水以为池，虽众，无所用。"

几乎与齐国同时，楚国也修筑了自己的城池与城墙。它们是作为放大的盾牌存在的。在想象中，这种坚固的盾牌可以被放大到无限。齐、楚以及各国间的军备竞赛，为长城的生长注入催化剂。有意思的是，这种竞赛，不是侧重于进攻，而是侧重于防守。这种保守的防御思想，像一条坚韧的牛皮绳，牢牢地拴住中国的历史，在后世一直没有中断。其中暗含的心理因素，是我们破解长城密码的关键所在。

没有人比齐桓公更了解长城。于是，在长城的逼迫下，齐桓公最终放弃了自己的进攻计划。但是楚国的噩运并没有因此而消失。身为历史上最著名昏君之一的楚怀王，把这个一度强盛的国度送进了坟墓，与它同归于尽的还有一个伟大的文学家，他的名字叫屈原。即使遭到了流放，屈原仍然固执地"拦住"楚怀王的车队。2000多年后，我们仍会对他声嘶力竭的苦谏寄予深切的同情。在当时，他别无选择。世界上所有的昏君有着共同的品质，那就是对忠诚毫无反应，楚怀王也不例外。他将屈原及他的国家置于彻底的绝望中。坚固的城墙没能阻挡楚国的灭亡，我们的诗人投江而死。关于他的死，民间传说还有另一个版本。传说认为，作为改革派的屈原是被他的政治对手捆绑后扔入江中谋杀的，但这一隐秘行动没有逃过人们的目光，只是目击者因无法说出真相，就以向江水里扔粽子的方式，暗示着谋杀的过程。

长城还在加长，霸业还要继续。

齐桓公收到了来自燕国的求援，当时的燕国已经被山戎和东胡的部落搅扰得坐卧不宁。根据管仲的建议，齐桓公亲率大军，前往燕国，与山戎和东胡作战。山戎军队一路溃逃，齐国与燕国的联军，一路追击到孤竹国。

黑夜阻挡了大军的道路。军队原本顺利地行进着，但黑夜降临了，风沙又不期而至。这是一种不祥之兆。一阵恐惧袭上齐桓公的心头。他知道，这就是人们所说的"迷谷"了。他不知这里将发生什么，他在惴惴不安中挨到了天亮，这时，他发现自己的军队已经发生了奇妙的变化——队伍已经凌乱不堪，他的士兵个个衣衫褴褛，表情呆滞。没有人能够带领他们摆脱困境，只有几匹老马，在冷风中漫无目的地前行。一个念头从他的大脑里闪过——只要跟随那几匹马，就能够走出迷谷。后来的历史证明了齐桓公的直觉。不知从什么时候起，人们开始用"老马识途"这个成语，来纪念这段历史。

这场战争的直接后果，是燕国在它的北方边界修筑长城，来阻止山戎和东胡的袭扰。与齐、楚长城不同，这是在中原民族与北方少数民族之间建立的第一条隔离带，而辽宁，刚好被划在隔离带的内部。那是在辽宁境内较早出现的长城，是公元前3世纪的燕昭王（公元前300—前284年）时代，紧随赵国的"阴山长城"之后修建的。这条自造阳（今河北省怀来县大古城子）至襄平（今辽宁省辽阳市）的厚实的石墙，把东胡人的呐喊与马嘶隔在了外面。这是战国时代修筑的最后一道长城。它西起张家口、宣化，经燕山北麓沿围场进入内蒙古赤峰市北和敖汉旗，再转入辽宁省阜新东北，渡过辽河向南折去，经宽甸抵达辽东，直至今朝鲜民主主义人民共和国清川江北岸，全长2200多公里。

横亘在各国间的长城，最终没能挡住秦国军队的铁蹄，它们的消失就像它们的建立一样令人不可思议。秦国像一只胃口巨大的怪兽，用铁制的牙齿嚼碎各国间的屏障。齐桓公的伟业很快被遗忘了，一场更加宏大的事业已经开始。秦始皇废除了建立在各国间的长城，建造了更伟大的长城，在一个更广阔的范围上把自己的帝国包裹起来。

三　秦始皇

灭掉六国之后，秦始皇只剩下一个敌人，那就是北方的匈奴。每当他站在宫殿的台基上向北眺望的时候，他的想象都会被一片浩瀚的绿色所吞没。他决定建造一条巨大的城墙，来抵挡匈奴人的进攻。即使在今天，这条城墙也堪称世界上最宏大的建筑，而它的建设，只用了20年的时间。

《史记》《汉书》等史籍记录了长城的成长史：

> 北据河为塞，并阴山至辽东。（《史记》卷六《秦始皇本纪》）
>
> 秦已并天下，乃使蒙恬将三十万众，北逐戎狄，收河南，筑长城，因地形，用制险塞。起临洮，至辽东，延袤万余里。（《史记》卷八十八《蒙恬列传》）
>
> 起临洮至辽东万余里。（《史记》卷一一〇《匈奴列传》）
>
> 北筑长城以备胡越，堑山填谷，西起临洮，东至辽东。（《汉书》卷二十七下之上《五行志》）
>
> 起临洮至辽东万余里。（《汉书》卷九十四上《匈奴传》。）
>
> ……

透过纸页，我们听到了长城初建时乒乒砰砰的声音。我们无法想象那是怎样一个巨大的工地。秦朝是一个拥有两千万人口的国度，而参与筑城的人口已超过六十万。除了长城以外，如此规模的建筑工地不曾在世界上任何地方出现过，寻常人想一想就被吓破了胆。长城就在一片喧哗声中诞生了，这是数十万人参加的一场规模巨大的合唱，在合唱史上也是空前的。它将喘息声、呻吟声和呐喊声汇集在一起，像大河一样波澜壮阔，经久不息。

长城无疑是专制制度的物化体现，它以最宏大的篇幅，将制度的力量以物化的形式呈现出来。每一个人都被固定了，他们具有与建筑构件相同的属性。大秦帝国的臣民，与长城形成了某种同构关系。如果说他们之间有什么不同，那就是臣民们的承重力更加有限，他们的肉体在这场没有止境的工程中随时可能粉身碎骨。现在，我们能够看到的只是那些被按照固定模式排列起来的石头，而那些搬动石头的手，则早已消失了。那些手是无辜的，它们本来可以用来养桑种田，但它们成为实现帝王意志的工具。它们是工具，血肉制成的工具，本质上与其他工具没有不同。它们已经没有温度和表情，像所有的工具一样，日复一日地重复着同样的动作，直到它们受伤、腐烂，在空气中消失。如果我们说长城伟大，不如说那些手伟大，因为是它们缔造了长城，改变了石头的存在方式，使它们由自然的石头，变成经过编辑的石头。仅凭帝王头脑里的宏伟蓝图，长城是永远建立不起来的。长城，象征了秦始皇时代的臣民们无法躲闪的命运。从这个意义上说，它也是一台无可比拟的巨大绞肉机，它成了对身体的最大虐待者，修建它的残酷丝毫不逊于战争。1917年，在波希米亚王国首府布拉格一间晦暗的屋子里，卡夫卡在他的八开笔记簿上写下这样的句子："在一个离家几百里、荒无人烟的山区，经年累月，一块接一块地往墙上砌石头；这种辛勤的，然而甚至一辈子都看不到完工的工作会使他们绝望。"[1]秦始皇时代，修筑长城是作为一种刑罚存在的，这

---

[1]《中国长城建造时》，见《卡夫卡全集》第一卷，第382页，石家庄：河北教育出版社，2001年版。

种刑罚的名字是"城旦"。此刑甚为残酷：白天轮流巡守，夜间去筑城。刑期通常为四年。有的，则是无期徒刑。

孟姜女的故事引人入胜，而它的创作过程也堪称跌宕起伏，它几乎跨越了中国自先秦至清的全部历史。这是一场无比漫长的创作加工过程，而且动用了各朝代精英的集体智慧。据顾颉刚先生考证，此故事最早见于先秦《左传》，历经《檀弓》《孟子》，西汉刘向《说苑》《列女传》，东汉王充的《论衡》、蔡邕《琴操》，三国曹植的《黄初六年令》，西晋崔豹《古今注》，后魏郦道元《水经注》，唐周朴《塞上行》，北宋王梦徵《姜女庙记》，南宋郑樵《通志·乐略》，明代的《大明一统志》等著作的不断转述，而越来越枝叶丰满。孟姜女就在这些文字中行走，在穿越所有的纸页后抵达她的远方，她在那里一无所获——除了丈夫的死讯。绝望使她痛哭失声，而八百里长城，则在哭声中轰然倒塌。①

这是一部超现实主义的力作。在这则传说中，万夫所指的角色历史性地落在秦始皇的身上，而作为一个被放大的符号，孟姜女眼泪的力学功能则被一再强化，它拥有摧枯拉朽的性能，推垮了秦始皇的长城。这无疑是化悲痛为力量的成功范例。孟姜女以磅礴的眼泪凸显弥漫整个时代的悲剧气氛，而长城倒塌的神话，则表明了人们对于这一历史工程的否定。

---

① 详见顾颉刚《孟姜女故事的转变》，收入《中国现代学术经典·顾颉刚卷》，第715—736页，石家庄：河北教育出版社，1996年版。

孟姜女的传说表明，长城的修建，从一开始就是一场悖论。它既是丰碑又是坟墓。与炫目的丰功伟绩相对称，它完工的时候，大秦帝国的能量刚好耗尽。这是命运的嘲弄，如同一个将军用全军覆没的代价换取了一场胜利，这样的胜利，还算是胜利吗？

我在辽宁省绥中县万家镇东南的海岸上，找到了姜女石遗址。顾颉刚先生在《孟姜女故事研究》中写道："奉天东南部的绥中县有孟姜祠，祠前有望夫石，相传即其墓。土人说秦始皇欲纳她为妃，她触石而死。绥中在山海关东北百余里，这个古迹当然是山海关的分支。在那地人的意想里，这方石有三种用处：一是望夫，二是尽节，三是葬身。"[1]

这大概就是顾颉刚先生确认的地点，但孟姜祠已经消失，只剩下几尊石头，在海上，与无涯的时间对抗。没有人知道孟姜女是否真的存在过，但她的故事在经过了千万人的复述之后变成了真实。

作为一个历史名词，辽东在史籍中出没，并与长城保持着密切的关系。这些不同时代的典籍，以不同的口音陈述了一个事实，那就是自从燕人播下种子之后，长城在辽东大地上不断蔓延生长。史籍中所讲的辽东，就是现在的辽宁。这里是长城的起点——空间和时间的双重起

---

[1] 顾颉刚：《孟姜女故事研究》，见《名家谈孟姜女哭长城》，第37页，北京：文化艺术出版社，2006年版。

点。①当我们沿着辽西的山地行走,就可能看到那些古老的基石,它们的奠基年代,大多是在战国和秦汉时期。秦时明月汉时关,连同当年的血液、咆哮和肉体,都被时间化解为微量元素,消失在荒草下面。历史就是由那些微量元素组成的,古老的长城匍匐在大地上,仿佛一条隐隐约约、曲曲折折的线索,引导我们回到过去,也指引我们走向未来。

四 科斯定理

牧民养的牛走到了农夫的田里,把麦苗吃了,给农夫造成了损失。这是牧民与农夫之间的矛盾,也是牛与麦苗之间的对立。这是科斯用过的一个比喻,后来被学者们反复引用,并被命名为"科斯定理"。

牧民与农夫的故事是人类历史上最古老和最重要的寓言之一。在西方,它仅次于亚当和夏娃的"原罪"。原罪导致该隐和他的弟弟亚伯的诞生。"亚伯是牧羊的,该隐是种地的。"这就是西方人认为人类的始祖。中国的始祖传说同样具有类似的暗示。炎帝姓"姜","姜"即"羊女",它透露出"牧羊的母系社会"的信息,人们称他为"神农氏",又表明他是农夫的先祖。②也就是说,人类自

---

① 辽宁境内的燕长城在建造时间上略晚于齐、楚长城,但也是中国的早期长城之一。

② 参见盛洪《长城与科斯定理》,原载《南方周末》,2007年7月26日。

从诞生，就被放置在游牧与农耕的双重选项中，人们只能选择其一，而无论选取了哪一项，都将与另一选项构成矛盾。

早在1900年，梁启超就在《中国史叙论》里指出："地理与历史，最有紧切之关系，是读史者所最当留意也。高原适于牧业，平原适于农业，海滨河渠适于商业。寒带之民，擅长战争；温带之民，能生文明。凡此皆地理历史之公例也。"[1] 上一章谈到，历史学家将400毫米降雨线，作为划分游牧和农耕两种文明的界限。在科斯设定的牧民与农夫的故事中，农场与牧场的土地是同质的，它既可以作农田，也可以作牧场，这是双方冲突的原因；而400毫米降雨线的出现，则划分了两种不同性质的土地，它们并存，而且无法互换。仿佛精心设计的寓言，牧民和农夫的角色，不是命中注定的，而是由他们所处的土地的性质决定，他们一旦进入对方的区域，就会转换身份——农夫如果向北越过这条线，就变成了牧民；牧民如果向南跨越了这条线，就变成了农夫。原因很简单，无论是牧民还是农夫，都无法带走自己的草原或者田园，而只能选择与环境最适宜的生存方式。这条降雨线，于是成为两种文明的漫长的边界。牧民与农夫的博弈，就是沿着这条线展开的。如拉铁摩尔所说，"在这两个主要社会秩序接触的正面，以及它们中间许多小的外围社会，常常会

---

[1] 转引自郭双林《西潮激荡下的晚清地理学》，第59页，北京：北京大学出版社，2000年版。

扩展成一个接触与退缩、征服与反征服、坚持与妥协的过渡地带"。①有意思的是，这种博弈只能在这条线（带）上进行，一旦越过，他们的立场，就会随身份一同发生转换。

这时，一个惊人的事实出现了。长城，刚好在这条降雨线上耸立起来。它如同一道篱笆，分开了牧人和农夫的土地。仿佛长城的建造者是建立在对降雨量的精确测量之上，它们的线路惊人地吻合。

长城准确地出现在文明的分界线上。如同喜马拉雅山脉是两个大陆板块发生物理冲撞的结果一样，长城在地表上隆起，原因在于两大文明板块的相互冲撞与挤压。在欧亚大陆西端，"自欧洲西部侵入、掠劫并占领罗马帝国残余的多半是森林少数民族。他们有一个包括畜牧、农耕及狩猎的混合经济"②。而在大陆的东端，对于中国人而言，匈奴、突厥、蒙古族始终是令人不寒而栗的民族。草原民族的游牧性质使他们从来都漂泊不定。据《蒙古帝国史》："亢旱的年头使畜群倒毙，引起饥荒，迫使游牧者向耕种地的边缘寻找活路。"③该书有关草原与内陆的冲突认为："游牧生活实际上使突厥和蒙古人，对定居人民处于显然优势。游牧人——一般地说是骑马射箭

---

① ［美］拉铁摩尔：《中国的亚洲内陆边疆》，第512页，南京：江苏人民出版社，2005年版。

② 同①，第244页。

③ ［法］雷纳·格鲁塞：《蒙古帝国史》，第271页，北京：商务印书馆，1989年版。

者——具有流动性，兼具神秘性。他们的失败不发生什么后果，因为他们可以立即逃走。欲使他们受到惨痛失败，进攻的军队就要进至戈壁沙漠的北边，甚至鄂尔浑河和客鲁涟河之上，即他们安放其财产——畜群的地方。8世纪时，一个突厥汗王想在鄂尔浑河上建筑一座和农耕民族一样有城墙的美丽国都。他的老谋深算的谋臣暾欲谷对他说：'你要小心呵！现在你在他们面前可以无限制地退却，所以你是不可制服的。如果你将自己关在城垣里面，你就要失败。'当成吉思汗的左右劝他暂停对唐兀人的战争时，曾对他说，唐兀人住在城里，总是可以在原地方找到他们。由此可见，定居的人民常常是容易受到攻击的，而掠夺的入侵几乎是一定可以成功。即使其结果是失败的，而在开始时候也可以带回来战利品和欢宴。如果事有凑巧，农耕民族的宫廷里面或是兵营里面发生了什么骚动导致边境空虚，就可以征服一座城、一个省、一个帝国。这就是历史上的中国和蒙古关系中的一种规律。如果细究中国的编年史，突厥—蒙古人的掠夺性入侵是经常性的，除在汉、唐全盛时期，几乎每十年就有一次。如果这个朝代正值强盛时候，侵掠仅仅是侵掠，有如虫螫在广大的帝国躯体之上。如果机能有了毛病，这就是死亡。

"根据上面的举证，我们可以总括地说，周期性的侵掠（和相应的定居人的反攻）是突厥—蒙古人和定居人关系的通常形式，而真正的入侵，即征服，只是例外的偶然事件，大约有1%的机会，它常使征服者们自己不知所措。"①

有学者甚至企图透过气候变化的规律，寻找匈奴—突厥—蒙古人入侵中原的周期性规律。学者们居然能够通过温度与湿度的曲线变化，感受到历史的跌宕起伏。在欧文·拉铁摩尔看来，"气候的周期性运动足以影响历史，这个周期性运动只能在历史听任其发展和黄河的防线放松的时候，才能够发生作用。"②

为什么在更多的历史时段里，冲突总是自北向南地进行，为什么总是北方游牧民族的金戈铁马挥师南下，而不是相反？这首先是因为中原地区丰富的物产与瑰丽的文明，对北方游牧民族构成持久的诱惑。即使在几千里之外的草原，北方民族也能够看见南方的舞榭歌台，聆听到那里的丝竹管乐，来自南方的所有气息，都缭绕在北方民族被冰雪冻结的梦境里。如同格鲁塞所说："这些可怜的突厥—蒙古牧民在干旱岁月里越过一个又一个干涸的水沟，冒险穿过荒芜的草原，来到耕地边缘，在北其里（河北）或河中地区的大门边，吃惊地凝视着定居文明的奇迹：成熟的庄稼、堆满粮食的村庄和豪华的城镇。这一奇迹，或者说，它的秘密——维持人类繁荣所需要的辛勤劳动——是他所不能理解的。如果他受到蛊惑，他就会像他的图腾——'狼'一样，在雪天潜入农庄，窥视着竹篱笆内的

---

① ［法］雷纳·格鲁塞：《蒙古帝国史》，第272、273页，北京：商务印书馆，1989年版。

② 同①，第271页。

猎物。他还怀有闯进篱笆、进行掳掠和带着战利品逃跑的古老的冲动。"① 这是驱动那些马蹄不知疲倦地向南奔跑的直接动力。而相比之下，中原民族北上草原的动力，则要弱得多。

梁启超分析南北方的民族性格时曾经指出：自明以前，何以起于北方者其势常日伸，起于南方者其势常日蹙？那是因为寒带的人悍烈，温带的人文弱。东北诸少数民族，何以两千余年迭相入主中原？那是因为他们生活条件艰苦，所以骁勇善战，而中原汉民族的性质正好与他们相反的缘故。彼族一入中国，何以既失其本性，同化于汉人？也是地质使然。②

通向天堂的捷径藏在马蹄里。北方游牧民族与马的关系，显然比田园里的农夫们更加密切。有关骑马民族的记载始于公元前500年左右。③ "草原是马的故乡，草原之子是牧马人出身。无论是西方的伊朗种人，或者东方的突厥—蒙古种人，是他们发明了马服，正像在博斯普鲁斯出土的辛梅里安人时期希腊花瓶上所看到的斯基泰人所穿的服装一样，或者像我们从中国人那里听到的那样，中国人于公元前300年在骑兵交战时仿效匈奴人，以裤子取代了

---

① ［法］勒内·格鲁塞：《草原帝国》，第5页，北京：商务印书馆，2004年版。

② 转引自郭双林《西潮激荡下的晚清地理学》，第59页，北京：北京大学出版社，2000年版。

③ ［美］拉铁摩尔：《中国的亚洲内陆边疆》，第41页，南京：江苏人民出版社，2005年版。

长袍。"①尽管有赵武灵王大力倡导,但"胡服骑射"并未在中原内陆真正发展起来,相反,一个乘马游牧民族社会却在北方草原上迅速兴起,无边的草原,唤起了牧人们奔驰的巨大热情。"闪电般突然袭击的牧马人是能在远距离射中敌人的马上弓箭手,他们在撤退时能发射出箭,他们在交战时所使用的武器,同他们捕捉野味或母马时所用的一样,都是箭和套索。"②中原农耕民族在这场马上竞赛中输到的后面,正如魏特夫所说:"虽然中国③常有战争,但中国的经济及社会却不是为战争而组织的。相反,它们在战争中极为脆弱,特别是灌溉工程,只要短期间内不管理修浚,就会毁坏。至于游牧社会,却可以很容易地从和平转为战争。而且,掠夺中国少数民族是一种诱惑,而征服草原却不能同样诱惑一位中国皇帝。"④这表明,一支强大的骑兵军,不是某一个胸怀壮志的帝王调教出来了,而是一种文化训练出来的。或者说,它不是一种个人选择,而是一种文化选择。"一种技术只有在适合一个社会的需要时,才能显现出其重要性。"⑤所以,在那个金戈铁马的年

---

① [法]勒内·格鲁塞:《草原帝国》,第14、15页,北京:商务印书馆,2004年版。

② 同①,第15页。

③ 指中原王朝,下同。——引者注。

④ [美]魏特夫:《中国经济史问题》,第325页,1927年版;转引自[美]拉铁摩尔《中国的亚洲内陆边疆》,第41页,南京:江苏人民出版社,2005年版。

⑤ [美]拉铁摩尔:《中国的亚洲内陆边疆》,第43页,南京:江苏人民出版社,2005年版。

代，躬耕垄亩的农夫们很难抵挡呼啸南下的草原铁骑。前者拥有空间，但后者拥有速度，并进而通过速度，来获得对于空间的掌控权。清朝入主中原以后，皇帝仍然致力于将他们的骑射传统制度化，不仅在承德开辟了围猎的苑囿，甚至在紫禁城里，还开辟了骑射的演习场地。

马上民族具有军事上的优势。这种军事优势，更使他们南下的冲动变得无法遏制。格鲁塞认为，"他们的身体状况和生活方式，都已经变得适应了这种迁徙"①，"他们从孩提时代就受到训练，在一望无垠的大草原上奔跑着追逐小鹿，习惯于耐心的潜步追踪和懂得捕捉猎物（他们赖以生存的食物）的各种诡计，他们是不可战胜的……他在对他的敌人发动突然攻击之后，就消失了，然后又出现，紧紧追随敌人，而不让自己被捉住，像追逐猎物一样，他折磨对方，拖垮对方，直到他们的对手筋疲力尽。"②高寒的北方草原用苛刻的条件来拣选生存者，而北方生存者，都学会了从严酷的环境中汲取生长的营养，他们似乎生来就是为着残酷的较量与决斗。"戎"这个字，在周代，就是人们对北方游牧人群的称谓。③

马镫的发明无疑是重要的。这使我们在气候之外，寻找到另外一个决定历史的因素——技术。草原部落从中原

---

① ［法］勒内·格鲁塞：《草原帝国》，第12页，北京：商务印书馆，2004年版。
② 同①，第6、7页。
③ 参见王明珂《华夏边缘——历史记忆与族群认同》，第138、139页，北京：社会科学文献出版社，2006年版。

王朝得到了铁,他们用它制造了马镫。这为他们缔造一支铁血骑兵提供了物质基础。拉铁摩尔把马镫视作"骑射效率的表现","因为它可以让人在奔驰中很准确地回射,这是草原战士最厉害的一种战术"。①从"赵武灵王胡服骑射"的描述中,我们知道,北方的草原民族至少在战国时代就已经掌握了骑射技术,但那时是否发明了马镫,却不得而知。我们越是关注历史的细节,就越发现我们所知甚少。顾准也说:"匈奴什么时候成为骑士,不可考。也许他们的手工艺制作不了车辆或战车,自然而然逼迫他们成为骑者。"②

我们现在所能确知的关于马镫的最早消息,可以上推到三燕时期。辽西三燕时期冯素弗墓的双马镫是我国有明确年代可考的最早双马镫实物,它标志着马镫由产生到初步成熟的发展过程。慕容鲜卑3世纪初迁居到辽西的草原,经过一百多年的岁月洗礼,在337年建立了自己的政权,尔后向东扩张,打败了东北地区的夫余、高句丽,并最终问鼎中原,在北方民族整合的历史进程中,马镫成为一个不可或缺的角色。《马镫和封建主义》一书的作者林恩·怀德说:"在有马镫以前,骑者的座位是不牢靠的。马嚼子和刺马距可以帮助他控制他的骑乘;没有马镫的鞍子可以固定他在马上的位置,可是他的作战方法还是受到

---

① [美]拉铁摩尔:《中国的亚洲内陆边疆》,第64页,南京:江苏人民出版社,2005年版。

② 顾准:《顾准文集》,第302页,贵阳:贵州人民出版社,1994年版。

了很大限制。他原初是一个运动迅速的射手和投枪手,剑战是受到限制的,'因为没有马镫,你那挥剑的骑士,当他出色地大挥转他的剑猛砍他的敌人的时候,只会落得一个打不中敌人却自己翻身落地'。至于说到用长矛,在马镫发明以前,它是在臂膀末端挥动的,打击力量来自肩膀和肩肌。马镫使力量大得无比的一种打击方式成为可能,虽然马镫并不要求这个。现在骑者可以稳稳地横矛双臂与躯体之间来击打他的敌人,打击不仅来自他的肌肉,而且来自他本身和疾驰前进的骑乘的联合重量。"[①]马镫的发明不仅提高了北方游牧民族的作战速度和灵活性,而且改善了他们作战的效率,把游牧民族的游动性发挥得淋漓尽致。马镫使马匹、骑士和武器联系成一个有效的整体,甚至与他们高纬度高海拔的地理条件联成一体,产生一股势不可挡的强大势能。所以,汤因比把游牧人称作"一种半人半马怪"。

中国北方的铁骑狂飙,把马镫技术传向朝鲜半岛、日本等东北亚国家,对朝鲜半岛三国时期和日本古坟时期骑马文化影响很大。5世纪后,金属马镫迅速传遍欧亚大陆,亚欧大陆上的许多出土文物,为这种影响提供了足够的证据链,考古学也因此显露出它的迷人之处——在许多看似无关的事物之间,往往存在着超乎我们想象的关系,如同一个家族的后裔,被分散到人群中,只有人类学家能够准

[①] 顾准:《顾准文集》,第296、297页,贵阳:贵州人民出版社,1994年版。

确地梳理他们之间的血缘线索。我们今天很难想象,在这条肇始于辽西三燕时期冯素弗墓的多米诺骨牌,一直延续到匈牙利阿瓦尔人的墓葬。这一来自蒙古高原的柔然人后代的墓葬中所出土的6世纪的马镫,无疑是中国北方草原铁骑马镫的文化后裔。马镫的引入,直接促成了欧洲封建骑士的形成,并在中世纪迎来了骑士的黄金时代,令著名的堂吉诃德回味不已。

在北方民族军事威胁的笼罩下,农耕民族早已开始了对他们妖魔化的过程。在传说中,他们一律被描述成妖魔鬼怪的形象。而北方游牧民族奇异的服装,也刚好与这一形象吻合。卡夫卡在他的小说里把自己虚构成中国南方人,他说:"我生长在中国的东南方,那里没有北方民族能威胁我们。我们在古书里读到他们,他们本性中所具有的残忍使我们坐在平和的树荫下喟然长叹。我们在艺术家们真实描绘的图画上,看到那一张张狰狞的脸面,长着大大的嘴巴,长长的獠牙,斜视的眼睛眯缝着,像是已经瞄中了猎获物,马上要抢来供嘴巴撕裂、咬啮似的。要是孩子撒泼,我们就给他们看这些图画,于是他们吓得边哭边往你怀里躲。我们从未见到过他们,假如留在自己村子里,我们永远也见不着他们,即使他们骑着烈马径直追赶我们——国土太大了,没等到追上我们,他们就将消失得无影无踪。"①

---

① 《中国长城建造时》,见《卡夫卡全集》第一卷,第386页,石家庄:河北教育出版社,2001年版。

辽宁长城的主要防御对象虽然不是匈奴人，而是上一章讲到的东胡人，但大致的情况是一样的。没有东胡人，就不会有燕长城。可以说，是东胡人的存在，促成了长城的诞生。长城的材料是石头，但石头的材料是血肉。长城如同一个巨大的机器，吸纳了无数人的生命和血肉。所以，战争年代的长城应该不是冰冷的，而是有着炙人的炎热，手摸上去，就会哧地升起一股烟，它的热度不是来自太阳的炙烤，而是来自所有兵士的血的温度。

在中原王朝看来，长城是制止胡人和东胡人的最有效武器。无论多么快速的马队，在城墙面前都不得不停下它们的脚步。如同一层坚硬的铠甲，长城为"诸夏"与"狄夷"划出了一道安全的距离。这一点儿很像孙悟空给唐僧划出的圆圈，它意味着安全、可靠，跨出一步，风险就会即刻降临。那些冰冷的城墙，随时向人们发出危险的讯号。"我们能够想象出那五里墩升起篝火时的壮观景象。边塞上的杀戮已经开始，马匹在交汇处昂起了头，长啸之间传来人头落地的声响。刀锋与刀锋在刹那间相逢，使人与人的缝隙里闪现出火花——另一些人则登上了设置在高处的五里墩燃起狼烟，笔直的烟雾升到高空，被五里之外的另一五里墩上的观察者所目视，便燃起了自己的那一个。我们便看到一列高高的烟柱均匀地排列在大地上，它从杀声之中起始，一直深入到人的幸福，使那里的安宁得以动摇，使褴褓中的婴儿从那烟柱里谛听到自己的啼哭——那烽烟构成了世界的边界，环绕着能够容纳我们的时空。"①

墙，始终是中国历史上一个强大的意象，它以坚硬的质感凸显它的权力。即使在今天，墙的权力也没有得到弱化。在西方的建筑中，围墙并不多见，西方建筑的核心意象是广场。广场的本质，是它的公开性。而中国的建筑，则始终无法摆脱墙的围困。无论多么小的院落，都要有一个院墙，尽管这个院墙可能是象征性的，用简易的树枝围成，但它给人的心理安慰却是不可或缺的。而各级衙府，乃至宫殿，则无不围以高大的围墙。墙，不仅执行着实际的防卫功能，而且成为地位的标志。身份不同的建筑，拥有级别不同的围墙。一些深宅大院，还会在院落的正门内或者正门外加设一道影壁，用以阻挡外人的目光。墙的本质，是它的私密性。实际上，即使皇宫的高墙，也只能在一定程度上执行它的防卫使命，它不代表真正的安全。真正的安全，是藏在人的心里的。万历年间那件著名的梃击案，就是对重重宫墙的一个绝妙的反讽。

万历四十三年（公元1615年）五月初四，端午节前的黄昏，一个手持枣木棍的陌生男子从东华门闯入大内，几乎到了太子朱常洛居住的慈庆宫门前（已经穿过两道宫门），眼看就要直奔前殿檐下，才被七八名宦官捉住。在此之前，重重宫墙对他已形同虚设。这类事件，在历史上屡次发生，屡禁不绝。这证明墙对安全的许诺是不真实

---

① 张锐锋：《古战场》，见《蝴蝶的翅膀》，第208页，北京：解放军文艺出版社，1999年版。

的。但即使如此，没有一个皇帝，甚至很少有臣民，能够摆脱对墙的依赖。皇帝把自己的宫墙无限放大，就成了长城。只有帝王，才具有如此胆大妄为的想象；也只有帝制时代才具有这样的强制力，使这一看似不切实际的想象得以实现。

　　长城无论在空间上，还是在时间上，都是没有尽头的。那些最早开启这项事业的君王，无论怎样高瞻远瞩，都不可能看到长城的尽头，但长城几乎无时无刻不在他们的心里。长城是他们帝国的最大院墙，而戍边的将士，则是为他们看家护院的家丁。在冷兵器时代，国土越大，它所需要的城墙和军人就越多。所以，国家的强盛与它所需要支付的费用是成正比的。在皇宫的宫墙、都城的城墙，以及边塞的长城之间，存在着微妙的联系。这些级别不同的墙环环相扣，共同组成帝国的防卫体系。远在波希米亚的卡夫卡对此曾这样描述："我们的国家是如此之大，任何童话也想象不出她的广大，苍穹几乎遮盖不了她——而京城不过是一个点，皇宫则仅是点中之点。作为这样国度的皇帝却自然又很大，大得凌驾于世界的一切之上。可是，那活着的皇帝跟我们一样是一个人，他跟我们一样躺在一张卧榻上，诚然，卧榻是很宽大的，但也可能是很窄很短。"[1] 皇帝把长城视为安全的最大边界。只要长城存在，他们就能在卧榻上高枕无忧。只有长城真实地存在着，皇

---

[1] 《中国长城建造时》，见《卡夫卡全集》，第一卷，第388页，石家庄：河北教育出版社，2001年版。

帝们才能忘记长城，怀抱着娇妃沉入梦乡，而长城一旦出问题，皇帝们就要坐卧不安、无所适从。长城的安危决定着皇帝的生活质量，而宫殿（即宫城）的权威，也是依靠长城的权威维系的。是宫城的意志创造了长城，同时，宫城也要看长城的脸色，所以，所有的宫城，对长城从来不敢怠慢。长城就是这样不断扩大它的势力，以不可一世的架势横亘在崇山峻岭之间。这就是由宫城与长城共同写就的"双城记"。

长城，是我们民族思维模块化的最好证明。长城的体系无论怎样复杂，都可以划分成一些不同级别的基本模块，然后按照一定的比例进行排列组合。它表明了中国人善于把复杂的问题简单化的天性。它的好处是使复杂的问题变得易于解决，它的缺点是这种解决只是直观上的，而并不是逻辑性的。

但无论如何，作为一种被放大到极致的墙的意象，长城耸立起来了，它像一个巨大的标志，对牧者与耕者的身份进行了划分。我们不妨换一个视角，把自己想象成墙外的胡人。我们骑在马背上，向温暖的南方驰骋。突然，一道长城出现了，它挡住了我们的视线，也挡住了我们的梦想。城墙规定了我们的界限，墙的另一侧，将是我们永远无法抵达的远方。那道墙不仅仅是砌在草原的边缘，也砌在牧羊人的心里。这时候，一种冲决的愿望就会变得不可遏止，积累越久，它的势能也就越大，终将冲破阻隔，奔向远方。

在谈到降雨线的时候，我们会发现一个不可忽视的事实——由于欧亚大陆上每年的降雨并不是平均的,这使400毫米降雨线在一个大致的范围内南北移动,并使草原与田园的面积处于不断的变动之中,而长城,也随着降雨线的摆动而摇摆不定。长城,则始终不渝地追随着那条看不见的降水线,随时听从它的旨意。

遗憾的是,长城在保全华夏的同时,却无法保护它自身。时间充当了比匈奴人凶恶得多的敌人,长城在它的夹击之下变得体无完肤。现在,即使有文献的指引,我们依然难以循着那些古老的记载,找到最久远的长城。

为了寻找中国最古老的长城,我曾经多次在辽宁西北部游走,企图与那条业已消失的古代长城不期而遇。这不仅要看我们的运气,还要看我们的悟性。一个高明的寻访者理应能够通过山脉的走势判定长城的位置。敏感的人也会在那些山岭上得到风的暗示。所有消失、弥散的微量元素可能在某个特定的情境下突然遇合,像梦一样悄然复活。然后我们停下来,面对眼前的一道岭,谛听,在心里说,那就是从前的长城吧。

在建平县北部努鲁儿虎山的山腰上,我终于找到一段燕长城遗址。那里差不多已是古代燕国的极北之地。它的首都在北京,边墙却在辽宁。燕国著名的太子丹,就是在"壮士一去兮不复还"之后,逃到辽东避祸的。[①] 中国最北

[①] 很少有人知道,太子河这个名字,所指正是太子丹。它当时的名字叫衍水,是太子丹隐匿之处。据说,太子丹在那里建立了一座太子城,位于今辽宁省新宾县下夹河境内,现在遗址尚存。

的长城，同时也是中国最老的长城。空间的远与时间的远完全匹配。那条边墙是用蛮石砌成的，在山脊上蜿蜒，在历经两千多年的风雨之后，高度仍然有一米五左右。长城把山的海拔提高了一米五（从前可能更高），从此所有的山峰就变得不可逾越。它是决定性的，像君主的旨意一样无可置疑。

燕长城的建立，与一个名叫秦开的人密切相关。他本是燕国大将，在燕昭王时期（公元前311—前279年）的一次战斗中，成为东胡的战俘。但战胜东胡人的念头在他心中从未泯灭。战俘的身份未能阻碍他了解东胡地区的地理环境，当他在几年后返回燕国时，这些都成为他制胜的法宝。在他的率领下，燕国军队把东胡军队打退一千多里。在秦开却胡半个世纪后，秦开的孙子秦舞阳，跟随在荆轲的身后，西出潼关，奔赴咸阳，义无反顾地执行刺秦的使命。为了防止东胡族卷土重来，燕国在从东胡族夺回的土地上设置了上谷、渔阳、右北平、辽西、辽东五郡——这是汉族政权在辽宁地区最早的郡县设置，又在渔阳至襄平（今辽宁省辽阳市）之间的山脉上，筑起长城。襄平也因此成为"辽东第一郡"。燕国与东胡在辽宁的山岭间进行过无数次拉锯式的战斗，战线如同一条晃动的绳索，在南北方漂泊不定。随着长城的节节长高，游动的战线，终于在长城沿线上，即辽宁的北部边缘，固定下来。辽宁的北部边界，也就成了整个燕国的北部边界。东胡人像潮水一样退却了，他们的地盘收缩到燕长城以北。辽宁的统治权，也由东胡人（乌桓人与鲜卑人），转交到汉人手中。

我在辽西的许多地方都目睹了燕、秦时期的长城——它们被当地人称为"石龙"或者"土龙"。山脚下的村庄，那鸡鸣犬吠之地，或许就是当年的古战场；襁褓中的婴儿，或许就延续着某位英雄的血脉。我们每一个人，都曾经是这样的婴儿。婴儿在熟睡。这时的长城是安静的。喧哗的长城也有安静的时候。安静的长城是迷人的，如同一个人，对自己所有的沧桑守口如瓶。

这段早期长城，在辽西地区分为南北二线。其中的北线，西起秦汉时期的上谷郡（今河北承德、张家口地区），在穿越茫茫的坝上草原之后，进入赤峰市境，主线沿英金河北岸向东延伸，折入辽宁省阜新境内，经阜新北高林台一带，再由彰武南经法库叶茂台一线，越过辽河、柳河，进入铁岭镇西堡一线，抵达沈阳北铁岭新台子和抚顺浑河以北，与长城沿线墩台线相接。这条北线长城（又叫赤北长城），与北纬40°20'的纬度线大抵吻合，自西向东，穿越了阴河、英金河、老哈河、教来河、牤牛河，东过柳河、绕阳河和辽河，向辽东挺进。

或许是有意设置的第二道防线，南线长城与北线平行，二者间距一般在40～50公里，从赤峰南喀喇沁头道营子出发，经赤峰县南五家子乡，过老哈河，进入辽宁省建平县北部老哈河东岸种畜场、老官地乡羊草沟北山。由建平县黑水乡、旺家乡，进入敖汉旗三官营子，至宝国吐乡，经土营子乡，直抵牤牛河沿岸，又过牤牛河，北延20公里，在库仑旗平安乡、白音花乡往东，进入辽宁阜新市境。

于是，南北两线长城，在牤牛河汇合了，像两条支流，在一条更为广阔的航道上合并。然而，两条长城汇合之后，却突然消失于辽河和绕阳河地势低洼的古"辽泽"中。但是线索并未完全消失，它会在某个不经意的时刻眷顾我们，为我们断线的目光提供新的方向。当那条在跨越牤牛河之后骤然消失的长城令我们陷入迷茫时，有一些汉代的城墙和城址，却在阜新市东北的紫竹台乡和高林台乡、沈阳东陵后山、新宾苏子河沿岸等地，清晰浮现。据此，我们不妨猜测：长城在合二为一后，继续向东，穿越柳河、沙河、绕阳河和辽河，进入法库、铁岭、沈阳北，经抚顺、本溪，在历尽千辛万苦之后，最终抵达辽东鸭绿江流域。这样的线路说明了一个简单的道理——如果说当年的汉族国君用长城把自己的国土围成一个巨大的院子，那么辽宁，始终都处在这个院子的内部。辽宁，和当时的整个华夏一样，企图在长城的臂弯里，高枕无忧。

五　长城内部的形势

很多年中，我都有一个未曾言说的愿望，就是寻找辽宁大地上的古道。我无缘目睹辽宁的古地图，但我从不怀疑，有条条大路在群山沃野之间纵横交错。现在，那些古道被各种各样的事物所吞没，包括村庄、田野、湖泊、密林、果园、公路，无数的新生事物叠加在古老的事物之上，使我们无法看清它们的原貌。但是，那些古道必定是存在的，通过第二章的描述，我们对此已了如指掌——向北，可以深入大小兴安岭的密林；向东，可以抵达朝鲜半岛（《尚书大传》记载了箕子不愿做周朝的臣民，率领众人出走朝鲜的故事，是汉人先民首次迁入东北并到达朝鲜的最早记录，想必他们当时所走的，就是这条古道）；向西，挺进茫漠的内蒙古草原；向南，则踏入神秘莫测的古中国大陆。

每当我眺望长城，都觉得它像一把把尖利的钢锯，将草原和内陆两种状态的文明人为地断开。长城阻塞了东胡人南下的通路。而在长城以内，所有的道路都畅通无阻。那些道路如同血管，将整个华夏的庞大身躯联系起来，使它的任何一个局部，都不会因为缺氧而坏死。

古时的人们通过道路来寻找和发现对方，以战争或者和平的方式进行对话。在中国形成一个文化统一体之前，东北已经作为东、西、南、北、西南、西北、东南、东北八个方位之一，载入典籍。东北，当然是中原人的方位观。在中原人混沌初开的地理观里，辽宁已经作为他们最远的终点，出现在道路的尽头。我们常说的"九州"一词，出自《尚书·禹贡》，其中的冀州和青州，已经涵盖了现在的辽宁西部和南部即辽东半岛地区。"九州"的划分在《周礼·职方》中得以延续，只不过把冀州和青州的名字，改为幽州和营州，书中说："东北曰幽州，其镇山曰医巫闾。"在当时的辽宁人眼中，道路同样是敞开的。在四通八达的道路网络中，南下的道路，当然最具诱惑。因为长城阻挡了向北的道路，向东的道路也在跨越朝鲜半岛之后戛然而止，只有向南的道路是没有尽头的。那些道路将穿越不同的气候带和文明带，将人们带到莫测的远方。没有道路，中国的统一永远不可能实现。

出于对道路的感恩，秦始皇登基后的首要工作，就是建立道路的联盟。秦始皇沿着他的道路，抵达了辽宁的海边。它记录在《史记》中，确凿无疑。《史记·秦始皇本纪》的记载如下："始皇之碣石，使燕人卢生求羡门、高誓。刻碣石门。"这件事发生在始皇三十二年（公元前215年）。秦二世元年（公元前209年），秦始皇的儿子秦二世在李斯的陪同下东巡，"到碣石、并海。南至会稽（山），而尽刻始皇所立刻石……遂至辽东而还"。这是创立未久的统一中国在5年中发生的与道路有关的两件重大事件。100年后，元封元年（公元前110年），汉武帝出现在这条道路的终点——碣石。他是在东行封禅仪式，在山东泰山祭祀"东岳"神山之后，沿渤海湾北行，由海路抵达碣石，"自辽西历北边九原"后，又由陆路返回长安。300年后，曹操大破"三郡乌桓"，基本上完成了北方的统一，自辽西"柳城"（今朝阳南，"龙城"的前身）班师途中，特意绕道海上碣石，写下著名的《观沧海》："东临碣石，以观沧海。……"

帝王们为什么成为这条古道上不知疲倦的旅行者？首先是权力的快感。帝王们需要见证他们帝国的广大，他们所有的功绩，都从道路中得到证明。道路就是他们现实中的功德碑。所以，无论有多少鞍马劳顿，他们的旅行都将是愉快的。正是这些道路，使帝王们有机会仔细打量和感受自己的疆域。他们要把一切记录下来，他们选择了最可靠的媒介，就是碣石。

碣石宫是在20世纪80年代挖掘出来的，位于今辽宁省绥中县万家镇（乡）南渤海边的"石碑地"村南。在以石碑地高台为中心的25平方公里的范围内，分布着6处秦汉时期的建筑遗址和窑址。其中心建筑，以南北500米、东西300米的"石碑地"宫城遗址为中心；东西两翼为相距1至2公里的"黑山头"和"止锚湾"建筑遗址。

我到达碣石宫的时候，天刚好飘着细雨，眼前的景物仿佛显影液中的图像，晃动起来。这使我产生某种非现实感。冷雨逐走了喧哗的游客，使整个遗址陡然安静下来。游客消失，让古老的碣石，找回了它自己的时间。

道路促进了贸易。辽东土著与中原王朝的朝贡与贸易史，记录在《史记》《尚书》《左传》《国语》这些典籍中。在这些古道上，有一个重要的结点，就是古"营州"。唐高宗总章元年（公元668年），朝廷完成了收复辽东的大业。于是，在北魏和隋代"营州"〔现在的朝阳（营州）〕的基础上，设立了"营州都督府"，使营州成为统领整个中国北方的军事重镇，"安史之乱"的首领安禄山，就是营州人。早在唐开元天宝年间，安禄山就已经兼领"营州都督、平卢军节度使"，"押两蕃、渤海、黑水四府经略使"，成为从营州发迹的一代藩镇之首。

营州的重要性不仅体现在军事上，唐代近300年，它在民族关系史和交通地理上，成为连接中国东北与中原长安、洛阳、幽州诸地的交通襟喉，是唐与高句丽、渤海、契丹、室韦等北方民族汇聚的中枢，更重要的是，它还是"丝绸之路"向长城地带延伸的东端重镇。从这里发掘的唐墓中，出土了许多"西域胡俑"和塑造为梳着辫发的胡人等生动的"丝路"上的艺术造像。有的胡俑，背上还载着成捆的丝绸布匹，胡俑牵马，引导着驼队，仿佛可以听到夕阳落晖下，当年一队队奔波在丝绸之路上的胡汉客商的驼铃，被塞北的朔风奏响的声音。甚至，从朝阳（营州）有墓志记载的韩贞、张秀、左才到蔡须达、孙忠等纪年为唐的墓中，我们还发现了罗马、波斯的金、银货币，以及成套的彩绘陶俑，这种神秘的位移，显然须借助道路的援助才能完成。

道路具有一种不可思议的力量，道路上遍布让人惊讶的奇遇。而历史，就是由道路上所有偶然、不期而至的奇遇，层层叠叠积累起来的，这是历史吸引我们目光的主要原因。道路如经络血管，错乱、复杂，但它们有自己的逻辑，没有道路，历史就成了一盘散沙。

塞外的人们通过道路，源源不断地抵达塞内，而中原地区的农耕人口，也同样以各式各样的方式，向塞北迁徙。比如，后金八旗满洲一千二百七十六姓中，汉人便占了二百四十七个。特别是到了明清时期，中原地区人口拥挤，使人们向人口相对稀薄的塞北流动，"走西口""跑口外""闯关东"的潮流应运而生。

道路是作为长城的对立物存在的，它们具有完全不同的属性。长城意味着拒绝，它回避着冲突，而道路则意味着联系，那些桀骜不驯的民族，在踏上道路以后，竟然变得和平、恭顺和安详，这一点，可以从出土陶俑的表情上得以证明。道路与长城的对立，使我们可以知悉古代中国的奇特秉性——它拒绝暴力的征服，拒绝劫掠、厮杀和死亡，却笑纳一切远方的使者，"有朋自远方来，不亦说乎"，在这个古老国度，成为耳熟能详的古训。中国通过道路，建立了自己的文明对话体制。这种体制在文明冲突对话的格局中，具有极强的选择性和适应性。汤因比在他著名的《历史研究》中指出："大一统的文化构成似乎都存在着高度的多样性。由此看来，很显然，大一统国家的传导性的一个作用就是，用不太激烈残暴的手段推进自先前的动乱时期开始的文化'大混合'进程。在大一统国家的较温和的统治下，前一个残酷时代的逃难者、流亡者、放逐者、被转卖的奴隶以及其他各种背井离乡的人，现在被商人、职业军人、哲学和宗教的传道者以及朝圣者所取代。"[1]他进一步指明一个并不复杂的真理："要实现这样一个超民族的文化融合，一个必不可少的条件就是长期的和平。我们已经看到，动乱时期的那种严重分裂和敌对使得任何有益的接触都几乎无法实现。当然，作为医治动乱时期带来的灾难的万应灵药，大一统国家是其缔造者强加给人民的，但也被人民所接受。在骨肉相残的战乱中硕果仅存的强国创造了它。而帝国缔造者们的最直接和最高目的是，在他们内部建立和谐关系，与以前的地方小国的少数当权者达成和谐。"[2]

战争是面对面的冲撞，带有极高的压强和烈度，这是长城在两千年的时间中被反复修补的原因，而道路则是平坦和开放的，具有极强的搅拌和调适功能，容纳天南地北的过客，从某种意义上说，它是更加坚固的长城，它的手段不是阻遏，而是融通与化解，因而它建立的秩序更加稳定和长久；文明的交融是在细胞间进行的，所有的参与者都在不知不觉中成长壮大，脱胎换骨。

六　芳香的身影

王昭君是在公元前33年正月，在百姓庆祝一元复始的欢乐气氛里走出长城的。在她的身后，宫殿里正燃放着

---

[1]　[英]阿诺德·汤因比：《历史研究》，第252页，上海：上海人民出版社，2000年版。

[2]　同[1]，第252、253页。

绚丽的烟火。那是她永难返回的荣华之地。烟火照亮了皇帝的面孔，使它显得更加阴郁。皇帝强作欢颜，把自己名义上的妾妃送出宫门。王昭君离开皇城时，最初可能乘的是顶披彩大轿，由十几个壮汉抬着，彩轿像一个鲜艳硕大的花朵，漂浮在人流中。出了皇城，开始乘车，是那种古代的木轮马车，前有匈奴马队开路，后有汉朝送亲的仪仗队，沿着由长安城通往塞外的官道，向前行进。道路变得具体而清晰，它通向塞外草原，通向长城的另一侧。对于那一侧的事物，王昭君一无所知。没有人想到，在沟通长城内外的道路中，有一条道路是以后宫为起点的。宫殿里的仪仗队返回了，队伍越来越小。他们渐渐走到黄土地与沙漠的边缘。王昭君从车辇上下来，风沙迷了她的眼睛，泪水顺着她的脸颊流下来。连她自己都很难为眼泪做出解释。无论怎样，想象中的塞外，已经成了她必须接受的现实。

　　长城是以男性为主题的事物，它展现的是力量、硬度与持久性，是一个长期凸起于历史地表的空间形象，在经过了复杂多诡的历史演变之后，长城最终成了一个象征，一个标识，一种炫耀，而这所有的一切，都与女性无关。在中国历史中，女性几乎自始至终地扮演着旁观者的角色，或者，中国的历史，从来都拒绝女性的参与。历史是一场排斥女性的权力游戏。女性形象在男权的视角中几乎完全消失，这正是我们的目光无法穿越史书与女性相遇的原因。

但是女性并不因此而在历史的道路上踟蹰不前，她们有自己的道路和命运。遗憾在于，她们的所有行动都无法逃脱男性的阐释，她们的意义也因这种阐释而发生转向和扭曲。

王昭君是长城史上的一个重要人物，她的命运是她自己选择的。皇帝后宫里的每一个女人，都希望宫廷画师把自己美化成天仙。她们接受皇帝恩宠的概率为千分之一，然而，她们对人生的全部希望，都寄托在这千分之一的概率里。这是一项并不有趣的游戏，对于宫殿里的女人们来说，它是强制性的，而且无权修改既定的规则。千分之一的概率涵盖了她们的全部命运，除此，她们不再有任何选择的机会。但王昭君看到了自己的另外一条道路。当宫廷画师把那幅为她画的奇丑无比的画像呈现在她面前时，她的嘴角浮起一丝不易察觉的微笑。在她心里，这幅画就像是她逃出宫苑的通行证。果然，当匈奴呼韩邪单于向汉元帝请求和亲时，昭君自请"庭掖令"，求行塞外。她的选择里，包含了决绝、愤怒、孤傲和希望，同时也是对皇帝的报复。皇帝见到她时，因她的美貌大惊失色，他无论如何无法将画像上的形象与眼前的美人联系起来。他陷入深深的懊悔中。而这，正是王昭君希望看到的。在所有的后妃宫女中，只有王昭君成为一个主动的选择者，她不是用美貌来邀宠，而是用美貌来拒绝。不可一世的皇帝，正是她拒绝的对象。尽管她的选择具有悲剧性的意味，但在她心里，这已经具有了叛逆的意味。官方一厢情愿地将王昭君解释为挺身而出的爱国者，而王昭君正是以出走的方式表达她对宫廷内部权力关系的抗拒。

与秦朝不同，汉朝政府在对匈奴人的战争中一败涂地，"白登之围"就是一个著名的战例。在这种情况下，和亲政策，将汉朝公主和宫女嫔妃嫁给匈奴单于，成为皇帝采取的主要外交政策。昭君出塞之前，在西汉高帝至宣帝140年的时间里，前后共有13位公主嫁到了塞外，除一位嫁给乌孙王之外，其余全部嫁给了匈奴单于。这13位公主，均为刘家王室之女，其中有两位分别是景帝和武帝的亲生女儿。

王昭君的孤寂身影，消失在茫漠的塞外，像杜甫《咏怀古迹》里写的："一去紫台连朔漠，独留青冢向黄昏。"在我看来，王昭君并非一个为国分忧的爱国者，而是一个自我完成者。

但无论怎样，女性的身影，开始在长城的历史中出现了。这些芳香的身影，成为道路事业的坚定支持者。而她们连接道路的方式，不仅通过自己的双脚，更通过血液——她们将长城内外的血缘联系在一起，使皇帝与单于成为一个家庭的成员。对于这个历经战乱的国度来说，血缘，是一种最为牢固的黏合剂。

作为一项行之有效的政策，和亲制度在唐代得以延续。由汉至宋，是长城的相对沉寂期。由三国并立，经两晋、十六国、南北朝，中原农耕文明产生分化，统治中心一度呈"耗散"状态，从宋代开始，被耗散的中原文明才重新聚合，向农耕文明与草原文明的均衡态势回归。此后，"北方游牧民族越来越有能力问鼎中原。他们在北方徘徊了1500年，一直想南下参与中原的事务，但都未能如愿，只是对中原农耕民族构成威胁。宋朝以后，他们才在政治、经济、军事上有了问鼎中原的能力。"[1] 辽宁的重要性，也只有在这个时候，才凸显出来。

七　中国体系的形成

从以上几章我们可以得知，辽宁并非嫁接在中华版图上的一个零件，而从来都是帝国肌体上一个不可或缺的器官。关键性的地理位置，赋予它不言而喻的重要地位。向外，它的北部贯穿着一条重要的屏障——长城；向内，条条大道通向深远的内陆，血脉畅通，从无阻遏。

汉代长城又向南缩进若干公里，在与燕、秦长城平行的位置上停留下来，这表明，来自匈奴或者东胡的压力在日益加强。直到曹操北征乌桓取得成功，中国北方才正式纳入汉族政权的政治版图。如第二章所述，曹操也因此抵达大海边的碣石，表达这匹老骥的千里之志。但北方少数民族政权始终存在，无论他们入主中原，还是偏居塞外，作为一种顽强的力量，他们从未从中国的历史地图上消失。在狭隘的观念中，他们被形容为凶恶的敌人，许多史书和文学作品至今延续着这样的观点。但是，如本书第二

---

[1] 董耀会：《沧桑长城》，第151页，上海：东方出版中心，2007年版。

章所述，辽宁地区内部包含着一个多元竞争的民族体系，如果将这种观点放大，我们就不难理解，整个中华民族，本身就是一个多元竞争的民族体系，辽宁地区与整个中华民族具有某种同构关系。这种竞争，可能以和平，也可能以战争的方式出现。战争固然带来生灵涂炭，但它同时打通了文明的通道，为文明的交融创造条件。对此，法国史学家雷纳·格鲁塞在谈论蒙古人战争的结果时，精辟地指出："蒙古人几乎将亚洲全部联合起来，开辟了洲际的通路，便利了中国和波斯的接触，以及基督教和远东的接触。中国的绘画和波斯的绘画彼此相识并交流。马可·波罗得知了释迦牟尼这个名字，北京有了天主教的总主教。将环绕禁苑的墙垣吹倒，并将树木连根拔起的风暴，却将鲜花的种子从一个花园传播到另一个花园。从蒙古人的传播文化一点说，差不多和罗马人传播文化一样有益。对于世界的贡献，只有好望角的发现和美洲的发现，才能够在这一点上与之比拟。"[1]

从大历史的角度看，这些与中原民族产生深刻的政治和经济联系的民族，都是中华民族中的一部分。西方最权威的汉学家，都持有这样的观点："中国传统的历史学把契丹、女真和蒙古人描述为闯入'中国人'领土的'外人'。然而，这是一个错误的简单化认识，应当将其永远根除。无论现代的历史地图集是如何标示的，唐

---

[1] ［法］雷纳·格鲁塞：《蒙古帝国史》，第278页，北京：商务印书馆，1989年版。

人同其前人一样,从未对北部边界作出过任何明确的界定。"① 这些边疆少数民族,相对于汉族人,只是"外族人",而不是"外国人"。这些"外族"全部应当含纳于中华文明体系之内。"汉人与非汉人之间的对抗,不能以传统的中国方式构想为高等文明与野蛮之间的对抗。无论如何,不能设想从10世纪起在中原的土地上建立了国家的那些征服者是突然间冒出来的,也不能设想他们是在政治组织和文化成就都微不足道的水平上骤然起家的。"② 如本书第二章所述,他们的文化,是在充分竞争和优化的基础上建立起来的。他们所建立的政权,并非现代国际法意义上的国家。对此,《剑桥中国辽西夏金元史》还引用了"多国制"的概念。这种"国"是"国中之国",即中国内部的区域性政权,它们共同构成一个庞大的"中国体系"。"如果说中国的分裂时期一直持续到1276年,那么政治上的四分五裂状况无论如何在很多方面——包括外交往来的技术性问题,如我们所示——还是被一种共同的中国文明所笼罩。中国的政治分裂中固有的地方主义在某种程度上被其他因素所平衡,这些因素趋向于将那些'藩'国包容进一个中国的更大的文化共同体中去。"③ 这种情况曾经在中国历史上反复出现。

无论辽宁的治权归属哪一民族,它作为文明过渡带的

---

① [德]傅海波、[英]崔瑞德编:《剑桥中国辽西夏金元史》,第7、8页,北京:中国社会科学出版社,1998年版。
② 同①,第13、14页。
③ 同①,第21页。

地位却从未改变。它如同一把钥匙,谁掌握了它,谁就有资格打开对方的大门。但在更多时间里,这扇门本身就是开启的,辽宁与中原的阻碍并不存在。比如,"宋代国家的边疆从来就不是封闭的,尽管对于生活在国界任何一边的普通人来说,不可能去做私人旅行。贸易,外交,尤其是对一种共同的文化遗产的记忆,极大地缓和了中国的政治分裂状况。"①"它在11—12世纪征服王朝时期是以高度的现实主义政治为特征的。依靠军事手段既不能打败契丹人的国家,也不能打败女真人的国家,宋—辽以及宋—金关系史成了这样一种关系史:相对短的战争和主要通过输纳大量银绢以换得的相对长的和平,停停打打交替进行。1005年宋辽缔结的澶渊之盟成了处理日后冲突的一个样板,在金灭辽之后,金人认为自己是辽的合法接替者,因此理当从宋朝廷得到与从前同样的岁赂。澶渊之盟除了所允诺的岁赂(这比"贡"更可接受,宋人曾小心翼翼地避免使用这一叫法,因为它含有臣属的意味)以外,其内容还包括同意修正边疆地区的边界,以及如何处理地区和有争议交界区的动乱的规定。盟约亦确立了沿边的互市,开始由国家监控的商业贸易。"②

不难想象,在文明碰撞的间歇期,处于文明衔接带或曰过渡带上的辽宁,汇聚着各种人种。这意味着,在中

---

① [德]傅海波、[英]崔瑞德编:《剑桥中国辽西夏金元史》,第21、22页,北京:中国社会科学出版社,1998年版。

② 同①,第19页。

世纪以前,辽宁的许多古城,如襄平(辽阳)、候城(沈阳)、龙城(朝阳)等,已颇具国际化大都会的气象。那里是许多条道路的交叉点,各种肤色的面孔曾经同期出现在北方的城郭街道中,与各种奇迹不期而遇。在街道的两旁,陈列着各种店铺,诸如瓷器铺、皮革铺、铁匠铺、烟草铺、绸缎铺、药材铺、山珍铺、乐器铺……各种货物的气味在北方清澈的风中混和在一起,形成一种古朴陈旧的气息,在空气中弥漫。

在这些街道上,有时还能感觉到有使臣驰马飘过,荡起厚厚的尘土。他们的身影在街道上一闪而逝,仿佛阳光下的幻影。每个人都忙于自己的事情,没有人关注他们。他们是道路上最快的过客。他们的任务,就是以最快的速度从道路上通过。道路会经常性地将他们遗忘。但他们是对道路有决定性作用的人。他们囊中的文件,往往将所有人的命运都包含其中。至少在那个时候,翻译就已经成为一门职业。而汉文,已经成为约定俗成的外交语言。至少在宋代,没有任何官员能够读懂某种非汉字的原文文书。这种情况在明朝发生了深刻变化,当时建立了四夷馆,它为当局的外交往来提供外族语言文字的基本知识。

在此,必须对长城的性质作进一步的界定——长城从来不是作为国界存在的,本书一贯只将它视作文明的分界线而已。这条文明的分界线,其实也是模糊的,不确定的,因时代而变化的,这就是长城不断摆动的原因。严格来说,将文明分开的,不是一条明确的线,而是一个带。

本书也因此更多地使用了"衔接带"或者"过渡带"这样一种称谓。"从来就不存在一条连续不断的防御线或经过划定的边界。倒是有一串设防的边疆州和县,战略要地筑有少量要塞,一些屯田、军马场、烽火台和警戒哨所散布在各处。这是一个纵深防御体系。"[1]"唐代中国的'边界'概念是一个多层次的概念。它有一个外部环状地带,那里的人民因为加入了纳贡体系而成为'中国世界'的一部分;有一个在羁縻制间接统治下的部落民的内部环状地带;还有唐朝军事防御体系的外界和有效的文官管理的外界。"[2]从某种意义上说,究竟哪个民族在主导着辽宁的历史,其实并不是重要的,因为所有的历史,都是在大中国体系的框架内完成的。

总有一些道路会想方设法地绕过长城,深入到彼此的文化区域中。所以,尽管长城试图阻止道路,并已不容置疑地表明了它的权威,但道路却从不躲避那条厚重的城墙,而是时常与它纠缠在一起。这使这一地带的文化生态更加复杂。大量北方少数民族,就在长城以内生活了许多个世纪,不同民族间的杂居和通婚,从来没有中断过。其中一些部族已经部分或者完全地融合。与此相对应,这一区域的大量汉族人,在某些方面也采纳了少数民族的生活方式。

一个古老的趋势在延续——一个又一个政权,在辽

---

[1] [德]傅海波、[英]崔瑞德编:《剑桥中国辽西夏金元史》,第8页,北京:中国社会科学出版社,1998年版。

[2] 同①,第9页。

宁的土地上建立和成长，并留下许多至今令人仰望的历史遗迹。其中最引人注目的，当然就是女真人。"女真人和蒙古人的特点在于，10世纪以后边界本身已经移动了：金和蒙古的帝国外界已不同于中国世界的传统边界，也不同于辽、金与宋之间的边界，而是一个'扩大的中国世界'的边界，这条边界是通过契丹人对今内蒙古、辽宁、吉林和黑龙江等地的占领，并以唐代中国的模式为基础在这里立国、确立边疆关系体系后形成的。所有这些民族都不是作为新来者或与中国体系无关的完全的局外人而强盛起来的，他们很久以来就已经是中国体系中的一部分。由于生活在边缘地带，他们可能更熟悉偏远的边疆地区，而对王朝权力和文化的真正中心不甚了解，但是，从某种程度上说，他们毕竟仍是参与者。"①

八　山海关的诞生

这种情况一直持续到明代。明初的统治者实施了一次外科手术，对辽宁做了切割处理。辽宁第一次被分离在长城之外。这位外科医生，就是明朝大将徐达。

这一次，他扮演的是建筑师的角色。在明初那段时间里，这位将军多次兼任了规划师和建筑师的角色，比如，明洪武元年八月初二（1368年9月12日），徐达率领军队

---

① ［德］傅海波、［英］崔瑞德编：《剑桥中国辽西夏金元史》，第11页，北京：中国社会科学出版社，1998年版。

攻入元大都北京，元顺帝和后妃、太子以及部分蒙古大臣从健德门仓皇北逃。此后，徐达便主导了对北京的改造。山海关是在明洪武十三年（1381年）修建的，他的主持者依然是当时负责明朝北方防务的徐达。

这表明这些城池建筑的兴建，军事防御是首要目的。中国许多重要城池，都是出现在显要的地理位置上，作为巨大的防御工事存在，而不是商品贸易发展的自然结果。山海关的重要位置，在地图上有清晰的显示——它的东面是大海；西北面是崇山峻岭，明朝后来在那里又修建了长城；在东北通往华北的狭长通道上，它把守着最关键的位置：它与北京城相隔不过300多公里，是京师的护翼，更是阻挡关外游牧民族的最后一道屏障。山海关就像一把巨锁，在从东北进入华北的要道上了保险。有关巨锁的比喻来自古人："两京锁钥无双地，万里长城第一关。"明朝一位战略家也曾评价它为"内拱神京，外捍夷虏，最吃紧处"[①]。

这条狭长的通路，原是民族融合的重要通道。商代，山海关属孤竹国辖下，春秋时归属北燕，秦代归辽西郡统辖，两汉时期隶属幽州辽西郡临榆县。魏晋后，先后归属于慕容、拓跋、苻氏等少数民族治下，历经北魏北齐北周等王朝，直到隋文帝统一南北朝后，才在此初置北平郡，唐以后，更名为古城县。

历史上许多古老的民族，在这条狭窄的古道上擦肩而

[①]《明熹宗实录》卷三一，见《明实录》第六十七册，中央研究院历史语言研究所校印。

过。道路如骨骼般，支撑起帝国结构复杂的躯体，使它的所有器官保持健全的机能。辽金以后，这条道路上汇聚的民族更加密集和拥挤。契丹人开始向这里大量移民，中原人也开始涌向这里。于是，这里被形象地命名为"迁民"镇。元代以后，迁民被划归辽阳。

本书前面已经提到，明朝初年，明朝的最大敌人，就是被他们打退到蒙古高原上的蒙元势力。那时东北的女真等民族，还没有完全从蒙古人的压制中摆脱出来。明洪武元年（1368年），朱元璋采纳徐达、李善长、刘伯温等人意见，决定兴修长城，在明朝与蒙古人之间，划出一条军事界限。当时的修建重点，在居庸关。

洪武四年（1371年），在徐达的主持下，明朝开始向永平府移民。这是明朝开国以来第一次大规模移民，当然是出于军事目的。永平府一带，背靠燕山地带，境内人烟稀少，燕山以南是一片旷野平原，需要高山险隘、边墙排布，方可拒元军残部及一切外族势力。就在这一年，十几万人的大迁移开始了。辽宁南部至华北的大片荒野，开始升起炊烟。

同年，从没打过败仗的徐达调集15万骑兵，奉皇帝之命，出山西雁门关，再向西北行军，千里跨越戈壁沙漠，向蒙古人发起攻击。另外两支较小的军队，交给了冯胜和李文忠。李文忠从应昌前去降服还留在内蒙古和满洲的蒙古人。为了支持李文忠的军事行动，吴祯被派负责经海路运送给养到辽东半岛。①

洪武六年（1373年），蒙元军队从蒙古高原东端呼啸而下，从东路发起一次大规模袭击，战火从燕山以南的抚宁县（今河北省抚宁市），蔓延到瑞州、迁民等镇。道路在马蹄下战栗，被黏稠的血液浸透，马蹄踏上去，半天拔不出来。洪武十四年（1381年），一场决战开始了。此前两年，蒙古军队与俄罗斯军队在库利科沃同样进行了一场艰苦的会战，结局以蒙古人的完败告终，俄罗斯开始摆脱蒙古人的统治。洪武十四年十一月，蒙古领袖完者不花与乃尔不花率数千蒙古兵，向永平府发起攻击，明军指挥刘广在激战中阵亡，千户王辂分兵在迁民镇、界岭口设下埋伏，堵截蒙古兵的归路，明军又从燕河营出兵夹击，元军被迫向迁民镇撤退，刚好落入明军的埋伏圈。这里见证了明军与元军战史中的一次辉煌胜利，也把明朝统治者的目光，吸引到迁民镇来。

徐达在战后仔细观察了迁民的地形，顿有所悟。

徐达果断发布了一道命令："发燕山卫屯兵万五千一百人，修永平、界岭等三十二道关"，"九月甲申，卫城定名山海关。"②

几年以后，这位山海关的缔造者背上生了疽，朱元璋赐给他一盒蒸鹅，徐达看到蒸鹅后潸然泪下，不是感动于

---

① 据［美］牟复礼、［英］崔瑞德编《剑桥中国明代史》，第101页，北京：中国社会科学出版社，1998年版。

② 刘剑：《帝国雄关》，第3、97页，南昌：百花洲文艺出版社，2007年版。

上级的关怀，而是知道了自己死期已至。功成名就之后，兔死狗烹的命运降临在他的身上。这是帝王对待功臣的惯用手段，朱元璋与别人的区别是，他的手段更加无耻。对于背上生疽的徐达而言，那只味美的蒸鹅无异于毒药。他以恩赐的名义判处徐达死刑。就像他不久前将徐达的夫人谢氏用乱棍打死时，对徐达说："我为你除了一害，你应该高兴。"典型的朱元璋式的厚颜无耻。这是流氓与权力相结合的必然结果，每一个忠君者都必须承担这样的结果。在皇帝的"恩赐"下，一代名将就这样不明不白地结束了他光辉战斗的一生。他的结局，与秦长城的缔造者蒙恬如出一辙。

14世纪70年代开始，蒙古帖木儿帝国在撒马尔罕度过了它的强盛时期。徐达就是在这个时候修筑山海关的。几乎与徐达修筑山海关同时，即洪武五年（公元1372年），远赴河西作战的大将冯胜，修筑了嘉峪关。这里是河西走廊最狭窄处，南为祁连山，北为黑山，两山之间只有15公里左右。其间有九眼泉，水草丰美。嘉峪关最初只是一座孤城，后来在西、东、北修筑了三道边墙。西边墙"南自讨来河，北尽石关儿，共长三十里"；东边墙"西起嘉峪关北边墙，新腰墩止，一万九百八十四丈"（合73里）；北边墙在肃州（酒泉）城北三十里，"东西长七十里"[①]，北边墙向东与高台县（所）的边墙相连接。嘉峪关附近新修的三道边墙，共长173里（明里），相当于

[①] 乾隆《重修肃州志》第十一册《肃州》"边墙"条。

83公里。

在明朝，长城经历了一次剧烈的摆动，它的龙头部位，与燕长城相比，主体朝中原方向收缩靠拢了数百公里，它的东方终点也不再是绥中的碣石，而是在今辽宁、河北交界的山海关。这不仅是长城历史上的重大事件，也是辽宁历史上的重大事件。这一次剧烈的摆动，刚好把辽宁彻底地亮在长城之外，使辽宁在历史上第一次成为"塞外"。"关外"或者"关东"名称，也由此而来。

如前所述，长城的这次变化，与明朝初年的政治形势有关——被明朝军队驱逐到蒙古高原的蒙元势力，对这个成立未久的政权形成了巨大的压力；这股来自北方草原的勇猛力量，对于历代中原王朝来说，都是一场无法摆脱的噩梦。尽管历代王朝几乎从未停止过对于长城的整饬，将抵制北方洪水的希望，全部寄托于这条漫长的堤坝上，但是，洪水依旧时常冲破堤坝，弥漫半壁江山。蒙古人甚至灭亡了整个汉族政权。朱元璋刚刚推翻蒙元王朝，他绝不会忘记那个强大王朝对他的提示。他想必认识到长城的局限性，但他找不出更好的办法，唯一的办法，就是强化长城的功能，以增加自己的安全系数。朱元璋甚至把"高筑墙、广积粮、缓称王"作为自己的政治口号。筑墙的意义，比起称王更加重大。而到了明成祖朱棣时期，情况又进一步。明成祖朱棣是在农耕文明、游牧文明与海洋文明之间徘徊最久的一个皇帝，他的丰功伟绩无法遮掩他文化上的痛苦与彷徨。他把都城从美丽富饶的长江之畔迁到燕山脚下的北部边疆，面对着虎视眈眈的蒙古势力，像一个卫兵一样看守着他的国家。在北京长陵祾恩殿，我看到了明成祖朱棣的塑像，试图通过他若有所思的表情，看透他的内心。皇帝们像战士离不开盔甲一样离不开长城。他们的权力与梦想都需要长城来维系。长城越高、越厚、越长、越坚固，表明朝廷的内心越脆弱。他们久别疆场，习惯了宫闱中死一般的寂静，他们的美梦已经不起风吹草动，来自边塞的厮杀声使他们惊恐万状彻夜难眠。如同在家门口多上一把锁，就给自己增加了一道保险，皇帝们需要一道一道又一道的城墙，把死亡的呐喊严严实实地挡住，让他们偷得片刻的宁静。

从某种意义上说，长城从建筑它的那一天起，就走上一条不归路，只能在长、宽、高三个维度上不断扩展，成为体量巨大的超级建筑。因为漫长的长城，经不起任何断裂与破绽，那些断裂处，将如堤坝上的洞口，承受洪水百倍的压力，所有积蓄的势能，都将从那道口子里喷薄而出。被压抑的力量一经释放，必将势不可挡。而那些看上去完好无损的长城，也时时处于摇摇欲坠的危境中，因为静止的堤坝，面对的是涌动的洪水，后者在运动中产生的能量，需要前者投入数倍的力量才可能抵消。而长期的浸泡，将使堤石随时崩塌。

朱元璋想必深谙这些物理学原理，所以，立朝之初，尽管国力不支，他对长城工程却毫不迟疑。长城成为套在中原王朝颈上的一个巨大绳套，成为一个工期长达两千年、只有开始而没有结局的巨大的工程,它将把各代王朝的财政一点点耗尽。尽管第一个在全国范围内建造长城的秦始皇,就是亡于这项工程,但是,明王朝走向这个圈套的步伐仍然是义无反顾。它已经没有选择的余地,只能慷慨地奔赴自己的命运。但它的义无反顾丝毫未曾减少它的噩运,自万历朝,准确地说,是在万历的老师张居正去世,万历固执地废除了"一条鞭法"以后,这个华丽王朝就陷入深深的财政危机无法自拔,万历之后的每个大明皇帝都比叫花子还要可怜,他们成为当时世界上最大的债务人。世界第七大奇观的建设,是以整个王朝的幸福作代价的。据历史学家黄仁宇测算,每修筑一英里城墙,政府要费银6000两。[1]另据《明神宗实录》透露,就在努尔哈赤起兵的万历十一年,国库财政赤字为230万两白银[2]。政府能够拿出的对策仅仅是加征。加征对于王朝而言无异于竭泽而渔,最终把王朝推向万劫不复的深渊。耐人寻味的是,背叛长城的,正是山海关的把守者、大明皇帝崇祯倚重的宁远总兵吴三桂,是他,命令手下将士,历史上第一次打开了关城的东门,令女真铁骑如同旅游者般,轻松入关。

  长城从辽宁向南大幅度收缩,一方面是因为山海关无可比拟的海陆位置第一次得到中原王朝的确认,另一

---

[1] [美]黄仁宇:《十六世纪明代中国之财政与税收》,第376页,北京:生活·读书·新知三联书店,2001年版。
[2] 《明神宗实录》卷一四四,见《明实录》第五十四册,中央研究院历史语言研究所校印。

方面是因为明朝采用了"东夷制北虏"的政策，即用女真人对抗蒙古人，山海关的建造，将关外的女真人，推向了战争的最前沿。辽宁，于是成为他们鏖战的战场。这势必使蒙古人对长城的压力有所减轻。然而，后来的发展却超出了明朝帝王们的预计，到明中叶以后，女真人却日益强大。而女真人的崛起，在某种程度上，正是缘于他们的退路已经被身后的巨大关隘所斩断；如不崛起，则必将灭亡。在努尔哈赤统一女真各部以后，女真人正是从朱元璋一手炮制的山海关南下，灭亡了大明王朝。这一年是农历甲申年（公元1644年）。有趣的是，前面已经提到，卫城定名山海关那一天，正是"九月甲申"。建城与城破，都在甲申，不知这是巧合、宿命、劫数，还是历史预设的神奇密码？

九　未完成的杰作

长城像历史一样漫长，我们不可能发现它真正的起点和真正的终点，因为在起点之前，还存在着起点；在终点之后，还存在着终点——无论从空间上，还是时间上，都是如此。一个专门研究长城历史的学者，无论用多长时间进行考察，最多也只能看到长城的主体部分，而无法目睹长城的全部。就像没有任何一部史书能够容纳全部历史一样，总有许多细节掩藏在人们的视野之外，挑战我们业已形成的常识。

《圣经》中的巴别塔是古巴比伦国王内布卡德内察尔建立的一条通天之塔，在抵达天空之前，塔的生长不会停止。但内布卡德内察尔的事业最终半途而废了。根据卡夫卡的判断，"长城所完成的业绩，比起巴别塔的建筑毫不逊色"①。与纵向的巴别塔相比，长城是一条横贯大地的奇观，大地有多广袤，长城就有多漫长。只有大地有资格成为丈量长城的尺度。长城像一个动态的画卷、一条奔腾不息的江河，它的起源模糊不清，但这并不会打消我们观察它的兴趣。我们试图通过对它细节的观察来了解它的全部，我们对于完整的渴望，始终在推动我们妄图以一己之碎片来把握完整。皮亚杰（Jean Piaget）认为，人天然对结构的完整性有一种非常强烈的渴望，并从认知心理学的角度对此进行了论证。②面对浩瀚的事物，我们的对策也只有如此。

　　根据本书的叙述，长城最初是由许多条支流组成的。它们分别发源于战国时代的几个王国，是秦代为它们提供了一个更加广阔的疆域，使它们汇流成一条粗壮有力的大河。这条大河几经受阻，几经离乱，但终于冲开一条弯曲的河道，寻找到从前的线索，一路流向明朝。明朝几乎是长城的最后完成者。历史是断裂的，这种断裂的形象有如一座座拔地而起、互不相连的山峦组成的长长的序列，长

---

① 《中国长城建造时》，见《卡夫卡全集》第一卷，第383页，石家庄：河北教育出版社，2001年版。

② 参见皮亚杰《结构主义》，第3—10页，北京：商务印书馆，1996年版。

城企图把它们全部连接起来。它在一定程度上取得了成功，在此之后，长城的事业开始走向衰退。长城的肌体在岁月的攻击下开始变得日益憔悴，骨骼在朔风中蜷缩。长城的流动与变幻，使我们在不同的时间中打量长城时，看到的景象可能完全不同，就像我们在不同的空间中打量长城，看到的事物会有所区别一样。这使长城显得更加诡秘莫测。我们无法找到观察长城的最佳视角。站在长城上，我们只能看到长城的片段，如同我们只能感受时间的某个片段一样，那个更广大的长城，已经去向不明；我们站在远处，试图使视角更加开阔，这个时候，长城却只向我们呈现它的轮廓，所有的细节则在距离的掩护下悄然消失。

长城在建造之初，体现出很强的随意性。没有统一的设计、统一的规划，更没有统一的建筑标准。那时的长城多采用土筑、土石混筑、沙土夹红柳或芦苇混筑，加以夯实，形成夯土墙。总之，当时的长城动用了能够动用的所有建筑材料，在荒无人烟的山岭边塞修筑长城，其人员组织、后勤保障，都是一系列不可思议的系统工程。这些简易长城在历经风吹雨打之后逐渐脱胎换骨，在跨越两千年时光之后，终于成为真正意义上的铜墙铁壁。

在大修长城的明代，火器已经出现在战争中，人类战争也由冷兵器时代进入热兵器时代，大墙之内的民族需要应付的已不仅仅是草原部落的马蹄，还有他们的火炮。这对明代长城的结构与性能提出了更高的要求。长城的工程技术和防御能力在明代有了质的飞跃。这时的长城,在结构上采用砖石结构,以砖、石砌墙,中间填夯土或砌碎石。徐达修长城时,除城墙外,还在重要地点加修了烽、堠、墩等警报系统。作为中国古代历史上最后一个汉族政权,明代是长城的完形期。"明长城把长城形象地展现在中国大地上,它有一种尺度上的辽远和气势上的博大,有洞穿历史时间的力度和跨越古今的飞越感。正因为有了明长城,我们才对早已毁迹或只残剩零星遗点的各朝代长城有了形象上的认同,进而有动力去追寻它们曾经有过的辉煌。"①

现在的问题是:谁是长城的总设计师?因为在那个遥远的年代,不可能有人具有如此广大的视角和控制力;如果长城是分段建造的,那么它们又为何能如此和谐地连接在一起,浑然一体?曾任德国东方学学会会长的雷德候先生(Lothar Ladderrose)在观察中国古代文化时得出一个有趣的结论:中国人在自己的文化中,发明了以标准化的零件组装物品的生产体系;零件可以大量预制,并且能以不同的组合方式迅速装配在一起,从而用有限的常备构件创造出变化无穷的单元。他将这些构件称为"模件"。对汉字、青铜器、兵马俑、漆器、瓷器、建筑、印刷和绘画的研究,为他的理论提供了证据。②尽管世界著名未来学家托夫勒把标准化生产当作工业时代的标志,但雷德候认

---

① 董耀会:《沧桑长城》,第133页,上海:东方出版中心,2007年版。
② 参见[德]雷德候《万物——中国艺术中的模件化和规模化生产》,第4页,北京:生活·读书·新知三联书店,2005年版。

为，早在公元前5世纪，中国人就使用"模件"进行规模化生产了。在他看来，中国人在自己文化中创立了一种聪明的复制方式，而复制，是符合大自然的法则的。"复制是大自然赖以生产有机体的方法。没有什么东西能够被凭空创造出来。每一个个体都稳固地排列在其原型与后继者的无尽的序列之中。声称以造化为师的中国人，向来不以通过复制进行生产为耻。他们并不像西方人那样，以绝对的眼光看待原物与复制品之间的差异。"① 正是对复制的热衷，推动中国人发明了印刷术。从雷德候的理论出发，我们或许可以发现长城建筑的秘密，即长城是以"模件"的方式进行组装的，它的城垛、敌楼，都可以被认为是可以复制的单元。由于构件与整体之间的比例关系事先得到精密的计算与确认，所以，即使每一个具体的施工者无法看见那庞大的建筑整体，但每一块石头的积累，都会最终导致一个共同的结果，无论多么庞大的工地都不会出现混乱，有一天，他们会突然发现，长城已经成为崇山峻岭间的现实。长城是可以复制的，或许，这就是它在时间和空间的接力中，从未中断的原因。

模件化生产的另一结果，是培养了社会的同质性。任何形式的"异端"，都不可能在模件化生产中找到自己的位置。它会发现，所有的部件，都已事先设定，并且安排好了。它们严丝合缝，浑然一体。当统治者面对像

---

① 参见［德］雷德候《万物——中国艺术中的模件化和规模化生产》，第11页，北京：生活·读书·新知三联书店，2005年版。

修建长城这样庞博的难题时，模件化生产提供了一个行之有效的解决途径，同时表现出他们在面对这个杂乱无章的国家时超乎寻常的统治智慧。他们同时发现，将这种思维方式应用于社会管理同样有效。或者说，他们已经完全习惯了模件化的思维方式，而他们自己，也已经成为模件系统中的一部分。他们为这种思维方式所带来的好处所蛊惑，于是，思想的模件化进程得以大大推进，从秦始皇到朱元璋，这一进程的狂热分子层出不穷。到了明代，《四书》《五经》已经彻底成为中国知识分子的精神模件。中国人的精神在引经据典中陷入无止境的轮回。模件化展现了中国人不同寻常的创造力，但它同时成为中国人思想的桎梏。这一历史悖论，实在耐人寻味。因稳固而保守，并因保守更加稳固，中国社会呈现出与长城完全相同的品质。

或许，作为一种实用工具，长城并不需要承担道义责任，这使我们的议论显得空泛和多余。无论怎样，长城已经在繁复迷乱的历史图景中占住了自己的位置。在中国，没有一个建筑，像长城这样，对历史施加了如此巨大的影响。这使我们打量长城的目光有些异样。至少，我们不能像打量其他建筑那样打量长城。

长城如潮水般起伏不止，砖石间蕴藏着一种神秘的推力，把长城一波波荡远。这使长城具有一种与生俱来的韵律感。分布均匀的城垛附着在它抖动不止的身体上，形成鲜明的反差。出于实用目的的军事防御设施，在敌情解除后，仍然具有美学上的价值。我们甚至怀疑，它的建造者，首先是根据美学原则建造的。有时我会觉得，在它的形状面前，它的历史已不那么重要。所有荡气回肠的记忆都在美的身后悄然隐去。我甚至认为历史本身也是根据美的要求设计的。这就是我们迷恋历史的主要原因。

十　九边之首在辽东

我是在一个雨天前往前所的。前所位于辽宁省葫芦岛市绥中县城西42公里处，建于明宣德三年（1428年），原来叫急水河堡或中前所，城西有强流河，蜿蜒清澈，绕城而过。

雨水模糊了我的道路，使近在咫尺的前所显得暧昧、遥远和虚渺。泥泞的道路两侧，是各式各样的店铺，业务范围涉及农机修理、汽车配件、烟酒糖茶、卡拉OK，等等。这里只有鸡犬之声，嗅不到丝毫的历史气息。寻找前所的过程并不顺利，直到它出现在我面前的前一分钟，我还在怀疑它的存在。

一座坚硬的古代军事建筑就这样隐匿于市井背后了。时代场景已经发生了根本的变化，时代已经没收了英雄们的兵刃，凡夫俗子成为时代的主角。英雄已经成为遥远的传说，他们只能频繁出现于各种话本传奇里，日常生活越是平庸，他们的业绩就越是光彩照人。遗憾的是，他们已经在现实生活中无落脚之处，平安的生活正在抵消他们的价值。这是一个英雄无用武之地的时代，但就是这个时代，让成百上千的平民百姓找到了生活的位置。

前所是在一个偶然的瞬间进入我的视野的。车子从街上开过，我看见一座青灰色的城，在一条垂直的巷中，如幻觉般一闪而过。我几乎要与它失之交臂。我掉回车头，钻入那条雨巷。三百年前的前所，出现了。

在拥挤的民宅簇拥下，从远处仅能看见它南门的局部。但是，我走得越近，它的整体，越是清晰地显露出来。仿佛我的靠近不是从空间上，而是从时间上的。斑驳的城墙，在我的视野里一点点延长，直到我走到它的脚下，攀上城台，整个城池出现在我的视野里，完整无缺，像一个完美的句号。明代在关外曾经建有125座所城，现大都只剩下一片废墟与残骸。这里是全国范围内保存最为完好的一座明代所城。我过去大多是从史书上，读到它们的名字。现在，我进入了一座所城，这多少令我感到意外。

卫所制度，是明朝一项重要的军事制度。它是明太祖朱元璋称帝前在南京创建的，是明朝军队中最为重要的一部分。魏斐德（Frederic Wakeman）先生在谈到这项制度时写道："这种制度是模仿北魏隋唐的府兵制，又吸收元朝军制的某些内容而形成的，属于自给自足的军屯类型。最初，每个军士受田15亩以维持生活。1365年，长江中游一些惨遭战火洗劫的地区被辟为军屯区，每个军士受田50亩，给耕牛农具，并免其田租徭役。这种制度，使各地卫所军士在明初25年中，每年都能生产约3亿公斤粮食，足以供养100万军队，从而使朝廷无须从国库按月拨发粮饷便能维持一支庞大的边防力量。"[1]明朝企图通过以兵御边和以屯养兵的基本策略，把蒙古军队困死在大漠中。士兵全部驻守于这些小型城池中，大者为卫（比如，在现绥中县前所镇以东，还有一"前卫镇"，就是当年的遗留）；小者为所，它们大多环卫在长城以外，与长城形成战略上的纵深，或者说，它们与长城形成一套完整的防御系统。在明初统治者的设计中，这些貌似分散的卫、所，如同锁的各个零件一般环环相扣，严丝合缝。但是，如同其他任何制度一样，这项制度在执行过程中，依然没有脱逃被篡改的命运。贪污腐败像疫病一样潜滋暗长，即使像城墙一样坚固的制度，也不可能阻止它发展自己的势力。大明王朝的基业，从它建立的那一天起，就没有停止过被侵蚀的命运。"15世纪后期，意味着该制度走向衰败的不祥征兆出现了。朝廷中某些贵戚官僚开始驱使军士建造寺庙和宫室。不久，地方将领也把军士变为劳工，或向他们'卖闲'，每月交纳200钱就可免除军事训练。这样，卫所军官便成了有利可图的职位。于是，商贾子弟纷纷重金行贿，求得此职以饱私囊，或将家奴登入军籍，借此来贪污军饷。有些军官甚至割占军屯土地，强令手下军士像农奴一样为其耕种。大量军士因得不到军饷又遭受如此剥

---

[1] ［美］魏斐德：《洪业——清朝开国史》，第20页，南京：江苏人民出版社，1998年版。

削,而极力摆脱军户身份。"①

英雄梦终于隐退了,因为那些潜在的英雄,在上阵之前就会被自己人折磨致死。后来的事实证明,明朝不乏真正意义上的英雄,像熊廷弼、袁崇焕,但他们不是横尸疆场,而是被自己人所杀。有明一代,杀戮功臣,几乎成为传统,英雄的鲜血,养肥了权贵们自私的肚肠。在这种情况下,生存已成为军士们的第一要务。逃亡,在卫、所间大面积地发生。明朝政治中的道德沦落,使军人们心理上的长城率先倒塌了。卫、所的价值,终于瓦解。

"据史载,至16世纪初,一些卫所的逃亡军士已达其总数的80%,许多边地驻军也只剩下兵力的一半。军官奉命出兵时,只好临时雇用矿工和盐工充数,或招募辽东、陕西的雇佣兵,而这些人与他们要去镇压的乱民常常出自同一社会阶层。"②

但无论怎样,这些卫、所的存在,透露了当年如临大敌的景象。它是一项与血、生命和忠诚相关的事物。在它的背后,曾经有一套强大的信仰系统支撑着它。这使这些卫、所,在血泊中屹立了几百年,直到有一天,它走向了它的反面。清代学者王一元在《辽左见闻录》中写道:"明季防边既周且备,不知费去几万万金钱。"在努尔哈赤兴兵(万历十一年)至明朝灭亡(崇祯十七年)的60多年间,

---

① [美] 魏斐德:《洪业——清朝开国史》,第21、22页,南京:江苏人民出版社,1998年版。

② 同①。

仅辽东地区的军费开支，就足以使明朝财政彻底崩溃。不可一世的大明王朝从建朝伊始就陷入一场不可逆转的恶性循环中。是明朝自己培养了自己的敌人。与帝王们的愿望相反，厚重的边墙什么也捍卫不了，明朝的几位终结者——李自成、张献忠、努尔哈赤，都是从边防军士或者边民中脱颖而出的，这一点，一定令帝国的主人们感到措手不及。

十一　天下英雄谁敌手

犹如下棋，明朝皇帝在辽东布下几个关键性的棋子：山海关、各个前所、各个前卫、各个沙后所、宁远（兴城）、锦州、沈阳……它们依海岸线向东北排列，形成辽东军事防御的整体链条。努尔哈赤试图入主中原，必须找到打开这条锁链的钥匙。从明万历四十六年、后金天命三年（1618年）开始，努尔哈赤开始一步一步布下他的棋子，向明朝在关外的据点围拢过来。自此之后，明朝的城池如多米诺骨牌一样依次倒下。最先倒掉的是抚顺，而后在著名的萨尔浒之战①中，取得决定性胜利，接下来，开原、铁岭、沈阳、辽阳、广宁（今辽宁省北镇县）相继失陷，努尔哈赤的军队如入无人之境。曾任辽东经略的王在晋一针见血地指出："东事一坏于清抚，再坏于开铁，三坏于辽沈，四坏于广宁。初坏为危局，再坏为败局，三坏

---

① 萨尔浒在今辽宁省抚顺市东，浑河上游与苏子河合流处，西距抚顺35公里，东距赫图阿拉50余公里。

为残局,至于四坏,则弃全辽而无避。退缩山海,再无可退。"①

越来越多的明军归顺努尔哈赤。沈阳的降将中,有一个中卫指挥使,名叫曹锡远。他的家族命运,从此与清王朝的命运紧紧相连。数十年后,他的五世孙曹雪芹,写下一部旷世奇书——《红楼梦》。

长城内外两种文明之间的冲突终于爆发了,边墙所承受的压力已经远远超出它的设计极限。它是在几百年间积累起来的强大势能,这种强大的力量,先是令大明朝廷上昏聩的君臣们大吃一惊,继而吓破了他们的胆,那些在党争中冲锋陷阵的官僚一下子安静下来,失掉了指点江山的本领。当然,国家兴亡之际,从来不缺乏英雄,然而一旦他们挺身而出,他们会立即成为整个朝廷整治的对象,你死我活的百官们会在一瞬间统一立场,配合默契,联手向英雄发出明枪暗箭。他们已经习惯于用英雄血来祭奠朝廷的旗帜。熊廷弼、孙承宗和袁崇焕,先后成为他们祭坛上的牺牲。

萨尔浒之战中明军的惨败,把一个已被罢黜的忠臣良将再度推向前台,此人就是熊廷弼。熊廷弼,字飞百,江夏(今湖北省武昌)人,史书上说他身长七尺,善左右骑射,性刚烈。关于性格,《明史》的评语是"性刚负气,好谩骂,不为人下,物情以故不甚附"。正是因为他有勇

---

① 《明神宗实录》卷十五,见《明实录》第六十八册,中央研究院历史语言研究所校订。

有谋的这种不甚趋附的性格，注定他走不出多远。

攻取辽阳之后，努尔哈赤将这里定为他新的首都。他被他的巨大胜利所鼓舞，开始大宴群臣。总兵以下，备御以上各级将帅，左右分班列坐，亲赐的美酒成为对他们流血流汗的补偿。与此同时，明熹宗，也在为刚刚复职的熊廷弼赐宴饯行。明熹宗亲自为熊廷弼以前所受冤案平反，说他过去在辽东一年"威慑夷虏，力保危城"，并且自责，说自己因受流言蜚语的蛊惑，不分青红皂白令他回籍，现在想来，非常后悔，劝他不忘皇祖重用之恩，看在君臣大义分上，为消除边患，筹划安攘。

国事不堪，为国尽忠是所有忠臣良将的唯一选择，尽管在整个朝廷上，他们显得有些形单影孤。他们以皇帝的名义而死。他们全部的目的不过是保护一个新兴的帝王，一个被众多美女和佞臣、阉官所簇拥着的怪物与以他的姓氏所命名的王朝社稷。皇帝实质上是被飞龙盘绕和锦衣包裹着的空洞的概念，却成为勇士们赴死的缘由。只有皇帝的座位是真实的，它只供王朝里尸位素餐的权贵围绕，像嗡嗡嘤嘤的苍蝇在腐尸上抽取穷奢极欲的生活。勇士们从不思考这一点，他们仅以生命的代价实现那些骗子的阴谋。他们被苍蝇和虫子的苟生之计推到正义与忠烈的崇高位置，然后坠入深渊。实际上，他们的面前弥漫着云雾，他们所能穿越的只能是生与死之间横亘的关隘。这是极其可怕的，因为一开始就没有任何天险可以据守。他们挥起刀剑时已踏入漆黑的陷阱——一个先知曾说，那拿起剑的必死于剑下。他们便受到帝王与剑的双重支配，忠贞地执行来自黑暗中心的肮脏卑污的死亡命令。①

　　熊廷弼的兴奋很快就被黑暗所包裹。他抵达山海关的时候，那里刚好被一场大雪所覆盖。战无不胜的长城，此时也沉默不语。它的神经，在经历了成千上万次的喊杀之后，已经脆弱不堪。兵士们在朔风中瑟瑟发抖，整个边塞，正处于无饷无粮的状态中。更大的陷阱，正对熊廷弼虚位以待。这个陷阱，就是党争。它使熊廷弼出师未捷，就遭弹劾。片刻之间，刚刚还满怀深情厚谊的皇帝，眨眼间就板起了面孔，在百官的呼吁下，对熊廷弼下诏免官。熊廷弼第二次去职。大敌当前，书生出身的袁应泰仓促应战，辽沈失陷，其间70余城，竟不战而下，方圆百里，逃得空无一人。

　　熊廷弼第三次复任时，党争仍在继续。此时，对于身为辽东经略的熊廷弼，最大的威胁不是来自塞外宿敌，而是他的同僚们。朝廷的党争此时已经是一条大河，波澜壮阔，支汊纵横。它的支流，渗入王朝的每一个细小的局部，即使走到天边，也无法逃脱它的纠缠。广宁巡抚王化贞，就是熊廷弼身边最大的绊脚石。

　　"经抚不和"的苗头从一开始就出现了。熊廷弼根据辽东战事的经验教训总结出：在拥有一支强大的骑兵队伍之前，明军是无法与精锐的后金军在一马平川的辽河平原

---

① 张锐锋：《古战场》，见《蝴蝶的翅膀》，第193、194页，北京：解放军文艺出版社，1999年版。

上野战的。为此，他提出"以守为战"的方针，进而提出"三方布置策"的战略思想。

"三方布置策"的精髓是：以广宁为主，重点布防，抵挡努尔哈赤的精锐部队，在天津、登州、莱州置舟师（即建设海军）袭扰敌军侧后；经略驻节山海关，节制三方，徐图进取。显然，这是一个稳妥有序的战略。但是，在善于纸上谈兵、急功近利的阁臣们看来，防守从来就不是一件值得提倡的事。作为阁臣的代理人，王化贞与熊廷弼大唱反调，宣称"不战必不可守，不过（辽）河必不可战"，要以投降后金的李永芳作内应，借察哈尔林丹汗蒙古兵40万，夸海口曰："愿以6万兵进战，一举荡平！""仲秋之月可高枕无忧而听捷音。"[1]

军事观点的不同，应当说无足为怪，然而，王化贞的分庭抗礼，则是出于党争的需要，而非为军事本身。这位心高气傲的巡抚，是投靠在内阁大学士叶向高门下的，而叶向高的后台，正是阉党首领魏忠贤。这种局面，已经让熊廷弼寸步难行了。广宁兵13万，熊廷弼却没有一兵一卒，辽东经略，已成光杆司令。

正当明朝主将议战议和守无定策，兵士怯敌，人心惶惶不可终日的严峻时刻，后金开始了攻取广宁的步骤。在经过了认真的休整和充分的备战之后，努尔哈赤留下少部分军队驻守辽阳，他亲自统帅主力部队，在皇太极等贝

---

[1] 据《明史》卷二六九《王化贞传》；又据刘剑《帝国雄关——1644年风云局势中的山海关》，第32、33页，南昌：百花洲文艺出版社，2007年版。

勒、大臣的协助下，于天命七年（1622年）正月十八出发，经鞍山等地，夜宿于牛庄。辽河西岸，明朝在西兴堡、西平堡和镇武堡均有驻兵，他们是防守广宁的前哨。二十日清晨，后金军拔营，几小时后，到达辽河。明朝的防河士兵见势不妙，急忙逃走。后金的前哨部队追击至10公里外的西平堡。西平堡和镇武堡于是成为后金进攻广宁的战斗中最为惨烈的战场。①

王化贞的牛皮，在西平堡的刀光剑影中显然不堪一击。他的盲目自大，把熊廷弼，连同广宁的百姓一起，推向万劫不复的深渊。熊廷弼从此再无机会东山再起。在这场激战中，王化贞听信宠将孙德功，调集所有兵力倾巢而出，集中狙击努尔哈赤。在平阳桥上刚一交锋，孙德功领头便跑，口中大呼："败了！败了！"对于失去了精神支撑的明军而言，溃散是在一分钟之内发生的。这种溃散一旦发生，就无可救药。士兵们无心恋战，然而他们溃逃的速度终究抵不过后金军队箭矢飞行的速度，他们的逃命实际上是在奔向死亡。

西平堡和镇武堡的失利，并没有让王化贞醒来。也许自战斗伊始，他的大脑就陷入一片空白。孙德功逃回广宁，到处向军民宣扬剃发投降，还命令手下封锁府库，以待后金军。整个城池都乱了阵脚，人流向城门涌动，企图夺门而出。王化贞对此竟毫无察觉，他像平日里一样，早

---

① 孙文良、李治亭：《清太宗全传》，第121页，长春：吉林人民出版社，1983年版。

起后慢腾腾地展开文书。这时,他卧室的门被突然撞开,出现在他面前的,是手下参将江朝栋。江朝栋的声音已带着几许哭腔:"大事不好,快走!"

王化贞只带着少数随从,向闾阳驿逃奔,遇到从右屯前来救援的熊廷弼。熊廷弼悲愤地问他:"你不是说6万军队,可以一举荡平努尔哈赤,现在怎么样?"王化贞的嘴张了半天,却说不出一个字。①

广宁失守,几乎已将大明王朝推向绝路。这一历史责任,应当由王化贞和他背后的阉党担负,然而,由于当时阉党正猖獗,刑部尚书王纪、左都御史邹元标、大理寺卿周应秋审理熊王一案,结论是"宜用重典,以儆将来",熊廷弼与王化贞同罪论处。如果熊廷弼此时没有对魏忠贤的索贿要求置之不理,他或许还有生还机会,然而,这正是他所不齿的勾当。当时,恰逢与熊廷弼交好的东林党六君子也都入狱,于是,阉党以极佳的想象力,虚构了六君子之首杨涟收受熊廷弼贿赂的案情,在阉党徐大化、崔呈秀的主持下,"追赃"审讯开始以残酷的方式进行。熊廷弼倾家荡产,家破人亡,他的长子也在"追赃"的压力下,自杀身亡。

熊廷弼死于天启五年(公元1625年)八月二十八。那天天亮时分,熊廷弼起床后,从容地把脸洗干净。那时他已通过狱卒的举动,感觉到自己死期到了,只是还不知道,自己的头颅将在被斩掉之后,被心理失衡变态的皇帝

---

① 据《明史》卷二五九《熊廷弼传》《王化贞传》。

下诏"传首九边",即在前面所说的九边,传来传去,供人欣赏。而真正的罪魁祸首王化贞,却在熊廷弼死后,又苟活了5年。

来自朝廷的血色恐怖并没有阻挡英雄的道路。他们的固执,在江河日下的明朝,堪称一道风景。在明朝,特别是明末的历史上,从中央到地方,不知有多少义士,履行着他们飞蛾扑火的义务。他们在血泊中站立的事实可谓耸人听闻,令人感到敬佩、晕眩和不解。熊廷弼尸骨未寒,继任者孙承宗,就已经迫不及待地开始了他从头收拾旧山河的庞大计划。萎靡不振的长城,开始在北国凛冽的风中苏醒,并再次像武士一样挺立起来。这是长城历史上又一个值得记忆的时期。厌战的士兵们,此时看到一个面孔儒雅而身姿挺拔的新统领,迎风站立在关城的垛口边上。他们从他的脸上看到了与刚刚死去的熊廷弼大人相似的表情——明朝的全军将士已经通过那颗传边的首级,对熊大人的面孔了如指掌。那颗带血的头颅传达着死亡的讯息,而士兵们,却从它上面看到了生的希望。现在,这样的希望再次从孙承宗的脸上浮现出来。

孙承宗一到任,马上精简京师部队,抽调兵力,开始修筑蓟镇长城,巩固山海关老龙头长城。与明初的大修长城相比,这一工程并不巨大,但它是关键性的。它的使命,是保住明朝生存的最后底线。孙承宗毫不客气地处罚了若干庸碌无为的大臣,包括那位指出辽东"四坏"的王在晋,使辽东军备焕然一新。他起用了袁崇焕、祖大寿、赵率教、满桂等一批卓越将领，收复了大量失地，至天启五年，由山海关、宁远至锦州的宁锦防线正式形成，长城的防卫系统，仍然发挥着巨大的作用。对此，《明史》的评价是："自承宗出镇、关门息警、中朝晏然，不复以边事为虑也。"①然而，如同熊廷弼命运的翻版，他还是败了，并且，还是败在魏忠贤的手下。与魏忠贤的交锋，使他的宏伟大业中途夭折，无疾而终。

孙承宗曾任天启帝朱由校的老师，又是帝国军队的最高统帅，他看透了魏忠贤的不忠不贤，对魏忠贤既厌恶又不齿，这令魏忠贤如坐针毡。魏忠贤数次向这一实权人物抛出橄榄枝，孙承宗非但不上贼船，反而下定了扳倒魏忠贤的决心。天启二年（1622年），孙承宗试图借给天启帝上寿之际，面陈天启帝：废掉魏忠贤。不幸的是，走漏了风声，这一关键性的情报，被魏忠贤掌握。孙承宗还在路上，魏忠贤就已跪倒在天启帝的龙袍之下，泪雨滂沱地表白自己，并且轻而易举地打动了天启帝。天启帝于是下诏，以边关重将不得擅离防地为名，阻止孙承宗进京。弹劾魏阉的行动，还未开始，就结束了。

皇帝的宽纵，给了魏忠贤反击的时间。孙承宗过早地暴露了自己的火力，现在，他和孙承宗之间的对决已经明朗化了。开弓没有回头箭，魏忠贤只有置他于死地，才能换回自己的生机。在皇帝面前进谗言，历来是魏忠贤的长项，这次，他再度将这一特长发挥得淋漓尽致。终于，天

① 见《明史》卷二五〇《孙承宗传》。

启五年（1625年），一直将孙先生称为"吾师"而从不敢直呼其名的天启皇帝下谕，免除孙承宗的一切职务，由高第——魏忠贤的党羽接任。孙承宗在辽东的多年经营，被怯懦无能的高第很快挥霍一空，山海关外所有防务一律被撤除，从此辽西一线，只有宁远城孑然仅存。[①]

宁远（今辽宁省兴城市）是座不大的古城，边长只有800多米，十字街道将城内分成四块，每面城墙正中设有城门，上面建有砖木结构的城楼。每座城门外侧均有半圆形瓮城，它的中心是一座钟鼓楼，白天报时，遇到敌情时报警，现在它仍是古城的标志性建筑。城内还有诸多庙宇、牌坊。从各个角度上讲，这都是一座精致的小城。但其战略位置极其重要，大明王朝在关外的本钱丧失殆尽之后，宁远，已成为辽东这个巨大棋盘上剩下的最后一粒棋子。

新的炮灰应运而生。袁崇焕出场了，企图重振长城的雄风。遗憾的是，他的出现，成就了长城历史上的最大悲剧，他的命运，远比熊廷弼、孙承宗更加惨烈。

就在孙承宗下台后的第二年，即明天启六年、后金天命十一年（1626年）正月十四，努尔哈赤统领13万大军，号称20万，开始向宁远发起总攻。密集的剑戟如同黏稠的冰河缓缓流淌，在北方的原野上，发出巨大的光芒。这条宽阔的冰河寻找着可以冲破长城的豁口，宁远，此时成为它不可回避的阻碍。

[①] 见《明史》卷二五九《袁崇焕传》。

总攻于正月二十四发起,小小的宁远城,在隆隆的炮火中战栗。后金军队以战车覆盖生牛皮,下伏勇士,用斧椎凿城。有的披双重铁铠,推双轮车进攻。袁崇焕指挥城内守军,以炮火猛轰敌阵,投掷火药罐、礌石,放火烧战车。技术含量的提高,使得战斗更加惨烈。血液与脑浆在城的上方飞溅,把城墙染成红白蓝绿,异常鲜艳。城墙仿佛有了神奇的再生能力,每被炸开一个口子,它的伤口都会立刻愈合——是士兵们的尸体堵了上去。古城的骨头,似乎都被火炮声震酥了,但两天后,当飞扬的尘土渐渐落定,人们发现,它依然完好,安然无恙。无奈之中,努尔哈赤只好留下500具尸体,黯然撤军。①

这是明军一次久违的胜利,史称"宁远大捷",它的荣誉归于它的指挥者袁崇焕。明熹宗这一次兑现了他的承诺,提升袁崇焕为右佥都御史。而一世英雄努尔哈赤,也在这场战斗中被明军的红夷大炮击伤,"大怀愤恨而回"——在宁远战后8个月,不治而死。②

宁远标明了后金人的限度。与长城近在咫尺的宁远,从此成为后金军队无法逾越的界线。宁远大捷后第二年,努尔哈赤的汗位继承者皇太极,统领10万大军再度南下,仍然止步于此,并送给袁崇焕一个"宁锦大捷"。

但是老天还是给了皇太极机会。1627年,明朝更换了皇帝。新登基的皇帝是崇祯。与明神宗万历皇帝与明熹

---

① 《清太祖武皇帝实录》卷四,第9页。
② [朝鲜]李肯翊:《燃黎室记述》卷二十七,引《春坡堂日月录》。

宗天启皇帝不同，这位崇祯皇帝上台后十分勤政，生活简朴，励精图治，一再下诏减膳，可惜，他艰苦奋斗的工作作风，对于大明王朝而言，来得太晚了。正如开篇描述的，"大明朝就像一辆沿着下坡奔向悬崖的马车，所有的势能都指向一个万劫不复的终点。这些势能是此前的几个世纪积累起来的。它的最后一任驭手——崇祯皇帝竭尽心力的努力看起来更像一个苍白的手势，于事无补。相反，也许正是由于他的垂死挣扎，反而加速了这一进程。"① 与崇祯皇帝的美德相比，他的一个缺点对于大明王朝而言更加重要，那就是他生性多疑，而王朝的危境，又助长了这份多疑，使之陷入一种恶性循环之中。崇祯的所有努力都抵不过这一缺点造成的伤害。而皇太极，正是利用了崇祯的这一性格，达到了"不战而屈人之兵"的目的。

熟读《三国演义》的皇太极，照搬了其中"蒋干盗书"的计谋，在他们围攻北京期间，故意把袁崇焕与皇太极内中"勾结"的"内幕"透露给明朝俘虏——一个姓杨的太监，并故意放跑他。杨太监回宫后，立即向崇祯禀报了他这一重要发现，崇祯果然中计，将袁崇焕从前线召回，缉拿入狱。温文尔雅的崇祯，转瞬间就露出凶恶的毒牙。在巨大的愤怒面前，他显然失去了理性，把大兵压境的恐惧和江山危急的挫败感全部发泄到袁崇焕身上。他居然对这位卫国功臣处以最残酷的刑罚——凌迟。他要行刑

---

① 张宏杰：《无处收留》，见《大明王朝的七张面孔》，第268页，桂林：广西师范大学出版社，2006年版。

者的刀片，一寸一寸地剐完英雄的血肉。这就是袁崇焕出生入死为国效忠得到的全部"奖赏"，而那些贪生怕死之徒，正躲在角落里窃笑。但崇祯的恶毒并没有到此而止，他甚至将这位英雄的肉标价出售，由京城百姓论价购买。受到蒙蔽的百姓们，果真把袁崇焕当作可耻的卖国贼，在押送袁崇焕赴法场的途中，就开始撕咬他的身体，"咬穿肚腹，直达内脏"，"自崇焕死，边事益无人，明亡征决矣"①，《明史》虽然是由清朝人编纂的，但它的执笔者写到这里，仍然一嘘三叹。

皇太极的计策并不高明，但它击中了崇祯的要害。它的献计者，是归降的汉人范文程。与崇祯的多疑相比，皇太极对汉人范文程无比信任，使这位"军中诸葛"在清朝开国史上立下卓越功勋。大明王朝英雄辈出，但明朝皇帝把他们一个个杀掉了——他们的经历竟是如此大同小异。这表明这种现象不是历史的偶然，而是明朝英雄们必须接受的宿命。当他们决定精忠报国的那一天，他们必须对自己未来的末路，了然于心。

旋转的刀片终于停止，我在想，是谁操纵着这个刀片——行刑者、崇祯帝，还是皇太极？

这一幕并不是发生在长城上，而是发生在被长城庇护下的京师。但是我想，长城，还有长城上所有的将士，一定在关注着这一幕。当刀片向袁崇焕坚实的胸膛刺去时，长城一定会感到一阵痉挛。

---

① 见《明史》卷二五九《袁崇焕传》。

铁打的营盘，流水的将军，在严峻的现实面前，英雄如走马灯般轮番出场，而他们的现实效用，却是十分有限的。他们可以令敌人闻风丧胆，却在同僚面前不堪一击，成为官场的牺牲品和润滑剂。只是，慷慨的大明王朝，在将袁崇焕送入官场的绞肉机之后，就再也拿不出像样的忠臣了。

十二　九门口之战

正当这一幕幕的大剧在辽宁大地上上演的时候，中国历史上有一个至为关键的人物，在中后所城（位于今辽宁省绥中县）慢慢长大成人，他的名字，叫吴三桂。

中后所，全称"中后千户所"，是一座"斗大"的小城，但所处位置十分重要。它地处辽西西端，西与山海关相邻，东距宁远不到百里，交通便利，商贾往来，不绝于道。周围"田地饶腴"，濒辽东湾，又有海产之利，城内"积蓄颇殷"。①

中后所在军事上很有价值。到了明末，它已成为关外八城的"冲要"之地。崇祯十三年（1640年），明朝皇帝几乎已经输光了自己的棋子，在关外，只剩下大小八座城池：锦州、宁远、松山、杏山、塔山、中前、中后、前屯。明朝在这些卫、所中常年驻军。与其他卫、所相

---

① 据李治亭《吴三桂大传》，第2页，南京：江苏教育出版社，2005年版。

似，中后所筑有坚固的城墙，分设东西南北门，城内军用与民用设施一应俱全，包括官舍、民舍、牌楼、庙宇、店铺、仓储、军械库等。全城有房舍7000余间，人口3万余人。①

吴三桂出生于明万历四十年（1612年），他不仅出生于一个动荡的年代，而且出生于一个动荡的地点，所以，在他的成长过程中，就只能面对动荡的现实。血淋淋的战场，完成了对这位少年的早期启蒙。广宁战役时，吴三桂只有10岁，我们无法确认那时他在干什么，或许，他目睹过熊廷弼的大义凛然，也目睹过王化贞一退几十里的狼狈相。可以说，他是被血水与泪水滋养大的，而他童年时的玩具，就是死者的骨骸——明与后金之间的战争，使无数尸骨散落在辽宁的旷野上。这注定他性格中具有一种凛冽的寒意。

在这样的环境下，尤其是在舅父祖大寿的栽培下，吴三桂成为辽东防线上的一名年轻军官。23岁官至前锋右营参将，次年又提升为前锋右营副将，27岁，被任命为宁远团练总兵，成为封疆大吏。崇祯十四年（1641年）松山战役，明军损失53783人，而被海水淹死的士兵"浮尸漂荡，多如雁鹜"②。此时的吴三桂，已经成为崇祯手中最后的砝码。

吴三桂就是这样一步步走向1644年风云际会中的山

---

① 见《明清史料》甲编第7本。
② 见《清太宗实录》。

海关。

1644年，几乎是长城历史上最重要的年份。这一年，在中国的众多政治家当中，至少有三位政治家的目光，紧紧地盯着山海关，他们是明朝皇帝朱由检、大顺皇帝李自成和大清摄政王多尔衮①。

此时的清兵已如潮水般弥漫了长城北侧。徐达的先见之明在这时起了作用，如果没有山海关和周边的边墙，松山会战之后，清兵就已经可以大举南下了。现在，摆在他们与明王朝之间的，还有最后一道屏障。这是一条坚固的屏障，连大清的摄政王多尔衮，也不能无所顾忌。

大清开始了对吴三桂漫长的劝降过程。松山会战一结束，这一过程就开始了，并且陆陆续续持续了一年。在这一年中，当时尚健在的皇太极多次给吴三桂写亲笔信，爱才之意溢于言表。皇太极去世以后，多尔衮继续苦心孤诣地对这位少帅展开招降攻势。此前，皇太极、多尔衮都曾与吴三桂有过一次谋面的机会，这一面，竟令他们永难忘怀。这一面，是在战场上见到的。那时，吴三桂还只有17岁，却已展现了过人的勇猛。那是在祖大寿督军建昌的时候，吴三桂的父亲吴襄率兵出城侦察，竟与数万清军遭遇，并被团团包围，左冲右突，作最后的拼死抵抗。吴三桂跪在舅父祖大寿面前，请求他发兵救援，祖大寿深知

---

① 1636年，明崇祯九年，皇太极在沈阳正式称帝，国号大清，改元崇德元年；1643年8月9日夜，清太宗皇太极端坐在沈阳的寝宫南炕，患中风突然病逝。皇太极病逝后，年仅6岁的福临即位，称世祖，改年号顺治。和硕睿亲王多尔衮摄政。

其中利害，说："我以封疆重任，焉敢妄动？万一失利，咎将安归！"如此，吴三桂似乎只有站在城墙上，目睹父亲战死沙场了。吴三桂显然不甘于此，便带了20个兵丁，杀出城去。杀入重围的吴三桂，立刻成了旋涡的中心，几万名清兵，都向这个旋涡涌来。这是一个血的旋涡，鲜血像一个巨大的喷泉，从这个旋涡里喷薄而出，凡是闯入它的半径的，必将走向死亡。在鲜血喷射的间隔中，清兵们看到的是一张毫无表情的冰冷面孔。吴三桂创造了一个奇迹，区区20骑，居然从数万清兵中，救出了父亲。他或许没有想到，甚至，他可能至死都不知道，有两个人，一直不动声色地观察着他的举动，这两个人，就是皇太极和多尔衮。吴三桂在百万军中取上将首级如探囊取物，一定让熟读《三国演义》的他们联想到一个人，就是常山赵子龙。皇太极说："好汉子！吾得此人，何忧天下？"我们可以猜测，吴三桂当时之所以能从数万敌军中生还，不排除一种可能，就是皇太极下达了不要伤害吴三桂的军令。或许，当时他就已产生了招降吴三桂的意图。那么，他们日后对吴三桂的劝降行动，不仅因为吴三桂的地位举足轻重，也是出于对他才能的爱惜。

无独有偶，刚刚杀入北京的闯王李自成，也向吴三桂展开劝降攻势。崇祯十七年（1644年）三月二十一，李自成召见因松山失利而被捕下狱的明臣张若麒等人，任命他为山海关防御史，劝降吴三桂；三月底，李自成又派唐通率部，携四万两白银，前去山海关赏赐辽兵。同时，特授明降官左懋泰为兵政府左侍郎，与唐通协守山海关，又派将领与官吏各一名，携白银万两、黄金千两、锦币千端赏赐吴三桂，另有敕书一通，封三桂为侯。

此时的吴三桂承担了太多的重压。他出现在历史的关键点上，这或许非他所愿，尽管这使吴三桂成为当时备受瞩目的人物，但是，吴三桂或许不愿承受这番重压，更不愿在如此漫长的时间中经受着内心的撕裂与煎熬，与此相比，战死疆场显得更加容易和轻松。但他无法违拗上天的意志。吴三桂虽然掌握着四万军队，但南北两面，都是数倍于自己的敌人，黑压压地向自己涌来，如双方联手，自己更是死无葬身之地。（所幸，李自成没有想到这一点，因而，他从未与多尔衮进行过谈判。）他感到一阵恐慌和战栗，历经血雨腥风的他，从未有过这种感觉，一种濒于泯灭的感觉。

投降，在一向自视颇高的吴三桂看来，无疑是一个不可接受的字眼儿，但是，崇祯已死，这使他失去了效忠的对象。在这种情况下再进行一场血战，即使作为一场表演，也没有多大意义。在吴三桂看来，自己已经无须表演忠诚了。况且，熊廷弼、孙承宗、袁崇焕等人的命运，已经对这种所谓"忠诚"进行了否决。而那些背叛皇帝的人，恰恰是皇帝自己培养出来的。祖大寿、祖大乐，这两位将军的牌坊，还伫立在宁远的街头。他们是同时投降了清军。于是，这两座牌坊便成了最大的讽刺。作为继任者的吴三桂，每次看到它们，心都可能为之颤动。投降。除了投降,已经别无选择。现在的问题只是:投降谁?

在吴三桂看来,投降李自成更可接受,原因很简单,他是汉人,而多尔衮是外族。下定决心之后,吴三桂迅速命使者向李自成表达了归降的意图。这令李自成大喜过望,现在,所有的主动权,都掌握在李自成手中了。

然而,形势的急转,还是发生了。在当时复杂的政治形势下,任何的意外都可能发生,一次轻微的碰撞,就可能改变历史的方向。有趣的是,当时的政治家们,对这种可能性都估计不足。

得意忘形的闯王军队开始在京城胡作非为。有两个与吴三桂有关的重要人物被裹挟其中,一个是他的父亲吴襄,另一个是他的爱妾陈圆圆。前者被拘押拷打,催索家产;后者则被李自成的部将刘宗敏强占。

此时的吴三桂已经判定自己将成为一出悲剧的主角:"他不但失去了国家,也失去了家族,同时,还有最心爱的女人。在这个条理分明的世界上,他丧失了经度和纬度,找不到自己的坐标。"[1]

这次事件给吴三桂上了一堂生动的教育课,使其瞬间完成了一次剧烈的蜕变,任何动听的政治道德在他面前都被撕去了伪装,他的目光在一瞬间洞穿了人性的残酷、虚伪、冰冷、自私。在仇恨的煽动下,深藏在他内

---

[1] 张宏杰:《大明王朝的七张面孔》,第286页,桂林:广西师范大学出版社,2006年版。

心深处的冷酷被最大限度地开发出来。现在,他失去了一切,他再也不需要为什么人负责了。他感到一种摆脱道德约束的轻松感。如果说此时他心底还有什么愿望的话,那就是复仇。在当时,他的复仇对象明确了,那就是李自成。所以,他斩杀了李自成的使臣,在九门口摆开战场,并在清兵入关后,像一条猎犬一样死咬、追杀李自成。但是,后来的事实证明,李自成死后,他胸中的怒火并没有熄灭,而是更加变本加厉地燃烧。在这个世界上,没有一个人不是他的敌人:包括他曾经最爱的陈圆圆——陈圆圆从此再没有从他的眼睛里看到过从前的柔情,而是铁血与冷酷。出于对刘宗敏或者李自成曾经强占陈圆圆的妒恨之心,吴三桂甚至想杀掉陈圆圆。圆圆得悉后,黯然出走,削发为尼。包括他的前主——他逮捕并用残忍的手法绞杀了朱明王朝最后的骨血、南明皇帝朱由榔和他的儿子。也包括他的新任老板:大清国。他于康熙十七年(1678年)三月初一在云南称帝,掀起一场军事大乱,直到八月十八暴死于衡州,他这颗被痛苦所煎熬的心,才得以宁静下来。

许多人在回顾这段历史的巨大转机时,都归因于陈圆圆。吴梅村写道:

……
恸哭六军俱缟素,
冲冠一怒为红颜。
……

这首《圆圆曲》，在中国几乎家喻户晓。西方学者认为："为一位名妓的粉面柳腰而不惜整个国家的沦丧，这是占据了后世中国人之想象力的一种说法。"[1]美女陈圆圆因出现在国破家亡的关键时刻而备受关注，仿佛这个弱不禁风的小女子，真的具有操纵历史的能力。

前面已经说过，当时有能力操控中国政治形势的，只有崇祯、李自成、多尔衮，以及夹在他们当中的吴三桂。有意思的是，这四个人，在当时都是三十多岁的年轻人——其中李自成是老大哥，年39岁，而崇祯、多尔衮和吴三桂，都是三十三四岁。中国的命运，竟然握在几个意气风发的同龄人手中。实际上，在崇祯、李自成、多尔衮三位执政者中，存在着某种合作的可能：有可能形成战国时代的合纵连横，或者三国时期孙刘抗曹的政治格局。至少崇祯动过这样的念头，但他因自己的优柔寡断而错过了机会。既然角逐已无可避免，那么，对他们的政治智慧进行比较，就是非常必要的了，毕竟，在这种历史较量中，仅依靠运气，胜算的概率会很小。最终决定历史命运的，正是这些政治智慧，而不是陈圆圆的容貌。

崇祯在一定程度上掌握着道德上的优势——他是大明王朝的正宗皇帝，他的背后，有一整套儒家纲常学说作为思想后盾，这一点，作为反叛者的李自成和皇太极/多尔

---

[1] ［美］魏斐德：《洪业——清朝开国史》，第214页，南京：江苏人民出版社，1998年版。

衮是不具备的。如果不是他大开杀戒，杀光了朝廷中的有用之臣，他的中兴之梦，或许还有实现的可能。他是一个真正的叛徒，背叛了大明王朝，也背叛了自己，他的行为在客观上形成了对敌人的最大支持，所有叛徒的危害加起来也无法超过他，所有的背叛行为，也都是由他一手炮制的。只是他自己对此一无所知而已。有人不禁发问：要是这些名将都在皇太极手下，那会产生什么样的后果？比这更可怕的是，由于土地政策的失败，大明财政已经破产，流民四起，帝国的向心力已土崩瓦解。崇祯八年（1635年），一向自信刚愎的崇祯帝走出十分难堪的一步，即颁布"罪己诏"，向天下臣民公开承认局势的糟糕及朝廷的失策。但这个诏书并非表明皇帝要真心悔过，因为他的错误行为并没有因此而有所收敛，相反，它笼络人心的意图却更加明显。只是，崇祯帝收买人心的技术并不及格，9年后，玉碎宫倾，他投缳而死，下葬时，竟无一名旧臣相伴，说明君臣关系已降至冰点，倒是他的心腹大患李自成，厚葬了他。

李自成在众多起义领袖中脱颖而出，在高迎祥被杀后，高举"闯王"大旗，一路杀入大明帝国的首都，表明他并非平庸之辈。可惜的是，与他的军事才能相比，他的政治韬略实在逊色。他的胜利，在一定程度上归功于部将李岩（即李信），是他，为李闯王提出"均田免粮"的政治口号，李自成也因此而成为人间正义的代言人，并不断壮大。但是，李自成在功成名就之后抛弃了李岩。是李岩最早看出骄纵的闯王军队在京城埋下的凶兆,并上书李自成,要求停止在京城的暴行,因为他们在多年苦战中积累起来的民意基础,正在这些暴行中丧失殆尽。李自成没有听从李岩的劝告,从而错过了拯救自身的最后机会。等他醒悟过来,大势已去,他已经成为天下公敌。

崇祯和闯王二人手里都有一副好牌,但他们实在不是出牌高手,稀里糊涂之间,输掉了大好江山。相比之下,多尔衮是最成熟的政治家,在这一点上,他丝毫不逊于他的父亲努尔哈赤和兄长皇太极——他们的家族,似乎具有政治家的遗传基因。他总能透过纷乱的表象,看穿政局的走势,无论在宏观方面还是微观方面,都显示出极强的控制力。比如,李自成捷足先登,进了北京,多尔衮并没有表现出丝毫的慌乱,相反,他已通过密探了解了北京的一切详情,并且预见李自成必将败走。更重要的是,如他的父兄一样,他有着宽阔的胸怀,信任并且倚重汉臣,包括投降的洪承畴、范文程、祖大寿、祖大乐等,都用之不疑。如同李岩之于李自成,范文程也向多尔衮提出了"非安百姓不可"的政治理念,与李自成不同的是,深谙"得民心者得天下"的多尔衮自始至终贯彻了这一理念。当他一再重复"严禁军卒,秋毫无犯"的时候,已经没有人能够挡住他的胜利了。

1644初夏,英国的马斯顿荒原十分闷热,不时的阵雨,从草原上掠过。这样的气候,给人一种绝望感。议会的军队,就是在难挨的闷热中,杀入国王军的马队。后来的史学家们普遍认为，马斯顿荒原战役成为英国革命战争的转折点，克伦威尔因他卓越的军事指挥才能，被称作"铁人"，而他的部队，被称作"铁骑军"。这一年农历四月初九，多尔衮的大军也从沈阳出发，穿越广袤的辽河平原，向山海关方向行进。初春的辽河平原是寂静的，复苏的土地疏松柔软，马蹄踏进去，瞬时就陷没了。这使整个队伍的行进，没有一丝声息。婴儿们的梦境，依旧在襁褓中延续。而多尔衮的内心，应该是无比兴奋的，离山海关越近，他的心就跳得越厉害。那是他的生父努尔哈赤、兄长皇太极，穷其一生都无法逾越的关隘，现在，它就要在女真人的铁蹄下土崩瓦解了。一种巨大的自信，从他的心中升起。他知道，李自成的军队，正在从相反的方向，向山海关的南面压来。在他的号令下，清军的动作突然加快，为争取时间，不作任何休息，逆着大风沙，穿过宁远城，直奔山海关。多尔衮全副武装，走在队伍的最前方。他清楚地知道，自己正一步步接近一个重大的历史时刻。十五日，多尔衮得到了他做梦也没有想到的好消息：吴三桂表示正式归降。

现在我们需要收拢自己的目光，回到辽东的长城沿线，回到九门口。此时，李自成和吴三桂都清楚地知道，他们之间的一场血战，已经在所难免了。从中后所到九门口，只有几十里的路程，但这段路程几乎凝聚了吴三桂一生的悲喜。此时的九门口如同一张弯曲到了极限的弓，等待着箭矢飞出的一刹。在吴三桂的操纵下，九门口长城执行了它自建立以来的最后一次使命，只是这次，它的敌人不是关外的铁骑，而是来自关中的一支强大的农民队伍。

九门口位于今辽宁省绥中县李家乡境内，南距山海关15公里，东距绥中县城六七十公里，号称"京东首关"，建于明洪武十四年（1381年），是明代长城的重要关隘之一。这里南有角山，北有群峰，九江河与响水河在此汇合，有意思的是，长城通常是遇水而断，而在这里，长城却从九江河上横跨而过，从而封堵了清兵在冰冻时节从水上突破长城关口的可能，所以，九门口长城，也是整个长城体系中，唯一的"水上长城"——在百余米宽的九江河上，纵行铺就了7000平方米的漫水条石，边缘与桥墩周围均用铁水浇铸成银锭扣，成为历史上著名的"一片石"。在一片石上，筑有九座泄水的城门，关口因此得名。河边的山脊上，有蜿蜒的长城，与这座"九门口"相连。在城墙之上，有敌楼、哨楼、烽火台、战台、信台等各种设施，跌宕起伏，环环相扣。现在，这里的一切还像当年一样，像饱经沧桑的老人，对悲壮的往事守口如瓶。

李自成的军队还夹带着攻克北京的威风，从山谷深处，像一阵风一样刮出来，马蹄踩着松软的黑土的重浊声响与折断庄稼的清脆声响对比鲜明地混杂在一起。吴三桂被他们不可阻挡的气势折磨得十分恼火，复仇的力量使他像当年单骑救父一样奋不顾身，而他的军队，在他的激励之下，拼出全力。顷刻之间，死尸就堆满了半个山谷。许多死尸倒在河里，血红色的泡沫如同春天里的巨大花朵在河面上绽放。李自成是为了截断吴三桂的退路，才向九门口发起攻击的。但他的行动却为吴三桂找到了真正的后路——多尔衮目睹吴三桂与李自成真刀真枪地干起来，终于打消了对吴三桂的最后一点疑虑，二者的合作，只剩下技术性问题。

终于，吴三桂开始剃发。他低下高贵的头颅，他的一绺绺长发，随风飘落。

山海关的东门，历史上第一次打开了。努尔哈赤和皇太极无数次叩关，这扇关门都岿然不动，现在，它竟然如此轻易地开启了。多尔衮的军队鱼贯而入。多尔衮登上镇东楼顶，望着关内的苍茫大道，突然升起一种江山在握的快感。

法国传教士白晋在他的《康熙帝传》中，一针见血地写道："事实上，靼鞑人（女真人）在征服帝国过程中，几乎没有付出任何代价，而是汉人互相残杀，加上汉人中最勇敢的人，反而为了满洲人去反对他们本民族而战。"

十三　长城的终结

从大中国体系来看，崇祯、李自成、多尔衮的三方争霸，与三国时期的魏蜀吴之争没有太大区别，只因当时的后金——大清政权非属汉族，使问题看上去有些复杂，在当时汉族中心主义者眼中，清朝入关，具有外族入侵的色彩，所以，"反清复明"成为许多人一生的事业，其中不乏大学者的身影，比如，刘宗周、黄宗羲、顾炎武等。随着清军南下，这种文明的冲突表现得越发明显。有关剃发的冲突，成为这种文明冲突的最佳象征。每个人都从前所未有的政治高度上开始认识发型问题。脑前剃一圈，脑后垂一根大辫子，这是满族人的习俗，在汉族人看来，这是不可接受的，因为儒家所谓"身体发肤，受之父母，不可损伤"的观念已深入人心，所以，清政府颁布的剃发令，在汉族百姓眼中无异于精神污辱。意大利传教士卫匡国目睹了围绕剃发展开的冲突，他在《鞑靼战记》中写道："鞑靼（即满族）人没有碰到抵抗就占领了这座城市，他们可以同样轻易地占领浙江南部的所有其他城镇。但是，当他们宣布了剃发令之后，士兵和老百姓都拿起了武器，为保卫他们的头发拼死斗争，比为皇帝和国家战斗得更英勇……"①《桃花扇》的故事，至今仍在流传，秦淮名妓李香君，在大明江山风雨飘摇的时代，成为民族气节的象征；而那些投降清廷的机会主义者，像洪承畴、范文程之流，则成为被唾骂的对象。

在当时大多数中国人心里，"华夏"与"夷狄"之间的界限是不明确的。甚至明朝的开国皇帝朱元璋，对这一问题看法也是模糊不清、前后矛盾的。他曾经提出天下一体、"华夷一家""胡汉一家"的立国宗旨，认为"人君视

---

① 杜文凯编：《清代西人见闻录》，第36页，北京：中国人民大学出版社，1985年版。

为天下犹一家",必须"华夷无间""一视同仁",但是,他的《皇明祖训》又是另外一番理论:"四方诸夷,皆限山隔海,僻在一隅,得其地不足以供给;得其民不足以使命。若其不自揣量,来挠我边,则版为不祥;彼既不为中国患,而我兴兵轻伐,亦不祥也。吾恐后世子孙,倚中国富强,贪一时之功,无故兴兵,致伤人命,切记不可!但胡戎与西北边境,互相密迩,累世战争,必迁将练兵,时谨备之。"可见,朱元璋的"一视同仁",是不包括"胡戎",也就是北方塞外的宿敌的。

在战备方面,没有一个朝代能与明朝相比。九门口长城的建筑设计,清晰地见证了明政府的苦心。明朝加强战备的第一项工作,就是大修边墙。长城在这一时期发生了质的变化,成为一个横亘中国北方的军事体系。这一系列工程包括:

明洪武二年(1369年),徐达筑居庸关南口;

洪武十四年(1381年),筑榆关,更名山海关,并西至居庸,随燕山筑城;

永乐七年(1409年),置辽东镇(今辽宁省辽阳市,后移北镇市);

永乐年间,筑边墙于辽河内,自广宁东抵开原(今辽宁省开原市)锦州七百余里,经辽阳府(今辽宁省辽阳市)、安间州(今辽宁省开原市北);

正统七年(1442年),筑辽西边墙,东起自今锦州市境，西至山海关，经宁远（今辽宁省兴城市）；

成化十五年（1479年），修筑辽东镇东路自开原抵鸭绿江边墙；

嘉靖元年（1522年），筑辽阳三岔河北抵开原墙九万一千四百余丈，墩堡一百八十一个；

万历元年（1573年），李成梁修缮辽东镇边墙二十八万二千三百七十三丈；

万历四十七年（1619年），修缮辽东镇边墙；

……　……

万斯同[①]诗云：

秦人备胡筑长城，
长城一筑天下倾。
至今笑齿犹未冷。
岂知明人防北狄，
专藉筑城为长策；
不曰长城曰边墙，
版筑纷纷无时息。
东方初报墙初完，
西方又传虏寇边；
虏入溃墙如平地，

[①] 万斯同：明朝著名史学家，曾参与编撰《明史》。

纵横饱掠无所忌。
虏退复兴版筑功,
朝筑暮筑竟何利?
帅臣徒受内府金,
川原空耗内府费。
……
屡朝庙算皆如此,
奈何独笑秦始皇?

我曾经爬上绥中县西部山区中的锥子山,在这里,可以看见一种神奇的长城景象——三条长城线路在这里交会。长城由东西南三面而来,抵达锥子山的石壁间,锥子山就像一个硕大的敌台一样,把三道长城聚拢在一起。这里于是成为我观看长城的最高视角。但我的视野毕竟是有限的,长城永远是比我们视野更大的存在。只有它的修建者,对它的秘密了如指掌,而他们,早已化为长城脚下的泥土,成为长城基石的一部分。长城在远比我们视野庞大得多的范围内存在着,在我们看不见的地方,蜿蜒生长。

明朝的防御机制不仅仅体现在硬件建设上,更体现在软件建设,即制度建设上,先后出台卫所制度、封王镇边制度等。卫所制度,前文已有说明,所谓封王镇边,即朱元璋把自己的王子们,分封到边境地区戍守,在10名王子中,有4名与辽宁防务有关,即:燕王朱棣,守北平;韩王朱松,守开原;沈王朱模,守沈阳;辽王朱植,守广宁。朱元璋曾经把这一制度作为送给即将继承皇统的长孙朱允炆的一道大礼,不无得意地夸耀:"朕以御虏付诸王,可令边尘不动,贻汝以安。"

问题是:明朝的防御系统,可谓固若金汤,为历史之最,别说关外铁骑,就是一只苍蝇,也休想飞进来;然而,恰是在明代,长城内外文明冲突的强度,达到了历史上的最高点,长城也是在这一时期,遭遇了有史以来最猛烈的撞击。最终使大明王朝苦心孤诣建立起来的帝国大厦彻底坍塌,这又是为什么呢?

前面已经说明,在明朝修筑山海关以前,辽宁与中原内陆,在地理上是连接为一体,没有任何阻碍的,从辽宁通往华北的道路,历来畅通无阻。两种文明之间的冲突与融合,从来没有停止过。融合,在一定程度上,是借助冲突来实现的。尽管其中也发生过极其尖锐的文明冲突,但是,所有的冲突,都将在包罗万象的中华文明肌体内得以化解。中华文明肌体内部,具有一整套严密的调适系统,使各种各样的文明,都能够在它的系统内正常运转。中原农耕文明与北方游牧文明之间,同化与反同化、征服与反征服、统一与分裂,已经成为中国历史中的规定剧目,定期在中华大地上上演。这种局面,已经是中国,乃至欧亚大陆数千年来文明发展的基本格局。动荡时期,国土分裂,但从社会内部的经济、政治和文化状况考察,社会却渐渐地"合"了。这是"分"与"合"的辩证法,是中华民族历经动荡之后没有分崩离析的根本原因。正如武汉大学历史系教授冯天瑜先生所言:"东亚大陆农耕和游牧两大文明区决非自我禁锢的系统,以迁徙、聚合、战争、和亲、互市等形态为中介,农耕人与游牧人彼此交往,相互融合,不断实行互摄互补,历数千年,方汇成今日气象恢弘的中华文化。……在一定意义上可以说,中华文化是农耕人与游牧人的共同创造,中华文化是农耕人与游牧人在长期既相冲突又相融汇的过程中整合而成的。而长城正是实现这个整合过程的交汇线,迁徙、聚合、战争、和亲、互市都在这条交汇线上波澜起伏地展开。"①

但是,辽东边墙,尤其是山海关的修建,将这个肌体的完整性人为地割裂了。正常的民族融合与文化循环受到了前所未有的阻碍,而病灶,也正是出现在这里。这就是明朝中后期,危险由蒙古向辽东偏移的原因之一。正常的交流无法进行,极端方式必将取而代之,这种极端方式就是——战争。

中原王朝的统治者们,很少有人对大中国体系有明确的认识,相反,倒是在辽宁大地上崛起的后金——大清领袖,具有大中国视野。这或许与他们的本土文化,就是多民族融合的混合性文化,因而具有开放性与包容性有关。

让我们回到后金的兴起之地——赫图阿拉城。"赫图阿拉"是满语,汉语意为横岗。作为清王朝的发祥地,这里被清太宗皇太极誉为"天眷兴京"。它位于今辽宁省抚顺市新宾满族自治县,地处长白山余脉的延长线上。

---

① 冯天瑜等:《中华文化史》,上海:上海人民出版社,1990年版。

本书第一章已经提到，明万历四十四年（1616年）正月初一，58岁的努尔哈赤，在连续征战34年之后，在赫图阿拉称汗。赫图阿拉，至今还保留着当年的史迹。在这些史迹中，文明的兼容性，清晰可见。比如，城中设有文庙、关帝庙，供奉孔子、关羽——文、武两大神灵。许多观光客没有注意到这一细节，但这样的细节却透露了最本质的东西，甚至关乎历史的整个走势——与当时汉族当政者狭隘的民族主义者相比，女真人在文化上毫不狭隘，他们具有从不同民族的文化里提取有价值东西的能力。努尔哈赤通过创建女真文字而将整个民族凝聚起来，但这并不妨碍他们对汉文化的汲取，后者使他们站到了与汉人等高的平台上，甚至，在某些方面超越了汉人。于是，努尔哈赤就在勇猛善战的关公的保佑下，开始了对汉人的征战。

这种文化的包容性，到了清太宗皇太极那里，又有了质的提升。公元1636年，皇太极受蒙王公及汉官拥立即皇帝位，把国号从"后金"改为"大清"，这次改元，变化是实质性的。因为"大金"或者"后金"的命名，采用的是北方少数民族的政治序列，而"大清"，则如同"大唐""大宋""大明"一样，纳入了中原主流政权的政治序列，这表明此时的皇太极，继努尔哈赤统一女真各部，在中国东北建立稳固政权之后，已经放弃了像元朝势力那样偏居漠北的思想，形成了入主中原、建立多民族跨文化的中华体系的明确意图。他的视野，已经覆盖了整个中华体系。他后来的继承者，如顺治、康熙、雍正、乾隆等，也继承了这一思想，不断缔造跨文化的共同体。皇太极明确提出"治国之要，莫先安民"的总方针，而他所说的"民"，不仅指女真人，还包括汉人和其他民族等在内。他宣布："满汉之人，均属一体，凡审拟罪犯、差徭公务，毋致异同。"①他表示，对待满族、蒙古族、汉族视同一体，"譬诸五味，调剂贵得其宜。若满洲庇护满洲，蒙古庇护蒙古，汉官庇护汉官，是犹咸苦酸辛之不得其和。"②五味调和之说，是一个人人都能接受的形象比喻，皇太极就是从这个日常生活经验里，总结出有关中华文明体系的整体理论的。

与朱元璋不同，皇太极认识到，他的理论如不在现实中得以落实，那就等于零。于是，他从改善汉族人地位入手，实行"编户为民"的政策，恢复汉族奴隶的"民户"地位；放宽"逃人法"，对于从前私逃，或者与明朝暗中往来的人，事属已往，虽被检举，一概不予追究。这样宽松的政策，反而使逃往明朝的汉族人大为减少——"由是汉官汉民皆大悦，逃者皆止，奸细绝迹"③。

更重要的是，大清政权对于归降的汉官，一律采用优礼政策。早在天命三年（1618年），努尔哈赤就制定并推行了这一政策。攻打抚顺城时，成功劝降明朝守将李永

---

① 《太宗文皇帝实录》卷一，《清实录》第二册，北京：中华书局，1985年版。

② 《太宗文皇帝实录》卷四二，第12页。

③ 同②，卷一，第9页。

芳。李永芳归附后,被授予总兵的重要职权,努尔哈赤还把自己第七子阿巴泰的女儿嫁给他。攻下抚顺后,范仲淹的后代范文程主动向努尔哈赤投降。这一事件,在《八旗通志》《清史列传》等文献中皆有记载。努尔哈赤喜出望外,说:"他是名臣的子孙,要很好地对待他。"范文程的深谋远虑,对清朝立国起到了决定性作用。后来的执政者皇太极、多尔衮,对范文程都十分信任。有一件小事可以反映皇太极与范文程之间的亲密关系。范文程是个孝子,与其父范楠住在一起。有一次,范文程陪同皇太极吃饭,席上有道菜很名贵,虽然皇太极再三劝范文程品尝,范文程想到父亲没有吃过,就是不肯下筷。皇太极敏感地领悟了范文程的心情,立刻下令将这道菜给范文程的父亲送去。[①]清朝统治者与汉臣的配合,远比大明王朝的君臣更加默契,这也是清朝制胜的重要法宝。范文程于康熙五年(1666年)以70岁高龄病逝,少年康熙为他题了"元辅高风"四个大字,以纪念他辅佐大清的不朽功勋。

这一政治理念,在清朝以后的帝王中得到延续,将汉族知识分子置于深刻的心理矛盾之中——政治清明与民族身份,哪个更加重要?余秋雨在《一个王朝的背景》中谈到这一点:"他(康熙)在讨伐吴三桂的战争还没有结束的时候,就迫不及待地下令各级官员以'崇儒重道'为目的,向朝廷推荐'学问兼优、文辞卓越'的士子,由他亲自主考录用,称作'博学鸿词科'。这次被保荐、征召的

---

① 《清史稿》卷二三二《范文程传》。

共143人，后来录取了50人。其中有傅山、李颙等人被推荐了却宁死不应考。傅山被人推荐后又被强迫抬进北京，他见到'大清门'三字便滚倒在地，两泪直流，如此行动康熙不仅不怪罪反而免他考试，任命他为'中书舍人'。他回乡后不准别人以'中书舍人'称他，但这个时候说他对康熙本人还有多大仇恨，大概谈不上了。

"李颙也是如此，受到推荐后称病拒考，被人抬到省城后竟以绝食相抗，别人只得作罢。这事发生在康熙十七年，康熙本人26岁，没想到25年后，50余岁的康熙西巡时还记得这位强硬的学人，召见他，他没有应召，但心里毕竟已经很过意不去了，派儿子李慎言为代表应召，并送自己的两部著作《四书反身录》和《二曲集》给康熙。这件事带有一定的象征性，表示最有抵触的汉族知识分子也开始与康熙和解了。

"与李颙相比，黄宗羲是大人物了，康熙更是礼仪有加，多次请黄宗羲出山未能如愿，便命令当地巡抚到黄宗羲家里，把黄宗羲写的书认真抄来，送入宫内以供自己拜读。这一来，黄宗羲也不能不有所感动。与李颙一样，自己出面终究不便，由儿子代理，黄宗羲让自己的儿子黄百家进入皇家修史局，帮助完成康熙交下的修《明史》的任务。你看，即使是原先与清廷不共戴天的黄宗羲、李颙他们，也觉得儿子一辈可以在康熙手下好生过日子了。这不是变节，也不是妥协，而是一种文化生态意义上的开始认同。既然康熙对汉文化认同得那么诚恳，汉族文人为什么就完全不能与他认同呢？政治军事，不过是文化的外表罢了。……

"当然，也还余留着几个坚持不肯认同的文人。例如，康熙时代浙江有个学者叫吕留良的，在著书和讲学中还一再强调孔子思想的精义是'尊王攘夷'，这个提法，在他死后被湖南一个叫曾静的落第书生看到了，很是激动，赶到浙江找到吕留良的儿子和学生几人，筹划反清。……到了雍正朝，雍正下令逮捕了这个谋反集团，又亲自阅读了书信、著作，觉得其中有好些观念需要自己写文章来与汉族知识分子辩论，而且认为有过康熙一代，朝廷已有足够的事实和勇气证明清代统治者并不差，为什么还要对抗清廷？于是这位皇帝亲自编了一部《大义觉迷录》颁发各地，而且特免肇事者曾静等人的死罪，让他们专到江浙一带去宣讲。"①

现在我们回顾明末清初的那些汉人降将，已很难用"欺君卖国""不仁不义"这样的罪名指责他们。至少，他们推行"仁者之师"的理论，提出"官吏可诛，但要保百姓安全"（洪承畴语）的政策，阻止清军的屠城行为，甚至推行怀柔政策，对饱受战争蹂躏的民众而言，未必不是一件幸事。

大清王朝对于汉文化的吸纳是全方位的，是在制度层面上进行的，而不只是皇帝的个人爱好。因为他们认识

---

① 余秋雨：《一个王朝的背影》，见《山居笔记》，第58—61页，上海：文汇出版社，1998年版。

到，强大的政治力量，蕴含于文化中，而武力的作用，是十分有限的。江山永固的关键，首先在于"文治"，而不是"武功"。文化的力量，甚至比执行和亲政策的汉唐时代所信奉的血缘的力量更加强大。

还有一个值得关注的历史现象，就是流放辽宁的汉族知识分子，意外地成为普及汉族文化的最佳讲师。这些人中，不少人就是吕留良、曾静这样的反清人士，还有一些在朝廷中遭到构陷，而戴罪流放的精英，如函可、左懋泰、戴国士、陈之遴、孙旸、丁澎、季开生、李呈祥、郝浴、陈掖臣等，其中最引人注目的一个，就是陈梦雷。这位21岁高中进士，不久就成为翰林院编修的知识精英，在年少春衫薄的年代，对仕途的险恶从未有过充分的估计，满腹经纶却无法破解宫廷深处的权力秘密。他不会想到，意气风发、青云直上的自己，会把34年的大好年华抛掷在东北的苦寒之地，其中17年在沈阳，17年在卜魁（齐齐哈尔）。康熙二十一年（1682年）三月，押解陈梦雷的囚车走出山海关。那一年，他只有33岁，身上还流淌着青春的血气。但此时，陈梦雷以麻木的表情打量着关外的"荒城败堞，衰草寒烟"，内心陷入深冷的绝望。满族入关以后，他们远在长城以外的故地陷入荒芜，于是，在清朝皇帝眼中，没有比这里更适合流放罪臣的地方了，一如陈梦雷在诗中说："开眼见城郭，人言是旧都。牛车仍杂沓，人屋半荒芜。"据资料显示，清初遣往东北的流人达150万之众，康熙年间的诗人丁介甚至说："南国佳人多塞北,中原名士半辽阳。"也就是说,中原名士当中,有一半流放到了辽东之地。然而,清朝皇帝或许没有想到,正是这一群在冰天雪地里苦苦挣扎的帝国奴隶,仍然顽强地进行着文化创造,陋室青灯成为不灭的光源,照亮漫无边际的寒夜,一个后来被命名为"流人文化"的文化现象应运而生。这一文化现象在辽宁文化史上的重要性,无论怎样强调都不过分。其中,函可成立过一个诗社,并给它起了一个具有黑色幽默色彩的名字——"冰天诗社",季开生、李呈祥、郝浴、陈掖臣等都是它的主要成员;而身在沈阳的陈梦雷,首先编纂了《盛京通志》,又先后审定了《海城县志》、《承德县志》(即《沈阳县志》)等志书,完成《周易浅述》八卷,留下大量诗稿,除此,一次命运的偶然转机,使他成为《古今图书集成》的编纂者之一,使这位饱学之士最终没有被历史所忽略。康熙四十年(1701年),《古今图书集成》开始编纂,雍正六年(1728年)最终成书,前后历时近28年。全书共10040卷,1.6亿字,插图6244幅,50余万页,订成5020册,分装522函,在体例上全书分为历象、方舆、明伦、博物、理学、经济等6编;每编再分若干典,共32典;每典又分若干部,共6117部。内容包括天文星象、疆域图记、山岳形胜、神仙传奇、花草树木、禽虫鸟兽、青铜器皿、农桑水利、冠服配饰、乐律舞蹈、货币量具、仪仗礼器、城制苑囿、军阵戎备、百家考工等,"文献蒐罗完备而编次井然,分类缜密而宏富壮观,在中国图书史上可谓浩瀚之作。万卷巨著，荟萃古今典籍；亿字鸿篇，熔铸万千铜章；纲举目张，经纬交错，终成中国古代类书经典；图文并茂，镌刻工整，是为四海之内最精最细铜活字版典籍；印制精美，装潢考究，堪称中国古代印刷史上的巅峰之作、绝后善本"①。把它视为文化纪念碑并非言过其实。不仅如此，"乾隆四十七年（1782年），抄写完的第一部《四库全书》入藏（北京）故宫文渊阁，同年秋天，第二部《四库全书》入藏沈阳故宫文溯阁。相隔了54年，《四库全书》和《古今图书集成》两部硕大无比的典籍在文渊阁、文溯阁相聚，此时陈梦雷已去世42年"②。

作为乾隆皇帝主持的重大文化积累项目，乾隆四十六年（1781年）至乾隆四十八年（1783年）修建了文溯阁，阁名"文溯"，按弘历《文溯阁记》所述，乃取周诗"溯涧求本"之意，它在形制上仿造浙江宁波范钦"天一阁"，为面阔五间的硬山式建筑，外观二层，阁内三层，屋顶为黑琉璃瓦绿剪边，以黑色表达五行中"水"的含义，以达到"以水克火"的目的。

大清王朝全面接受汉文化，表明了汉文化，尤其是儒家文化，在中华体系内的核心作用。从空间上看，它对于其他文化，形成一股巨大的引力，使它们由周边向中心移动；而从时间上看，作为农耕文明的产物，它显示出高于游猎民族的系统性与科学性，因而，在游猎民族入主中原

---

① 初国卿：《文溯阁的又一种风华》，原载《芒种》，2008年第3期。
② 同①，2008年第7期。

之后，它们的文化被中原文化接续、替代和覆盖，是必然的。游牧民族攻入中原地区以后，如何进行统治，一直是一个历史难题。蒙古人曾经因此放弃了他们侵占的中原领土。比如，征服河北、山西和山东以后，成吉思汗便遇到了新的问题，即如何对待这里的耕地与城池，蒙古的将军们认为，干脆把所有居民杀光了事，他们甚至企图将耕地变作草原，这样，草原地带就一直延伸到黄河边。但这一粗鲁的方案，被成吉思汗的顾问耶律楚材阻止，于是蒙古人放弃了这一计划。①

清朝对于长城的态度是冷淡的，他们的长城是文化上的，而从不依赖那些无用的砖石。他们要打造一个无形的长城，它的核心是"修德安民"。长城从此进入它的萧条期。这与明朝的反差是明显的。这一点，早在皇太极时期就有所体现。天聪九年（1635年）春天，皇太极在辽河平原上巡视，他希望看到的是农民耕种的田园景象，但这一景象并没有在他的视野里出现——看不到一个人影的平原，寂静、枯燥、呆板、乏味。这令皇太极深感惊异。在他的催问下，官员才告诉他实情。原来牛录章京征调农民筑城，为了早日完工，又额外地多摊派了民夫，致使田中无人，错过了耕种时节。皇太极召集群臣，严厉地训斥："筑城固然是正务，但田地荒芜，百姓吃什么？以后再有

---

① 据［法］雷纳·格鲁塞《蒙古帝国史》，第214页，北京：商务印书馆，1989年版。

滥役民力的，就拿该牛录章京问罪。"① 不久之后，皇太极再一次向官员们强调："现在，各贝勒凡兴办工程，都不遵守我的制度，额外修造，劳苦百姓，你们想一想：老百姓得不到安居之处，逃亡离叛，户口减少，这无异于帮助敌人长了他们的志气。"②

　　清朝的皇帝们多次回到辽东长城凭吊，但这并没有煽动起他们重修边城的决心。康熙对于长城的态度，在他的一篇手谕中表达得淋漓尽致：

> 秦筑长城以来，汉、唐、宋亦常修理，其时岂无边患？明末我太祖统大兵长驱直入，诸路瓦解，皆莫能当。可见守国之道，惟在修德安民。民心悦则邦本得，而边境自固，所谓"众志成城"者是也。如古北、喜峰口一带，朕皆巡阅，概多损坏，今欲修之，兴工劳役，岂能无害百姓？且长城延袤数千里，养兵几何方能分守？

　　长城终于淡出了人们的视野，原来的雄关漫道，渐渐变得旧墙斑驳，霉苔处处，荒草凄迷，暮鸦回翔。筋疲力尽的长城早已超期服役，它应该休息了。它的终结之日，将是它的重生之日。它卷曲了自己的身体，像胎儿那样睡

---

① 《太宗文皇帝实录》卷二三，第3页，见《清实录》第二册，北京：中华书局，1985年版。
② 同①，第35页。

去。长城隐退之后,山河也变得温柔起来,像母亲湿润温暖的卵巢。这使我们改变了打量长城的目光。很多年后,我站在长城上,看到长城两侧,是同样宁静的村庄。有大片的羊群在啃啮城墙边的草叶,两边的牧羊人,都倚靠在垛口上闲谈。长城已不再是一个巨大的墓碑,它只是风景,是无边无际的乡野风光的一个组成部分,许多美好的事物,正在长城的边上,悄然萌动。

第四章 帝国创伤

一　铸剑为犁

公元1691年,清朝康熙大帝全副铠甲地站在一望无际的蒙古草原上,望着全副武装的蒙古士兵像海水一样从他眼前汹涌而过。不同的是,这次他不是与蒙古人交战,而是以帝王的身份,第一次检阅蒙古人的军队。此时的蒙古人,已不再是敌人,而是属臣和盟友。我们从随行的基督教传教士、法国人张诚的记录中,了解了有关那次阅兵的确切数字:共有"九千至一万名骑兵和一千二百名步兵",以及四五百名炮手,参加了检阅[①],草原如同一个巨大的乐器,被无数的马蹄所敲响。坚硬的马蹄声,在天空这个天然共鸣箱的加工下,获得了无法比拟的良好音质,令这位横刀立马的帝王陶醉。他们手中光滑锐利的兵器,被草原上透明的阳光淋湿,浓稠的阳光在每一把战刀的利

---

① 弘治、张金典、孙大超编著:《盛世之毁——甲午战争110年祭》,第4页,北京:华文出版社,2004年版。

刃上蔓延，几乎就要从刀尖上滴落下来。刀尖对阳光起到了放大的作用，使阳光看上去更像一枝在刀尖上膨胀起来的花朵。阳光渗透进金属的内部，并以强烈的反光刺痛了皇帝的眼睛。皇帝的眼睛几乎成了一个聚光点，成为所有反光照耀的中心。士兵像海水一样从他眼前汹涌而过，但兵器间反射的每一缕光芒，都轮番投射在皇帝的脸上。他成了一个聚光点，被所有的追光所照耀。此时，这位中华帝国的皇帝的确是站在舞台中心，在阳光的指引下，他几乎可以望见自己在欧亚大陆上建立的那个巨大国度的全部版图，而这片大陆，也感觉到一个气宇非凡的帝王坚定有力的心跳。

身披甲胄的康熙让人很容易联想到他那位十三副铠甲起兵的先祖——努尔哈赤。作为努尔哈赤的传人，他的血液中燃烧着无尽的激情，他的家族血缘在他的身体里永不停止地激荡。没有人能够知道，他内心深处到底潜藏着多大的能量。但他的表情，却永远如秋水般平静，不露声色。即使今天，我们也能透过他的朝服像，观察到这一点。历史记住了这一张脸，从他面前转瞬间飞驰而过的每一个士兵，都永远记住了这张脸。

努尔哈赤创业时，就已经意识到与蒙古人建立联盟的重要性，他采取了与蒙古和亲的政策，然后集中力量，向明朝发起攻击，以免除后顾之忧。努尔哈赤和皇太极亦曾在蒙古科尔沁部遭受攻击的关键时刻，给他们提供过无私的帮助。本书前面说过，突厥—匈奴—蒙古势力，对于中原王朝而言，始终是一个挥之不去的噩梦。但是，女真人是从辽远的东北，夹带着强烈的北方野性，入主中原的。没有人能够想到，这个由辽宁沈阳转移而来的少数民族政权，表现出前所未有的文化包容性，使它区别于以往任何一个少数民族政权，在中原扎稳了根，并且，那个新生的根系，迅速地生长和蔓延，牢牢地抓稳了中原的土地。如前所说，女真人，生长在中原农耕文明与蒙古游牧文明的过渡带和衔接带上，客观上他们成为解决这一文明冲突的方案提出者。这不仅仅体现在政治上的合并，而且体现在文化上的兼容。现在，双方在多伦会盟，牧羊人与农夫之间的恩怨，从此了结。

即使长城也无法阻挡蒙古人的铁蹄，但是，另一种武器显示出更大的威力，那就是大炮。大炮是当时最先进的作战武器，飞啸的炮弹消除了骏马的速度，使草原民族的优势，在持续了千年之后，突然消失。女真人曾经尝过炮火的厉害，努尔哈赤就是被袁崇焕的红夷大炮[1]击中，不治而死。现在，这一先进技术掌握在女真人手里，中原王朝也因此第一次取得了对于草原的军事优势。格鲁塞说："一夜之间，他们突然获得了压倒游牧民的人为的优势。长期以来的位置颠倒过来了。伊凡雷帝用炮声驱散了金帐汗国的最后一批继承者；中国的康熙皇帝用炮声吓倒了卡

---

[1] 其原型是欧洲在16世纪晚期发明的长身管、纺锤形结构的火炮，在明代后期传入中国，并很快被仿制。所有类似设计的火炮都被中国统称为红夷大炮。

尔梅克人。大炮的隆隆声标志着一个世界历史时期的结束。军事优势第一次、也将是永远地变换了阵地，文明变得比野蛮强大。"①

　　大炮出现在阅兵的现场，这次，它们是以礼炮的身份出现的。和平，实际上是所有武器的最终使命。那些沉重的炮弹是在穿越了无数个血腥的夜晚之后，才最终抵达这里的，历史改变了它们的运行轨迹，使它们在蓝天上绽开绚烂的花朵。长城和大炮，曾是大明王朝对付北方铁骑的制胜法宝，但康熙却对此表示出蔑视的态度，显然，他拥有比它们更加强大的武器——"修德安民"，他已经不再需要它们了。

　　作为和平的标志，喇嘛教庙宇在草原上大量出现。人们常说"明修长城清修庙"，清朝把明朝用在修长城的费用，全部用在了修庙上。同时，大清皇帝开始对蒙古王爷进行册封。这样的双重政策取得成功之后，康熙大帝颇为自负地说："守国之道，惟在修德安民。民心悦，则邦本得，而边境自固，所谓众志成城者是也……昔秦兴土石之功修筑长城。我朝施恩于喀尔喀，使之以备朔东，较长城更为坚固。"②

　　和平时代的降临，宣告了武器的终结。暴力并不能解决一切问题，康熙大帝看到了暴力的局限。在康熙大帝

---

① ［法］勒内·格鲁塞：《草原帝国》，第7页，北京：商务印书馆，2004年版。

② 参见弘治、张金典、孙大超编著《盛世之毁——甲午战争110年祭》，第4页，北京：华文出版社，2004年版。

的命令下，红夷大炮被铸为锄犁。淋漓的血和残酷的死亡消失了，那些曾带有炮管热度的锄犁，开始了与土地、粮食和生命的对话。这个时代，对于深宫中的万历而言，是万万难以想象的。但是现在，它真的来了。他梦中那个来自东北方向的女骑手，像女神一样，宣告了一个新时代的来临。这是康熙大帝精心打造的一个时代。它废除了万里长城的用途，也使英雄们再无用武之地。英雄的末路里，暗藏着天下百姓的福音。

遗憾的是，在这个尊崇释迦牟尼和孔子的国度之外的世界，并没有遵循中国人制定的和平法则，弱肉强食的进化论正成为那个世界的最高真理。以鲜血为图腾的野兽时代，刚刚拉开序幕。

二　海岸风雷

农夫与牧羊人的故事结束了，世界历史的舞台发生了转移，来自海上的强盗，将成为大陆居民（包括所有农夫和牧羊人）共同的敌人。对此，大清王朝毫无防备。

《剑桥中国晚清史》指出："满人在战略上特别重视与满洲具有某些共同基本特征的蒙古、新疆和西藏的游牧社会。虽然从海上来的西方冲击对于任何一个中国朝代都会是严重的挑战，但因满人专心致力于北方游牧地区，这便妨碍了他们努力去对付从东南来到中国的西方人。此外，满族人在文化上不同于汉族人。在满族人统治中国的整个期间完全可以看出,他们清楚地认识到他们和汉族人的差别。满族人因为是异族,所以当19世纪中叶中国面临西方的入侵时,他们并不乐意提倡民族主义。相反,他们心目中存在的是他们自己皇朝的利益。

"但是,随着19世纪的流逝,由于满族人渐渐汉化,这种满族人特征便日益变得无关紧要了。他们在17世纪已经日益采用传统的汉族人——儒家制度;而在雍正元年(1723年)开始统治以后,他们的汉化加速了。这种倾向在乾隆五十八年(1793年)给英国国王的著名敕令中表现得很明显,他在这道敕令中禁止西方派代表驻在中国国内,并且告诉英国人,我们是'无所不有'的。因此,19世纪满族人在对付西方入侵问题时极力依靠中国的文化制度,就不足为怪了。"[1]

从大的历史格局上看,辽宁,又出现在历史的关键位置上。从世界地图观察辽宁,我们会发现,这个地处欧亚大陆东端的地区,不仅处在草原游牧文明与中原农耕文明的衔接点上,而且,刚好处于大陆文明与海洋文明的衔接点上——这两个重要的文明衔接点,刚好在辽宁重合,而辽宁,也势必要承担历史赋予的重任。在辽宁以西,是欧亚大陆深广的腹地,而辽宁的东部和北部,则盘踞着东北亚几个重要的国家:俄罗斯、朝鲜、韩国和日本。这几个国家,无一不对中国历史产生了重要的影响;而辽宁的南

---

[1] [美]费正清、刘广京编:《剑桥中国晚清史》,下卷,第142页,北京:中国社会科学出版社,1985年版。

部,则有漫长的海岸线,面向渤海、黄海,伸向浩瀚的太平洋——在旅顺东南的黄海海面上进行的中日甲午战争,以及后来在辽宁及以北地区进行的日俄战争,在一定程度上证明了它在海陆地缘政治上的重要性。

大海令中国人望而却步,这个陈旧的假设,已被近几十年来的考古发现彻底否定了。"在新石器时期,确凿无疑地能够进行相当规模的海上航行。从这些事实上来看,沿海的中国和大陆的中国,是同样的古老。"[1]自1405年开始,郑和率领一支由200多艘宝船组成的庞大的中国船队,先后七次出使西洋,抵达了遥远的红海沿岸和非洲东海岸,甚至有人认为他们最先发现美洲,并完成了环球航行。[2]但无论如何,郑和的远行,最先宣告了海洋时代的来临,以及中国人在这一时代的领航地位。但是,用费正清先生的话说:"中国人在15世纪已具有向海外扩张的能力,但它却没有去进行扩张。"[3]这并非因为孱弱,而是缘于这个"无所不有"的广袤帝国无法燃烧起对于外部世界的欲望。对此,梁启超先生说:"中国何以不能伸权力于国外?那是因为平原膏腴,足以自给,不像古希腊时代的腓尼基及近代的英吉利,必恃国

---

[1] [美]费正清:《导言——中国历史上的沿海与内陆》,见[美]费正清编《剑桥中华民国史》,上卷,第14页,北京:中国社会科学出版社,1994年版。

[2] 祝勇:《1405,郑和下西洋六百年祭》,第121页,石家庄:花山文艺出版社,2005年版。

[3] 同[1],第15页。

外交通以为生活,所以不能养成冒险远行的性质。"① "柔远人,则四方归之",《中庸》里这个质朴的愿望,几乎成为贯穿各朝代对外关系的基本原则。"在中国与非中国种族集团关系的漫长历史中,和平主义一般都占上风,因为不注重肉体的强制的思想已经深深地扎根在儒家的传统之中。"② 中国人不需要通过武力掠夺财富,与其把火药变作杀人的武器,中国人更愿意看到火药在夜空中绽放成绚丽的花朵。中国人对大海深感隔膜,这并非因为中国人没有航海能力,而是因为中国人对大海缺乏信任,对于这个以农牧业为主的民族而言,凶险莫测的大海不像陆地那样忠实可靠,可以随时给自己带来果实和利益,故此,在经历了15世纪的航海高潮之后,中国人开始对漫无边际的大海沉默不语,那些创造过奇迹的巨轮,也在南方的海岸朽烂和沉没。

在中国,历史的大陆模式占有压倒性的地位。中国历史上曾经多次经历过禁海时代,费正清认为,"随着满洲人统治在中国最终的建立,本于大陆而轻于航海的观点又重新被确定下来"③,"亚洲内陆游牧部落和半游牧部落的边缘文化,正加强了中国腹地的反海上航行的传统"④。也就是说,牧羊人对沿海居民起到了一种牵制作用,把他们

---

① 转引自郭双林《西潮激荡下的晚清地理学》,第60页,北京:北京大学出版社,2000年版。

② [美] 费正清、刘广京编:《剑桥中国晚清史》,下卷,第143页,北京:中国社会科学出版社,1985年版。

③④ 同②,第20页。

准备扑向大海的身躯执着地拉回内陆。伯纳德·爱尔兰说:"一个国家把海洋看作一条通途还是一道屏障,便利抑或阻碍,几乎与地理无关,而与民族气质甚有渊源。"①而所谓民族气质,则是由文明形态塑造的,对于农业文明塑造出来的中国人来说,大海始终是他们的盲点,直到英国人用4000人的微弱兵力征服了整个中国以前,大清王朝始终没有认真打量过自己的海岸线,更不会想到,自己的国土将成为西方人航线的终点。如同《剑桥中国晚清史》中所描述的:"在1800年以前,清代历史的焦点集中在亚洲腹地,即集中在它的征服,它的政治活动,以及一个幅员辽阔而文化迥异的地区被一个单一的、不断汉化的中华帝国所吞并和消化的过程。在1800年以后,重心开始转向中国本土和沿海。"②美国著名汉学家、蒙古学家拉铁摩尔认为:"17世纪满族入关,逐步统一全国,是长城边疆上起伏不定的、自上古以来即对中国历史发生决定作用的潮流的最后一浪。到了19世纪,从海上涌进中国的势力已不可抗拒。"③

清朝建立后的政策重点始终在内陆。这时的王朝,创造了中国历史上的最大版图。现在中国在领土范围、人口

---

① [英]伯纳德·爱尔兰:《1914—1945年的海上战争》,第16页,上海:上海人民出版社,2005年版。
② [美]费正清、刘广京编:《剑桥中国晚清史》,上卷,第35页,北京:中国社会科学出版社,1985年版。
③ [美]拉铁摩尔:《中国的亚洲内陆边疆》,第4页,南京:江苏人民出版社,2005年版。

结构、文化认同上与清朝之间存在着深刻的承继关系。[1]同时,满族人入关以后,辽宁,乃至整个东北地区,都变得人迹寥落,到1800年,大清王朝企图将奉天作为满族的禁猎地,禁止汉人移民,但18世纪的人口膨胀,使汉民北移成为不可逆转的趋势。此时的辽宁,再度成为民族融合的舞台。[2]人口的膨胀显然是社会稳定的数字化体现,清初的统治者们显然认为自己能够打破冤冤相报的历史循环,创造一个前所未有的辉煌盛世。他们在一定程度上完成了自己的设想,"中国的儒生们把全部的精力用于应付科举考试,他们热衷于记诵传统经典,用礼仪才华治理国度,并企图以此来'绥服'他国,和谐共处成为中国人的理想境界"[3]。但他们的计划有着一个巨大的漏洞,就是他们决心以文治天下的同时,过于轻率地废掉了自己的武功。这一错误决定,显然出自他们高度的自信,和对形势的错误判断。他们没有看到隐藏的危机,没有嗅到海洋上弥漫过来的血腥气息——强盗们将从那里汹涌而来。大清帝国拥有世界上最长的海岸线之一,但那里没有长城,他们的海岸线,在大难临头的一刻居然毫不设防。那是中

---

[1] 参见汪晖《现代中国思想的兴起》,第一部,上卷,第11页,北京:生活·读书·新知三联书店,2004年版。汪晖说,在一种解释框架中,清朝不再是一个单面的专制主义的、种族统治的暴虐而反动的王朝,而是一个能够容纳多种制度、法律、文化和宗教的多元性帝国。同书,第13页。

[2] 参见[美]费正清、刘广京编《剑桥中国晚清史》,上卷,第39、40页,北京:中国社会科学出版社,1985年版。

[3] 祝勇:《1405,郑和下西洋六百年祭》,第132页,石家庄:花山文艺出版社,2005年版。

国国土上最大的缺口,也必将成为它的一条漫长而深刻的伤疤,在长久的时间中难以愈合。1832年,英国东印度公司派遣"罗尔·阿美士德"号对中国近海航道进行侦察测量,他们看到清朝装备最好的广东水师,战舰仍都是旧式木帆船,最大的全长30多米,载炮30门,全是旧式土炮。考察广东海防重镇南澳时,他们看到78艘类似福建商船的战船,以及南澳总兵旗下似乎只存在于花名册中的5000多名水兵,于是宣称:"由大小不同的一千艘船只组成的整个中国舰队,都抵御不了一艘(英国)战舰",并在三年后,向英国外交大臣致函,确信只需一艘主力舰、两艘大巡洋舰、六艘三等军舰、三十四艘武装轮船和六百名陆战官兵,就"会在很短的时间内把沿海中国海军的全部威信一扫而光,并把数千只土著商船置于我们的掌握之下"①。

接下来的历史已人所共知,整个中国成为西方人的屠宰场——他们在这里可以随心所欲地拿走自己想要的东西,就像进了自家的后花园。神圣肃穆、山奇水秀的中国对于强盗而言无异于最具诱惑的邀请函。这个"占优势的成年文明,突然发现自己在世界上处于未成年的地位。"②"邹诚敏锐地发现,列强的包围是从未有过的。据他说,

---

① 弘治、张金典、孙大超编著:《盛世之毁——甲午战争110年祭》,第32页,北京:华文出版社,2004年版。

② [美]费正清:《导言——中国历史上的沿海与内陆》,见[美]费正清编《剑桥中华民国史》,上卷,第1页,北京:中国社会科学出版社,1994年版。

中国在唐宋时代只需专注西北边界，在明代只需特别重视东北边界。但是到了19世纪后期，中国发现自己处于四面八方备受外敌入侵的境地。"①而这种变化的本质在于，这些国家不再是游牧国家，而是海上强国。传统的敌人销声匿迹，新的敌人应运而生。到1650年——就在中国放弃海上权力一百多年后，刚刚经历工业革命的欧洲国家，就垄断了海上武力的使用权。1650年以后，海权的战略意义迅速飚升。李鸿章认识到，西方是中国数千年来所面临的最强大的敌人。②本书无意复述1840年以后的中国历史，只想提供一个小小的细节：1874年，蕞尔小国日本，居然胆敢仗着两艘买来的铁甲舰出兵侵占中国台湾，这一曾像中国一样备受西方列强凌辱的小国，已经产生了跻身列强的非分之想，并开始了它蚍蜉撼树的事业。这一事件，对清朝这个庞然大物而言，实在是莫大的讽刺。

　　马上挥戈的女真统治者们，无论是努尔哈赤、皇太极、多尔衮、康熙、雍正，还是乾隆，对于大明深宫中的孱弱帝王们——万历、泰昌、天启、崇祯，无疑是藐视的，这些被层层宫闱塑造得阴柔、诡异和变态的娇弱皇帝，没有一个可以成为他们的对手。他们的身体和内心，是北方山野草原的风雪塑造出来的，具有岩石的硬度和金属的锋利，他们的血液里还有北方民族的遗传，

---

①［美］费正清、刘广京编：《剑桥中国晚清史》，上卷，第157页，北京：中国社会科学出版社，1985年版。

② 同上书，第156页。

◇ 李鸿章旧照

◇

所以，与万历们相比，努尔哈赤们堪称超人。他们的自信在王朝的后继者中传递下来，但他们的武功却在王朝轮换中半途而废。尽管清朝设立了木兰围场这样的骑猎场所，将带有演习性质的围猎活动制度化，试图以此保持后代帝王的血性，但实际的情况是，他们的后代，正像他们当年所鄙视的明朝皇帝一样，日益变得昏弱无能。这就是权力的悖论。中国人常说"成者王侯败者寇"，但是，成为皇帝未必是一个英雄的福音，等待他的，可能是更大的失败。皇帝的事业是与英雄背道而驰的，一个"英雄"当上皇帝后，必将走向自己的反面。激情、雄心、正义感，这些品质，在已经职业化、终身制与世袭制的皇帝制度中，究竟能够传递多久，没有人敢抱奢望。宫殿、嫔妃、私欲和制度，将像一圈圈枷锁束缚住他。对于一个被众多美女和佞臣阉官所簇拥着的怪物，我们还能指望他做什么呢？

更何况，中国人对于大海充满了陌生感和恐惧，西方人的几声炮响，就把避暑山庄里的中国皇帝吓破了胆。这些大陆时代的主角，在海洋时代里只能做一名观众，甚至，其地位连观众都不如，他们直接成为列强凌虐的对象。那些曾经在东北的草原上奔驰的战马，对于强大的炮舰无可奈何。

船，变得重要起来，一如当年的马。它们同样可以被武装起来，就像剽悍的铁骑。空阔的海洋无法阻挡它们的步伐。这些流线型的船只，像一条条穿梭的鱼，在别人的畏途里，获得自由，它们甚至成为改变历史的关键元素。黑格尔在《历史哲学》中写道："人类仅仅靠着一叶扁舟，来对付（大海的）这种欺诈和暴力；他所依靠的完全是他的勇敢和沉着；他便是这样从一片巩固的陆地上，移到一片不稳的海面上，随身带着他那人造的地盘，船——这个海上的天鹅，它以敏捷而巧妙的动作，破浪而前，凌波以行——这一种工具的发明，是人类胆力和理智最大的光荣。"①

黑格尔还指出："这种超越土地限制、渡过大海的活动，是亚细亚各国所没有的，就算他们有更多壮丽的政治建筑，就算他们自己也是以海为界——像中国便是一个例子。在他们看来，海只是陆地的中断，陆地的天限；他们和海不发生积极的关系。"②但岛上国家日本是个例外。与中国人相比，狭窄的生存空间，使日本人对于海外冒险更感兴趣。1853年，在日本近代史上被称作"黑船"的美国军舰编队抵达日本横须贺港，逼迫日本签订"卖国条约"之后，日本人已经敏锐地意识到海上霸权的价值，整个民族从此成为强盗哲学的信奉者，在他们看来，如果无法战胜敌人，那就要变得像敌人一样。日本与中国长达百年的恩怨历史由此开始。

海洋像昔日的草原一样重要起来。《海权论》作者

---

① ［德］黑格尔：《历史哲学》，第84页，上海：世纪出版集团上海书店出版社，2006年版。

② 同①。

马汉则说:"海洋自我呈现的首要与最为明显的特征就是如同一条大马路。"①黑格尔说:"大海给了我们茫茫无定、浩浩无际和渺渺无限的观念;人类在大海的无限里感到他自己底无限的时候,他们就被鼓起了勇气,要去超越那有限的一切。大海邀请人类从事征服,从事掠夺,但是同时也鼓励人类追求利润,从事商业。平凡的土地、平凡的平原流域把人类束缚在土壤上,把他卷入无穷的依赖性里边,但是大海却挟着人类超越了那些思想和行动的有限的圈子。航海的人都想获利,然而他们所用的手段却是缘木求鱼,因为他们是冒了生命财产的危险来求利的。因此,他们所用的手段和他们所追求的目标恰巧相反。"②无论如何,农夫与牧民之间的历史纠葛,已经转换为陆地民族与海洋民族之间的文明冲突。而"求利"的手段,也由商业,转化为战争。李鸿章将此称为"数千年未有之变局"。他在一篇奏折中,表达了他对这一时代清醒的认识:

> 东南海疆万里,各国通商传教,来往自如,麋集京师及各省腹地,阳托和好之名,阴怀吞噬之计,一国生事,诸国构煽,实为数千年来未有之变局……自洋务以来,迭次办结之案,无非委曲将

---

① [美]艾·塞·马汉:《海权论》,第25页,北京:中国言实出版社,1997年版。
② [德]黑格尔:《历史哲学》,第84页,上海:世纪出版集团上海书店出版社,2006年版。

就……洋人论势不论理,彼以兵势相压,我第欲以笔舌胜之,此必不得之数也。夫临事筹防,措手已多不及;若先时备豫,倭兵亦不敢来,乌得谓防务可一日缓哉!……不变通,则战守皆不足恃,而和亦不能久也。①

对于这个王朝而言,购进铁甲舰,迅速建立一支强大的海军,已成为当务之急。铁甲舰之于海洋,如同骏马之于草原一样重要。几乎所有的朝廷官员都意识到这种新式武器的重要,但国家的最高利益,却被朝廷无休止的官僚系统所磨蚀和损耗,努尔哈赤所建立的王朝,此时已与党争激烈的大明朝廷没有区别,官员之间对于内耗的兴趣远远大于一致对外。1877年,日本又从英国订购了两艘针对中国的铁甲舰,而到了1879年,中国订购的几艘"蚊子船"还停在英国的茅斯普鲁斯港。当年秋天,李鸿章决定用北洋水师所筹集的100多万两白银购买一艘铁甲舰,却遭到恭亲王奕䜣的反对。奕䜣上奏:南洋所辖洋面比北洋宽阔,得到的经费却少,应优先安排。这一上奏使李鸿章的计划无法实现。

1881年,清朝政府投资65万两白银的"超勇"号和"扬威"号铁甲舰,在千呼万唤之后,终于在英国纽卡斯尔港下水,清政府举行了隆重的升旗仪式,黄色飞龙戏珠

---

① 弘治、张金典、孙大超编著:《盛世之毁——甲午战争110年祭》,第32页,北京:华文出版社,2004年版。

三角旗飘扬起来，这将成为它们的战旗。或许，这一天应该被看作中国海军正式诞生的日子。200多名中国水师官兵和30多位英国官员、制造商等，参加了这一仪式。此后，这两艘战舰在穿越了北大西洋、地中海、苏伊士运河、印度洋和西太平洋之后，雄心勃勃地驶向它们未来的战场——黄海。①

三　第一座军港

不知北洋舰队全军覆灭以后，李鸿章是否再去过旅顺军港。或许去过，去凭吊他的旧梦；或许，那里是他永远不愿重返的地方。那支由他苦心孤诣缔造起来的舰队，就是在这里出现，又在这里消失的。那里是他燃起雄心，又万念俱灰的地方。李鸿章阴郁的面孔，曾经被海的光芒照亮，但那样的亮光只是一闪即逝，他的身影最终湮没在无尽的黑暗中，在大海的衬托下，它显得更加单薄、老弱和孤独。

在购买军舰的同时，李鸿章开始着手北洋军港的建设。铁甲舰对港口的要求主要有六个方面：

水深不冻，往来无间，一也；
山列屏障，以避飓风，二也；

---

① 参见弘治、张金典、孙大超编著《盛世之毁——甲午战争110年祭》，第39—43页，北京：华文出版社，2004年版。

路连腹地，便运粮粮，三也；

土无厚淤，可浚坞澳，四也；

口接大洋，以勤操作，五也；

地出海中，控制要害，六也。

最初的选址是天津和大沽口。然而，大沽口河道较浅，无法满足大型军舰停泊和维修的要求，在这样的情况下，位置孤绝的旅顺，便吸引了海军统帅部的目光。显然，旅顺，是同时满足上述六项要求的不二之选。

以上是从我方立场看待旅顺。从敌方立场看，旅顺的地位，在这场海陆冲突中也是至关重要的。中国陆军与西洋海军的冲突，实际上是弓箭长矛等冷兵器与火枪火炮等热兵器之间的对话，装备的落后，当然使中国军队处于劣势。但是应当看到，中方也并非没有胜算的可能，中英鸦片战争中，英军就始终没有攻破林则徐防守的虎门。侵略者也有他们的软肋，主要是：一、劳师远征，人马困顿；二、装载的兵力、武器、弹药、粮草有限，无法进行后勤补给，只能速战，无法持久；三、中国国土广大，他们既无法深入作战，也难以长久立足。

实际上，真正使大清统治者们感到晕眩和战栗，并心理迅速崩溃的，是侵略者看起来锐不可当的战船与火炮，侵略者的媾和行动，都是在仓促间进行的。坚船利炮起到了战略的作用，在战术上，它们的效力并非像想象的那么大。如果清朝政府能够对局势进行冷静的分析，将敌人引向中国腹地，将水战引向陆战，战争的结局可能完全相反。

西方军队显然比中国人更早地意识到了这一点，他们认为自己必须拥有自己的跳板，而旅顺，甚至整个辽东半岛，则成为他们出入中国的水陆门户，这里同时满足了他们三项条件：一、海陆位置重要，可进可退，既有利于发挥海军优势，又可以作为入侵中国内陆的前哨；二、资源丰富，地域足够大，便于给养和贮存物资；三、地势相对孤立，不易被受害国家反击和破坏。这也是旅顺乃至辽宁反复经历对外血战的主要原因。

1881年10月3日，李鸿章孤瘦的身影出现在旅顺口。他此行的目的，是验收"扬威""超勇"两艘巡洋舰。显然，当这两艘巡洋舰即将在中国海岸出现的时候，李鸿章已经按捺不住兴奋的心情，而为军港选址这样的大事，这位细致入微、被称作"合肥老母鸡"的直隶总督，要亲自看过，才能定夺。4日一早，李鸿章就顺着旅顺西官山的羊肠小路蜿蜒而上。尽管李鸿章一生戎马倥偬，但是登山，对于这位老人而言，就像他的北洋大业一样，实在不是一件轻松的事情，何况李鸿章当时的心情有几分急迫，他的步履，也因而显然有些忙乱和匆促。但是，当他攀到山顶的时候，他的所有困顿都被一扫而光，清新的海风吹透了他的身体，他身上宽大的官袍像旗一样摆动。他的身体显得那么敏感、兴奋和年轻，仿佛那波澜壮阔的大海在他的身体内部注入了无尽的能量。那里是他的铁甲舰将要驰骋的疆场,翻滚的海浪中暗藏着无数的杀机。李鸿章就像他的师父曾国藩一样不习水战,海上的一切都是神秘的和不确定的,但是,旅顺绝佳的海陆位置已经展现在李鸿章面前,而"扬威""超勇"两舰,以及已经订购的"定远""镇远""康济""威远"的主力舰,将使大清王朝如虎添翼,其海军实力,远远在日本之上。"北洋水师成了他的又一个淮军。经过他在19世纪80年代苦心孤诣的经营,排名世界第八的中国海军浮出海面,其实力已超过世界最强的英国海军'远东舰队'了。如果再来一次鸦片战争,鹿死谁手,就很难说了。"①尽管李鸿章没有女真血统,他只是一个汉人,一个安徽人,但他不愿看到女真人的热血在漫长的岁月中冷却下来,不愿看到国家的未来在穿越那些雕花考究的鸦片枪之后,化作一缕缕的青烟。在这片文治已久的优雅国度里,他试图再造一支狼的军队,具有草原狼的野性、锐利和力量,只有这样,才能在这个强盗丛生的世界上,有一片立足之地。李鸿章感到一阵心跳,那心跳与大海的节拍相同。旅顺,使他得到了一个梦寐以求的跳板。他向大海的方向伫望良久,说:"旅顺口居北洋要隘、京畿门户","为奉直两省海防之关键啊。"②

---

① 祝勇:《甲午风云》,见《北方:奔跑的大陆》,第108页,北京:中国旅游出版社,2005年版。
② 季福林、韩宗凯:《黄金涌岸风流歌(大连卷)》,第111页,沈阳:辽宁教育出版社,1995年版。

旅顺军港的建设刻不容缓地开始了。这一巨大工程很快成了贪官们嘴里的肥肉。清末吏治的腐败，丝毫不逊于明末。国如不存，敛财又有何用？但对于官员而言，损公肥私已经成了他们的习惯动作，否则，他们就不知道自己该干什么。即使国家明天就不复存在，今夜仍要醉生梦死。李鸿章感到腹背受敌——他的面前是虎视眈眈的日本人，身后是整个陈腐的官僚系统，甚至他本人，也是这个系统中的一员，也已经受到这个系统的荼毒。所幸，这个国度从来没有缺少过正气。叛徒和烈士这两个物种总是相伴而生，此消彼长。或许，这就是社会环境里的生态平衡。问题是，不同的制度将使不同的物种占据上风。海防营务处道员黄瑞兰的贪污行为激怒了李鸿章，他将这一跟随他多年的心腹就地免职，一个名叫袁保龄的人，走进了旅顺的历史。

李鸿章试图打造一个属于自己的行政机器，无论整个官僚系统如何昏弱无能，只要他操控的机器运转灵活，就能事半功倍地达到自己的目的。李鸿章从不讳言任人唯亲，同时，明察秋毫的李鸿章也绝不容许他的政治齿轮中掺进丝毫沙粒。事实证明了李鸿章决断的正确。袁保龄完全是一个可以信任的人。史书对他的记载是：在建设军港的五年中，"他每日奔走不知疲倦……所历艰苦，实为四十年所未有……方来之始，万事瓦裂。今则公帑节省数万金，海防军容渐如荼火，差可欣慰。而面黑肤瘦，形容憔悴，鬓发渐已白矣"。[1]他所操持的工程包括：海门疏浚、拦潮大坝、船澳及泊岸工程、口西与口东海岸炮台、陆路炮台、水雷营、鱼雷营、电报局、水陆医院、道路、库房、码头、机器厂，等等。袁保龄曾20昼夜连续工作，终于中风昏厥。李鸿章为他请来慈禧的御医进行治疗。袁保龄恢复后请辞，急于用人的李鸿章没有应允。1889年，袁保龄死于任上，时年48岁，朝廷追赠他为内阁大学士。

作为远东地区最先进的海军基地，旅顺军港在几经周折之后，终于在1890年11月9日全部竣工。它的一些设施，历经百年战火，至今仍在使用。从那一天起，大清王朝开始了武装自己海岸的进程。尽管这个王朝拥有当时世界先进的海军力量，但他们已经不再有郑和当年海上游行的闲情逸致，他们只是希望那些铁甲舰和坚固的沿海炮台，为他们的帝国上几道安全的锁。

四　血之海

明治维新以前，对日本产生影响最大的一本书，是中国人魏源写的《海国图志》。那时的日本还处于愚昧的幕府时代，此前300年，幕府就已经宣布了锁国令。当时的日本，几乎对海外的事情一无所知。在海洋时代到来之

---

[1] 弘治、张金典、孙大超编著：《盛世之毁——甲午战争110年祭》，第43页，北京：华文出版社，2004年版。

后，这个贫弱的岛国也只能成为西洋人的战利品。日本在西方列强的逼迫下，签订了一系列丧权辱国的不平等条约。比如1854年，俄国强迫日本签定《下田条约》，要求日本开放箱根、下田、长崎三港为对俄商埠。同年6月，美国接踵而至，强迫日本签定《日美友好通商条约》，迫其开放神奈川（后改名为横滨）、长崎等五个通商口岸，降低关税，规定出口税为5%，美国货的进口税除酒类为35%以外，其他绝大多数为5%，等等。这使日本陷入极其不堪的境地。日本深切感到东方文化的弱势，这个曾因派遣"遣唐使"而著名的国度，对中国文化已经深恶痛绝，中国人，对于日本目前的处境负有责任。此时的清国，兼任着文化敌人与地缘政治敌人的双重角色。他们对于中国人的轻蔑与仇恨是发自内心的。对于刚刚经历过一场维新运动的明治政府而言，中国已经由当初的偶像，变成必须复仇的对象和必须打击的敌人，而孱弱的清国，刚好为日本国领土扩张（所谓"大陆政策"）的实施，提供了最佳机遇。

两只蟋蟀在奋力撕咬，慈禧太后龙颜大悦。很长时间里，这位中国最高统治者的大部分时间，都是慵坐在她的园子里，在她骁勇善战的蟋蟀的陪伴下度过的。这位昆虫爱好者对于国际秩序里的物竞天择丝毫没有兴趣。当她坐在舒适的榻里，打发着一个漫长的下午的时候，日本国的皇太后正在寻找自己珍藏的全部首饰，把它们捐献给海军——所有的日本人都像她一样，心中只有一个目标，那就是彻底打败中国的北洋水师。那座国际一流的旅顺港，令日本人如坐针毡。当然，在这位中国皇太后的配合下，做到这一点并非难事——在日趋紧张的东北亚形势之下，慈禧太后正醉心于自己丰富多彩的退休生活，整个朝廷，也为她支付了一笔昂贵的退休金。为了迎接太后老佛爷的六十大寿，政府编订了详细的财政计划，按照这项计划，在庆典期间，紫禁城、西苑（今中南海）、颐和园、万寿寺等处的殿宇、门座均用彩绸装饰，这项"形象工程"的预算是14.415万两白银，在巡游回宫的路上，还耗资4.6087万两白银，搭建了20多座彩殿、彩棚，此外，还耗资240万两白银装修庙宇、搭建彩棚、安装宫灯、点景楼、音乐楼、灯游廊、牌楼等工程无数，不算为太后修建颐和园的费用，仅这些"形象工程"的费用，就能购买三艘"吉野"号，足以把日本海军打个稀巴烂，待日本人割地赔款之后，再办庆典不迟。而实际的情况是，北洋舰队自光绪十四年（1888年）以后竟不再有钱买船；光绪十八年（1892年），中国政府公开宣布，因老佛爷寿庆需款，海军正式停购军舰。这一决定给日本人吃了一颗定心丸，他们知道，自己超过北洋舰队，已经为时不远。既然大清帝国乐于把海军战舰化成金辇银桥和湖光山色，甲午一战，就没有不输之理了。

此消彼长。光绪十一年（1885年），日本明治天皇颁布《整顿海陆军》诏书，提出了一个以10年为期、以中国为"假想敌"的扩军计划。光绪十三年（1887年），日本参谋本部又制定了《征讨清国策》，规定"以五年为期作为准备，抓住时机准备进攻"，准备进行一场以"国运相赌"的侵华战争。光绪十六年（1890年），山县有朋出任日本首相，提出"保卫利益线"理论，标志着近代日本"大陆政策"（即由辽东半岛入侵中国，进而占领整个亚洲地区的政策）的正式出台。①

  1894年，对于日本人来说，是一个决定性的年份。这一年的寿庆活动，使整个中国沉浸在一片歌舞升平之中。农历正月初一，光绪皇帝奉慈禧太后懿旨，对王公大臣、总督、巡抚、提督、总兵、内廷、满汉六部、八旗子弟分别加封。或许，对于他们而言，这一切都代表着某种吉兆。整个国家都在承受着太后的恩泽。对于日本人而言，他们的"大陆政策"执行得太早不行，强大的北洋舰队是他们无法逾越的障碍；执行得太晚也不行，中国的政治处于巨大的变局中——1905年，清朝政府正式推行因光绪被废黜而一度中断的新政；1911年，中国成立共和政府。1894年，可以说是命运送到日本人手里的唯一一次良机。如果他们在这一年一举击溃中国，那么，亚洲政治的天平将发生彻底变化，亚洲政治的主动权，将彻底交到日本人手中。这一年，刚好是《整顿海陆军》诏书提出的"十年准备期"的最后一年。

  洞悉国际形势的李鸿章，对此竟毫无察觉。1894年

---

① 详见朱诚如主编《清朝通史》，光绪宣统朝分卷，第237、238页，北京：紫禁城出版社，2003年版。

春天，李鸿章的身影再次出现在旅顺军港，对舰艇部队进行一番检阅后，给朝廷写了一份奏折，说："此后京师东面临海，北至辽沈，南至青齐，二千余里间，一气联络，形势完固。"①

当一群乐师正在紫禁城的一角认真演练万寿庆典的主题曲——《海宇升平日之章》时，一场风险巨大、同时利益巨大的轮盘赌开始了，日本民族显然是一个敢于铤而走险并且能够从中得到巨大乐趣的民族。万事俱备，只欠一个战争借口。1894年的亚洲史，没有一处是闲笔。这一年，朝鲜的东学党起义，给无计可施的日本人送去了一个最好的借口。日本人迅速派兵入侵朝鲜。光绪二十年六月二十三（1894年7月25日），日本舰队在朝鲜牙山口外丰岛附近，向中国军舰及运兵船发起突然袭击，中日甲午战争正式开始。

日本人成为战争的主导者，他们先后发起了丰岛、成欢、平壤、黄海四大战役。日本作战的目的是"将军队主力运至渤海湾口，与清国决战"。

9月17日上午11时55分，将大清军队和物资运至鸭绿江口大东沟之后，北洋军舰上的将领们正在吃"烧白鸽"，一个将校突然冲进餐厅，说发现西南方向天水线上遥遥升起几缕黑烟，像是日本舰队。将士们都跑出去看，看不出更多情况，决定边用餐边商量，同时为轮机的蒸汽

---

① 弘治、张金典、孙大超编著：《盛世之毁——甲午战争110年祭》，第118页，北京：华文出版社，2004年版。

◇ 自1894年6月5日起，日本开始大规模向朝鲜派兵，并积极制造机会挑起和中国的战争。至6月16日，抵达朝鲜的日军总兵力达4000人以上，超过了驻朝的中国军队　［日］小川一真　摄

◇

◇ 日军强征了大批朝鲜民夫用于运送辎重补给　［日］小川一真　摄（1894年）

◇

◇日军俘获"济远"舰后,两名日本海军军官和四名水兵操作其双联装210毫米舰首主炮

◇ 上图：在牙山湾沉没的"广乙"舰残骸
◇ 下图：日军强迫百姓掩埋尸体（旧照）

锅炉生火准备。当他们看清来船时，发现船上悬挂着美国国旗。

25分钟后，来舰已越来越近，清兵们发现，对方船上突然换成日本国旗。

在日本军舰上的水兵眼里，北洋军舰也越来越近，日本舰队指挥官伊东佑亨从望远镜里看到，清国军舰上，"两臂裸露而呈浅黑色的壮士，一伙一伙地伫立在大炮旁，正准备着这场你死我活的决战"。他怕一向对日本海军缺乏信心的水兵临战畏惧，特别下令准许"随意吸烟，以安定心神"①。

中午12时50分，难耐的沉寂终于被打破。双方舰队相距五六十米时，刘步蟾下令"定远号"上射程只有5000米的大炮开火。但这一炮并没有击中目标，30.5厘米口径的巨弹，随着轰然巨响，飞越日军头顶，在"吉野"舰侧500米的海面上，炸起高达数丈的火花，北洋官兵扼腕叹息，日军却以为清军是有意给他们一个下马威。桥本海关在《清日战争实记》中写道："是为黄海海战第一炮声，盖此炮声唤起三军士气也。"②北洋各舰也纷纷发起炮击。炮弹在距离日舰更远的地方坠入海中，在北洋指挥官们的望远镜里，日本舰队已被无数朵巨大的白色水花所吞没。但那些水花如昙花般一闪即逝，水花消失之处，日舰完好无损。

---

① 弘治、张金典、孙大超编著：《盛世之毁——甲午战争110年祭》，第197、198页，北京：华文出版社，2004年版。

② 同①。

战争似乎一开始就朝着不利于清军的方向发展。突然的炮击，似乎于我方的损害更大。北洋舰队的实际统帅丁汝昌所站的飞桥被突然开火的大炮震塌，日本还没开炮，清军旗舰就已受重创，北洋水师的主帅也从上面重重跌下，身负重伤。清朝政府无钱修船，战争伊始，就遭到报应。

日军在沉默三分钟后，才发炮还击。显然，他们对于距离的计算，比我们更加精准。他们不会轻易浪费自己的炮弹。1894年9月17日的黄海海域，成为两支狼群奔突撕咬的荒原。战争是把人变成野兽的魔场，它使嗜血成为每个人的本性，久经文明驯化的人类重新回到了荒原法则。这一天，对于日本人来说，是渴盼已久的，因此，以"吉野号"为首的日舰，显得格外兴奋。装备上的优势，使他们格外自信。中国将士依仗的是他们的忠勇与气节。如同一位作家所言，"人是卑微的，但他们不愿因这卑微而放弃尊严，即使自然或命运向他提出苛刻的条件，他们仍不愿以妥协而实现交易"[①]。中国人是战争的被迫接受者，中日之间的所有战争都是如此。战士们的面孔被血污所遮盖，现在我们只能看到那些血污，而无法穿透血污，看清每个人的面庞。但时隔100多年后，我们仍然能够感受到他们被热血所污的眼睛里射出的仇恨的光芒，有如中国北方的秋季尘暴中的太阳，仍从那弥散的土粒空隙中照射我

---

① 张锐锋：《古战场》，见《蝴蝶的翅膀》，第192页，北京：解放军文艺出版社，1999年版。

们。这样的目光在后来的历史中遗传了下来,我们民族的希望,正是被这样的光芒所照亮。

"吉野号"凭借它的航速和射速优势,集中火力攻击我舰队右翼的"超勇""扬威"2舰,2舰被很快击沉。而我"定远""镇远"则经奋力拼杀,将日本舰队拦腰切断,并狠狠打击了"松岛""比睿""扶桑""西京丸""赤城"5舰,将这5舰轰得不知去向。直到战争结束后,日本舰队才在远方海面上找到它们,其中"西京丸"已成废船,"松岛"被"定远"打得遍体鳞伤,虽挣扎着返回本国港口,但已失去修复价值,并退出日本海军战斗序列。如果北洋舰队以强大火力咬住它们,击沉这5舰,则甲午海战至少可以打成平局。可惜由于旗舰被毁,整个舰队已失去统一指挥,也因此而失去战机。

"定远"在追击"松岛"时,"吉野""浪速"等4艘日舰转舵,开始围攻"定远"。120毫米口径炮弹如雨般在"定远"的甲板上落下,溅起一片血花。但"定远"始终坚持战斗。因"定远"桅杆被炸断,"靖远号"主动担负起旗舰使命,"定远""镇远""来远""广丙""平远"纷纷向旗舰聚拢。

日舰方面,"桥立号"也充任临时旗舰,日军开始向旗舰集合,清军以为日军要整军再战,没想到日军向西南来路汇合后就一去不回。北洋舰队受自身航速所限,没有追击,便拖着残躯离开血海,驶向旅顺修整。

这次鏖战的结果如下:北洋海军损失5艘军舰,日方有5舰受重创，但没有一艘军舰被击沉；我军阵亡1000余人，日军为600余人，其中，我军阵亡舰长为4人，对方仅一人，即赤城坂本。从战果看，为日本取胜，但北洋水师实力尚存，还有还手的余地。

北洋水师黄海失利的原因很多，一言难以蔽之，但水师统帅丁汝昌不懂水战，是一个无法回避的直接原因。前面说过，李鸿章以任人唯亲的方式，对抗运转无效的官僚系统，但任人唯亲是把双刃剑，它保证了上情下达的效率，但无法保证决策的正确性。对于海战几乎一无所知的丁汝昌，尽管诸事亲力亲为，像保姆一样敬业，但军队需要的是统帅而不是保姆。他对战事缺乏起码的判断力，在战略上听从李鸿章，在战术上听从手下将领，这样一支军队，在军情瞬息万变的战场上，不败才是怪事。这看上去只与李鸿章个人品性与办事作风有关，实际上关乎大清王朝的军政体制。有学者指出："李鸿章把一班品质拙劣的亲信安置在重要岗位和肥差，任凭他们巧取豪夺。而他手下那些为国家利益殚精竭虑的智囊和将领——像郑观应、严复、刘步蟾、邓世昌等，大多郁郁不得志。以至于左宝贵、聂士成、徐邦道这些出类拔萃、英勇善战的将领被迫长期屈居叶志超这等贪生怕死、腐败无能的军功骗子和宋庆这样的庸才统率之下进退两难、坐以待毙。除了'将不知兵，兵不知械'、枪弹不匹配和质量伪劣严重问题之外，更有全面负责旅顺基地后勤保障任务的'隐帅'龚照玙之流，还没开仗便逃之夭夭，以致全军不战自乱，不战而溃!"①

持续200年的风帆战舰时代结束后,铁甲舰时代只持续了50年——它始于1855年法国炮击金伯恩炮台时使用的"浅水炮艇",终于1905年出现的用统一口径主炮武装的"无畏"舰,后者在设计上实现了革命性的进展,从而中止了铁甲舰的时代。在这短暂的50年时间里,由铁甲舰编队进行的决战极少,但这些为数不多的海上决战,无一例外地起到了决定性的作用。中日甲午海战,就是其中之一。黄海之战,是亚洲历史上第一次现代化的海战,也是中日两国历史仇恨的开始。此战使明治维新后的日本一举进入西方强国行列,这对于崇尚暴力哲学的日本来说无异于最大的鼓励,此后,这个东洋小国一次又一次蛮横地闯入中国的历史,成为中国历史中一个挥之不去的梦魇。胜利使整个大和民族陷入狂欢,留给中国人的,只有挥之不去的咒语。

不知此时辽东半岛上的人们是否能够听到远方海面上的炮声,不知这些大清臣民,是否明白中日之间以大炮进行的对话,对他们意味着什么。那震耳欲聋的声器,已经透露了他们的未来命运。北洋舰队射出的炮弹,大多是伪劣产品,那么,整个国家,包括那些利欲熏心的伪货炮制者,都将为这个国家行政系统的腐败付出惨痛代价。

---

① 弘治、张金典、孙大超编著:《盛世之毁——甲午战争110年祭》,第321页,北京:华文出版社,2004年版。

五　辽东半岛之战

甲午战争的第二阶段以陆战的形式进行。一切似乎都是依照日本军方的计划书进行的，严丝合缝。大清王朝的战争发言权实在有限。而陆上的局面，也不过是海上战局的翻版而已，这个渴盼奇迹的王朝最终未能如愿。

陆战成为海战的继续，大清王朝实际上对此已有预判。当朝鲜东学党事起，光绪帝向自己的属国朝鲜调兵时，就命令主动请战的黑龙江将军依克唐阿进驻奉天。同时，光绪还谕电李鸿章，调驻守旅顺的宋庆，率军与已在大东沟登陆的刘盛休铭军等部，向"奉省门户"九连城一带集结，加强沿江纵深的防御力量，并电令东三省练兵大臣定安和盛京将军裕禄，命其派兵"前往鸭绿江，并举办乡团，添募猎户炮手，随时防堵"[①]。这表明了这位年轻的皇帝的先见之明和对局势的把握能力。而且，他已经把目光投向正规军以外的民间武装，表明他已具有"全民抗战"的思想。在黄海海战开始的同时，在奉天省东边道鸭绿江沿线，已经集结70多营3万余人的中国防军，而新组建的乡团、民勇还不计在内，从而构成了以九连城为中心，左翼伸到长甸，右翼达安东（今辽宁省丹东市）及大东沟的鸭绿江防线。完成这些周密的布防，不知心力交瘁的光绪，是否可以回到寝宫，睡一个安稳觉。

[①]《明德宗实录》，见《明实录》第347卷，第460、451页，中央研究院历史语言研究所校印。

在后来岁月中发生的那些故事，证明了光绪帝的先见之明。然而，与强大的命运相比，任何先见之明都显得苍白而徒劳。日军自甲午年九月二十六（公元1894年10月24日）发起进攻，清军立即溃败，在左翼，日军占领安平，依克唐阿败走宽甸；在九连城城东，聂士成苦战之后，虎山失守；而整个九连城，在挣扎了四天之后，落入敌手。宋庆退往凤凰城，驻守安东的部队也向岫岩溃逃，整个鸭绿江防线全面崩溃。

　　自此以后，辽东战场的节节溃败，已像多米诺骨牌一样，无法扭转。在山县有朋指挥日本第一军侵犯辽东的同时，大山岩指挥的第二军在日本联合舰队的掩护下，在花园口登陆，向辽南的咽喉金州进犯。像所有的忠臣良将一样，徐邦道以死相拼，但他的抗敌决心仍就没能化为胜利，金州于十月初八（11月5日）失守，此时，日军几乎可以带着度假的心情，轻松前往大连和旅顺了。守卫大连的铭军[1]将领赵怀益早已作好了逃亡旅顺的准备，日军几乎兵不血刃地进入大连。赵怀益还送给日军一份不菲的见面礼，那就是大连的所有军械储备。史家评价："我海疆炮台，大连湾式最新炮亦最利"，"经营布置，凡历六载，最称巩固"[2]。现在，它们所起的作用，仅仅是加强了敌人的实力。

---

[1] 清淮军刘铭传所部。
[2] 王芸生：《六十年来的中国与日本》，第二卷，第134、135页，北京：生活·读书·新知三联书店，2005年版。

旅顺，此时已成为最后的孤城。旅顺军港的建立，本书前面已有介绍。这一军港，李鸿章曾投巨资，经营16年之久。但是，再坚固的堡垒，也帮不上清军的忙了。日军步兵整齐的行军声，在秋日的半岛上回荡，有条不紊地向南方挺进。而此时的清军，已经杂乱不堪，只有徐邦道，在退却途中，对日军进行一些有限的骚扰。随着日军的逼近，各路清军纷纷溃逃，留下一个不设防的城市，给日军屠杀。

祸不单行。占领辽东半岛后，日军又以海陆军协同作战的方式，进犯山东半岛，威海的陆上炮台被日本陆军占领，火炮对准了李鸿章苦心经营的北洋舰队。1895年正月二十三（2月17日），日本正式占领威海卫北洋舰队除一部分舰艇引爆自沉外，共有11艘舰艇成为日军的战利品。丁汝昌等将领大部分自杀殉国，"志节凛然，无愧舍生取义"[①]。北洋水师全军覆灭。

作为被俘战舰之一，北洋水师主力舰"镇远"被驶入日本，编入日本海军战斗序列，直到1911年，它因无法跟上军备更新的步伐而被日本海军除籍，船体被肢解，它的铁锚和10个大炮弹至今安放在东京上野公园，将中国人的耻辱公开展览。

此时，慌了神的皇帝如同站在大堤决口旁的指挥者，第一反应就是全力以赴地试图堵住缺口。辽东是清朝的发

[①] 《清光绪朝中日交涉史料》，卷三六，第24页，北平：故宫博物文献馆编印，1932年版。

韧之地，怎容倭寇践踏？况且，大清皇帝清楚地记得，自己的祖先是怎样从那里长驱直入，直取北京，进而占领全国的，辽东失守对于这个王朝意味着什么，无论是皇帝还是朝臣，都心知肚明。于是，圣旨雪片一样从京师飞来，每一道都十万火急。皇帝要求将军们竭尽全力将日本人就地截住，不让他们前进一步。这对将军们而言，实在苛求。"中日战争中，光绪皇帝表现出晚清统治者少有的血性"[1]，而清军中也不乏智勇双全的忠臣良将，能做的他们都做了，但等待他们的，仍然只有失败，而且一次比一次败得更惨。这就令人感到困惑不解了。

  自此以后，有关制度层面的探讨，就从来不曾中止。此外，一个重要的原因，是清兵在历史上，是向来以进攻者的姿态出现的。在牧人与农人的冲突中，他们凭借自己的马上优势而横扫天下。但是，他们对于大海却无比陌生。漫长的海岸线止住了他们的马蹄，同时也阻挡了时光的进入，虽然外面的世界日新月异，但紫禁城内，还充斥着康熙乾隆年间的空气。以乾隆皇帝要求来访的英国马戛尔尼使团行下跪礼为标志，清朝皇帝在虚拟的神圣感中安睡了两百年，他们脑子里除了四书五经、"圣贤心法"之外空无一物，英国人只好换一种方式来到中国（西洋各国紧随其后）——用炮舰打进中国——的时候，这个昏沉的帝国，只能居于守势。而这种防守型的军事系统，曾经是

---

[1] 张宏杰：《光绪——被"帝王教育"败坏的人》，原载《当代》，2006年第5期。

明朝的强项，对于清朝而言，却是十分陌生的。从前的万邦朝拜之国也因此沦为万邦践踏之国。

美国著名海军战略理论家艾尔弗雷德·塞耶·马汉在《海军战略》一书中，将舰队分成"要塞舰队"和"存在舰队"两种类型。前者将全部重点都放在要塞上，使舰队成为要塞的附庸，除协助要塞之外别无存在的理由；后者则完全抛开要塞，将要塞视为只是供舰队诸舰进行加煤、修理和人员休整的临时庇护所。前者单独依靠设防工事对国家海岸线进行防御；另一个则是独自依靠舰队进行实际防御。在马汉看来，要塞舰队象征防御思想，而存在舰队象征进攻思想。[1]那么，清朝的舰队，过于依赖自己的海岸工事，关键时刻躲在军港里保船避战，属于要塞舰队；而日本舰队，则如一把利刃，闪展腾挪，变化无踪，并最终刺向中国的咽喉，无疑属于存在舰队了。清朝的要塞（包括要塞里的舰队）如同从前的长城，企图凭借自身的坚固，来阻挡入侵者的马蹄；而日本的军舰则像当年的马队，具有极强的灵活性和攻击性。现在，清朝的身份倒置，他们已由当年的冲击者，变成要塞防御者，只不过他们把自己的长城，从北方转移到东方海岸上而已。大陆文明与海上文明的冲突，也不再是大中华帝国的内部战争，而演变为一场国与国的较量。

---

[1] ［美］艾·塞·马汉：《海军战略》，第360、368页，北京：商务印书馆，1994年版。

六　旅顺大屠杀

　　在战争胜利后进行血腥屠城，以平民的鲜血祭旗，日本人的这一"习惯"，至少在甲午战争时代就已形成。由此可知，40多年后的南京大屠杀，绝不是空穴来风，而是体现出根植于日本人人性深处的荒凉与残酷。日本人在战争中的变态行为，对于中国这个连蝼蚁的性命都要珍惜的国度来说，既无法想象也无法理解。战争是人性的放大器，可以清晰展现一个民族的素质。日本人通过自己的暴行，证明自己属于尚未进入文明世界的野蛮民族。"日本披着文明的外衣，实际是长着野蛮筋骨的怪兽。"[1]日本军队在占领辽东城市后，到处张贴一种《告十八行省豪杰书》的告示，声称："清氏原塞外一蛮族，既有非命之德，又无功于中国，乘朱明之衰运，暴力劫夺，伪定一时，机变百出，巧操天下。当时豪杰武力不敌，吞恨抱愤以至今日，盖所谓人众胜天者矣。今也天定胜人之时至焉。"[2]书中对于清廷的谴责，刚好是日本对其自己的写照。

　　这场屠杀开始于1894年11月21日，4天之后，这座城市只剩下了36名中国人——日军之所以没有杀掉他们，是为留下他们以便掩埋尸体。他们的帽子上粘有"勿杀此

---

[1] ［日］陆奥宗光：《蹇蹇录——甲午战争外交秘录》，第63页，北京：商务印书馆，1963年版。
[2] 戚其章：《甲午战争史》，第169页，上海：上海人民出版社，2005年版。

人"的标记，才得以幸存。[1]关于这场屠杀，山东烟台登莱青岛道台刘含芳在1895年1月7日电文中有如下描述："日军进入旅顺后，兽性大发，进行了惨绝人寰的大屠杀。他们见人就杀，有的砍掉脑袋，有的割去双耳；小孩子被钉在墙上，有的挖去双眼或割去双耳；有的妇女被奸污后割腹开膛。屠杀持续4日之久，整个旅顺陷入血泊之中，死尸堆积高达数尺。"[2]

作为目击者，英国海员阿伦在其《在龙旗下——甲午战争亲历记》一书中写道：

"致命的复仇和杀戮，使惊慌失色的人们拥向街道。我向前走时，传来越来越大的步枪声、盛怒日军的叫喊声和受害者临死前的尖叫声。

"我直奔旅店，四周都是仓皇奔逃的难民。此刻，我第一次看到日军紧紧追赶逃难的人群，凶狠地用步枪和刺刀对付所有的难民，像魔鬼一样刺杀和挥砍那些倒下的人们。

"日军很快向全城各方推进，凡他们撞见的人都给射到了。几乎在每一条街上，人们开始被满地的尸体弄得寸步难行，而闯见一群群杀人魔鬼的危险每时每刻都在增

---

[1] 胡兰德:《关于中日战争的国际公法》，转引自戚其章《甲午战争史》，第211页，上海：上海人民出版社，2005年版。

[2] 弘治、张金典、孙大超编著:《盛世之毁——甲午战争110年祭》，第225页，北京：华文出版社，2004年版。

加。"①

前所未有的灾难降临了，这座滨海之城就这样沦为一座血之城。到处可以听见铁刃刺破血肉的声音，那是一种锐器与柔软的身体接触后发出的沉闷的声音，这些声音汇聚起来，变成一种庞大、阴暗、若有若无，又令人毛骨悚然的声响，笼罩在城市的每条街道上。鲜血变成河流，人的内脏第一次悬挂在城市的建筑上。根据阿伦的记载，即使在深夜，屠杀也未曾停止，刽子手从来没有如此敬业。他们提着纸灯，寻找着他们的猎物，在飘忽的纸灯的照耀下，他们的面孔忽明忽暗，更显狰狞。那种微弱的底光打在脸上，标明了他们魔鬼的身份。

"眼前是一幕可怕的情景。当我看湖面时，下面的湖水大约距我有15英尺。湖被好多日军团团围住，日军把无数的难民赶到湖中，从四面向他们开枪，并用刺刀把那些力图挣扎逃出湖面的难民赶回湖水中去。湖面漂浮着死尸，湖水被血染红了。"②

旅顺大屠杀幸存者苏万君："亲眼看见日本兵把许多逃难的人抓起来，用绳子背着手绑着，逼到旅顺大医院

---

① James Allan, *Under The Dragon flag*, London,1898, pp.78–93. 有人怀疑阿伦《在龙旗下》的真实性。史学家戚其章考证，阿伦的记述无可怀疑。例如，其中所述黄海海战、旅顺街道、炮台名称和位置，都准确无误。特别是记述清军奖励活捉倭人的告示，不见于其他记载，却与日谍向野坚一的《从军日记》所述一致，更可证明阿伦若非亲历，是写不出这本回忆录的。详见戚其章《旅顺大屠杀真相再考》，原载《东岳论丛》，2001年第1期。

② 弘治、张金典、孙大超编著：《盛世之毁——甲午战争110年祭》，第226页，北京：华文出版社，2004年版。

前。砍杀后，把尸体推进水泡子里，水泡子变成一片血水。"①

阿伦："街道的景象可怕极了：地被血水浸透了，遍地都是残缺不全的尸体，而一些狭窄的街道完全被尸体堵住了。死者绝大多数是城里人，而保卫他们的勇敢将士却居然销声匿迹了。他们逃向何处对我来说是个谜，或许他们为了防止自己被认出来是军人，屠杀一开始就脱去了军装，而这种逃遁法拯救不了他们，因得胜的日军见谁杀谁……

"终于，我回到了旅店，发现刽子手已经光临过了。屋里黑洞洞的，我点着灯笼后，看到的第一件东西是店主的尸体，直挺挺躺在院子里。他的脑袋差点被割下来，腹也破了。一个女仆的尸体横躺在门栏上，被剖得无法形容。旅店里共有10至12人，我发现其中8人被杀在店内不同的地方，哪儿还有活着的人的踪影？"②

旅顺大屠杀幸存者鲍绍武："日本兵侵入市内，到处都是哭叫和惊呼声。日本兵冲进屋内见人就杀。当时我躲在天棚里，有的人坐在椅子上就被捅死了。更惨的是，有一家炕上，母亲身边围着四五个孩子，小的还在怀里吃奶就被捅死了。"③

---

① 戚其章：《甲午战争史》，第210页，上海：上海人民出版社，2005年版。
② 弘治、张金典、孙大超编著：《盛世之毁——甲午战争110年祭》，第226页，北京：华文出版社，2004年版。
③ 同①。

旅顺大屠杀幸存者王宏照："（我）看见旅顺家家户户都敞着门，里面横七竖八的尸体，有的掉了头，有的横倒在柜台上，有的被开膛，肠子流在外面一大堆，鲜血喷得满墙都是，尸体把街都铺满了。"[1]

……

大屠杀中，美国纽约《世界报》记者克里尔曼、英国《泰晤士报》记者柯文、《黑白画报》记者兼画师威利阿士等，都发出现场报道。

日本官方显然不希望自己在全世界面前丢丑，各种亡羊补牢的掩饰活动相继展开。这表明日本人并非没有是非观，他们显然清楚自己的暴行有违人类基本价值，为人类社会所不容，但在他们眼里，这些所谓价值只是一块破抹布，只有在需要遮羞的时候，才拿出来遮掩一下，不需要的时候，则把它们像扔垃圾一样，统统抛到九霄云外。

外务大臣陆奥宗光代表日方致电《纽约报》"辟谣"，称："请记住：在向部内及他处有关人员提供资料时，务必运用以下诸点：（1）逃跑的中国士兵将制服丢弃；（2）那些在旅顺口被杀的身着平民服装的人大部分是伪装的士兵；（3）居民在打仗前就离开了；（4）一些留下来的人受命射击和反抗；（5）日本军队看到日本俘虏被肢解尸体的残酷景象（有的被活活烧死，有的被钉在架子上），

---

[1] 戚其章：《甲午战争史》，第210页，上海：上海人民出版社，2005年版。

受到很大的刺激;(6)日本人仍然遵守纪律;(7)旅顺口陷落时抓到大约355名中国俘虏,都受到友好的对待,并在几天内送往东京。"①

联想到日本人于1937年在南京的暴行,以及今天日本右翼势力对靖国神社的态度,我们会吃惊于日本人对待历史问题惊人的一致性。面对这样一个民族,中国人首先要做的,就是记住历史,特别是自己的惨痛历史,就像犹太人一样,不让"以史为鉴"流于口号。一个民族是否成熟,首先取决于它从自己的记忆里提取有价值东西的能力。早在南京大屠杀之前40多年,旅顺就已经经历了一次血腥的屠城。我们的内心应该在穿越无数个绚烂或者平静的岁月之后,仍然能够抵达那个恐怖之夜。血城里的亡魂时刻向我们提醒着他们的存在。我们的心将因此而痉挛。领袖说,忘记过去就意味着背叛。背叛谁?就是背叛那些无辜的亡魂。

旅顺"万忠墓",是无法推翻的不朽证据。日本人命中国抬尸者把尸体集中到花沟张家窑,浇油焚烧。一股腐臭的气息在城市的上空回旋,十几天后,大火仍然没有熄灭。这种令人作呕和窒息的气息纯属日本制造,与这座海边城市的水光天色格格不入。后来,一片惨白的骨灰出现了,被装进四口大棺材,这些就是曾经在这座城市里存在过几乎所有生命,现在,他们消失了,连他们自己都不清

---

① 戚其章:《甲午战争史》,第212、213页,上海:上海人民出版社,2005年版。

楚自己的生命是怎样被剥夺的。他们消失之后,整个城市变成一座空城,只有风,和杀红眼的魔鬼像幽灵一样,从街巷中穿过。

有日本史学家对日本政府掩盖暴行的做法所产生的恶果作出充分估计:"这样一来,旅顺屠杀事件的责任问题就被搁在一边。但结果从日军的军纪来说,却产生了一个不能掩盖的污点,对残暴行为毫无罪恶感,以至后来又连续发生了这种行为。"[1]

七　海宇升平日

1894年10月30日,金州形势危急的时候,慈禧太后的万寿庆典仍在有条不紊地进行当中。排除一切干扰,将庆典进行到底,已经成为慈禧心中不可动摇的信念。不知这是出于对日本军队的藐视,还是出于对战争的无知。

也许,在慈禧太后看来,只有把她的万寿庆典办成成功的大会、胜利的大会,才能真正向世界展示大清帝国的国威。也许,在慈禧心里,内忧外患早已是她年轻时的往事,这漫长的时间,她内心的伤痛早已结痂、愈合,在经历了所谓"同光中兴"之后,大清帝国这辆残破的老车已经驶过最危险的路段,等待它的将是一片坦途,国破家亡的记忆已经渐渐隐退,被繁华世象所取代,像郑观应的

---

[1] [日]藤村道生:《日清战争》,第119页,上海:上海译文出版社,1981年版。

《盛世危言》、康有为的《上清帝第一书》、孙文的《上李鸿章书》这样的文字，纯属酷爱清议的文人墨客们在故弄玄虚、危言耸听和哗众取宠，除了可以不时用于打击政敌之外，这些清议狗屁不是。笼罩在紫禁城内的这种"和合精神"，使大清帝国像一只在大鼎温水中怡然自得的蛤蟆，一边独享着飘香的温泉，一边幻想着海宇升平的天鹅梦，而大鼎下，却是烈火猛烧。

于是，那支亚洲第一的海军止步不前，船开不动，炮打不响，国难之际，大清帝国国库里的黄金白银，都化作颐和园中的湖光山色、游船画舫。万寿山上宫殿重重，层层帷幕遮住了外面的世界，这个朝廷的女主人对外面的世界一无所知。戏台上的刀剑影，只为博得老佛爷一笑。品茶听戏，成为她的主要工作，她的艺术品位日益提升，而现实中的战争，却丝毫引不起她的兴趣。中国的皇帝壮志在心，但是只要与现实相遇，他就会发现自己的雄心毫无用处。"坐到了驭手的位置上后，皇帝发现在很大程度上是车在操纵他，而不是他在操纵车。亲政以后……帝国政治如同一架上好了发条的钟表，一切都按照太后执政时的成例一成不变地运行。在成例的笼罩下，他并没有多少自由发挥的空间。在亲政的前五年，皇帝不过像是太后的一个机要秘书，庸庸碌碌地忙于琐碎事务。"①太后退休了，但实际上她没有退，她的影

---

① 张宏杰：《光绪——被"帝王教育"败坏的人》，原载《当代》，2006年第5期。

响、她的成例、她的办事风格、她的思维方式，始终像一个影子，在庙堂上盘旋。在太后的影响下，大清王朝改变了由努尔哈赤等先辈们创造的阳刚气质，而日益变得婉约和阴柔。晚清，就是一个阴柔的国度，华美、喑哑、沉糜、腐烂。这一点，与南宋末年，以及万历以后的大明王朝有几分相似。慈禧太后沉醉于自己营造的天堂之中，"我死以后，哪管洪水滔天"已经成为她的座右铭。但是，尽管她几乎运用了全部国力，她的天堂仍然具有虚拟的性质，因为在灾难的世间建造的所谓天堂，如同沙上建塔，是不可能牢固的，它将不堪一击。公元1860年，圆明园的命运，已经证实了这一点。在国将不保的情况下，任何乐园都将成为给侵略者准备的礼物。圆明园的惨痛教训，慈禧丝毫没有吸取。追求安逸享乐或许是女人的天性，特别是像慈禧太后这样站在权力顶峰的妇女。她沉醉于这种自欺欺人的游戏。在她的影响下，苟且偷安成为整个王朝的特征。

　　10月30日清晨6点，朝廷百官集聚在紫禁城西华门，参加万寿庆典的第一巡游活动。《翁同龢日记》对这一活动作了详细记载：9时，慈禧太后乘坐专门为万寿大典制作的金辇，"出蕉园门、三座门、北长街，入西华门，由协和门至锡庆门，降辇（蕉园、锡庆皆有彩殿，北长街皆有点景），入皇极门、宁寿门，先至阅至楼，后还乐寿堂。上于蕉园门跪送，步行前引，至北长街复跪。先由神武门至锡庆门，辇至跪迎。凡辇前从官皆执如意一柄，余等亦然。先叩头三，谢昨日赏长寿字绸缎帽纬。跪候，过，起。济济焉盛典哉！"

与此同时，在遥远的辽东半岛，还有一个人在下跪，不过不是为老佛爷的寿庆，而是跪在大将赵怀业面前，请求兵力支援。这个跪下的人，就是前面提到过的、英勇抗战的旅顺守将、正定总兵徐邦道。那时的日军已向金州挺进，深知金州战略地位的徐邦道，跪地请求大连守将赵怀业增援。除了听到赵怀业打了一阵子官腔之外，徐邦道一无所获，只好愤然返回前线。唐朝"安史之乱"时，张巡步将南霁云突围，也是断指求援未果，含恨而去，历史上的悲剧，往往具有相似的情节。

第二天，忍无可忍的翁同龢和孙家鼐前往东暖阁跪安，力陈战局危急，恳请太后明断。但他们对老佛爷的要求太高了，所以他们的失望更大。他们并没有得到任何指示，无可奈何之中，翁同龢和孙家鼐前往恭亲王府邸，"痛哭流涕，请持危局，卒无所发明"。

当天，慈禧召见礼亲王和庆亲王，说了一个多时辰，却"其于今日所请设巡防、请借镑款（即借英镑购买军舰）两层，皆不置一词。但云'今日所言，皆系庆典'"。

光绪二十年十月初十，公元1894年11月7日，辽南要地金州失守，日军已在拂晓时分，分三路向大连湾进犯，并在上午9时，迅速占领了大连的全部清军炮台，李鸿章经营多年的大连要塞，反而成为日本的战争基地，时人指出："方倭将至时，我金州、大连湾储备军械自勇丁配兵枪以外,有海岸、行营两种炮凡一百二十余尊,大小炮弹二百四十六万余颗,而自沪局运至行营快炮封尚未启;华厂自制枪并德国枪六百数十杆,枪弹三千三百八十一万数千颗;及马匹行帐诸式军需,所蓄甚厚。严城巨防,特两日间竟委之去。大连湾有海军码头,倭人据之,其大小军资从此得登岸地转输前敌,而辽东之祸愈烈矣。"[①]就在这一天,大清帝国皇太后的60岁生辰,终于来到了。为了这一天,慈禧太后仿佛已经等了一千年。

上午9时整,恰好在大连要塞失守的同时,慈禧太后的金辇出现在皇极门外。慈禧自金辇上下来,可谓雍容华贵、仪态万方。这个养尊处优的老太婆,素以观世音自居,我们至今可以从外国人拍摄的照片上,看到她观音造型的照片,但她对百姓的命运不闻不问,充其量只是个冒牌的观音。在内侍的簇拥下,她由西门步入,从东边的石阶进入皇极殿。她悠缓的步态,仿佛这个国家真的国泰民安。慈禧在御座上坐定,巨大的宫殿变得一片肃静,听得见风撩动大臣长袍的声音。这时,嗓门最大的太监开始朗读贺表,为慈禧太后歌功颂德。欺骗有时具有巨大的魅力,甚至会让人上瘾,慈禧就是一个喜欢骗局,并且乐于享受骗局的人。

读毕,光绪皇帝高举贺表,进入宁寿宫,把贺表交给

---

① 姚锡光:《东方兵事纪略》,见《中日战争(1)》,第39页,北京:中华书局,1989—1996年版。

内侍后，退出，这个皇帝在这一时刻表现出足够的谦卑。这样的皇帝，在中国历史上也并不多见。在光绪皇帝的率领下，后妃、王公和满朝文武三跪九叩，山呼万岁，数千人跪伏在凹凸不平的石板地上，像潮水一样起伏跪拜。那曲《海宇升平日之章》也悠然响起，在宫殿庭院间回荡。这一系列庄严的仪式只起到一种作用，就是让慈禧见证了自己的权威，她是这个庞大帝国的无冕之王，她笑了，她的微笑是以辽东战场上成千上万人的生命为代价的。

慈禧万寿庆典的整个过程，显然经过了一丝不苟的计划，它的周密程度，远比辽东半岛的备战计划周密得多。这表明这个王朝具有强大的组织能力，但这个王朝只有在孝敬皇太后时，才能表现出惊人的团结和创造力，除此之外，整个王朝都是一盘散沙。

熬过了冗长的庆祝程序，翁同龢等官员心急如焚地返回巡防处，准备办理军机要务，这时，来自慈禧的一道令人吃惊的懿旨下达了——赏赐皇帝和王公大臣听戏3日，一切军国大事一概放下停办，还说："今日令吾不欢者，吾将令其终生不欢。"那么，这道懿旨，并非出自对日理万机的君臣们的亲切关怀，而是把他们当作陪自己娱乐的道具，如果他们让她不爽，她将让他们一生不得安宁。

锣鼓响处，武生们在戏台上闪展腾挪，彼此厮杀得难解难分；舞台下面，王公们神态自若，如痴如醉，气氛轻松，天下太平。

翁同龢不会像慈禧那样高枕无忧。他只陪慈禧听了半个时辰的戏,就悄悄溜了出去。第二天子夜,当慈禧和王公大臣们带着庆典仪式之后的兴奋、疲惫或者郁闷之类的复杂心情昏然入睡的时候,翁同龢等军机大臣被一阵急切的敲门声惊醒,他们得到来自旅顺的急电。

此时,前线告急的电报像雪片一样飞到军机大臣们手中,令他们应接不暇。每张电报纸,都像敌方的利刃,刺入老臣们的心窝。所以,翁同龢打开电文的手,既急迫,又迟疑。那些沾满血泪的文稿,令他心有余悸。皇帝不等读到电文,就能从军机大臣们的脸色上猜想到底发生了什么。9日,翁同龢到慈禧那边稍微应付了一下,就悄然退出,午饭后,他又赶到慈禧听戏处走个过场,又匆匆赶往巡防处,此时他得到北洋水师丑时发来的急电:南关岭已失,徐邦道败退,旅顺仅半月余粮。他一拳击在桌案上,闭上眼睛,他的喉咙里发出一道沉闷的声音:"此绝症也。"

13日,日本在为进攻旅顺这座最后的孤城做积极的准备。这一天,慈禧巡游,在乐队的先导下,乘辇返回西苑,初冬的阳光照亮水面,令她心神为之一爽。她牵挂已久的庆典,终于成功举办了,她向大臣们慷慨行赏,此时,没有什么令她感到不满足的了。

11天后,日本在旅顺进行的大屠杀令举世震惊。不久之后,在全世界的同声谴责之外,一场声势浩大的庆典,在日本国内举行。这场庆典的规模,丝毫不逊于慈禧的万寿庆典,而且,这场庆典的参加者,绝大多数是自发参加的民众。来自前线的捷报令他们大喜过望,这份胜利,足以将这个弹丸小国置于翻江倒海的狂喜之中。《纽约时报》为此作了详细报道:

> 至少有40万人参加了在上野公园举行的庆祝仪式。铁路公司降低了各地到东京的火车票价。铁路公司为了满足乘客需要,不得不加班加点地增开列车。旅馆和客栈也迅速挤满了来自四面八方的人群,甚至有许多私人住宅也变成了旅馆。……大游行拉开了庆典的旗帜。参加游行的人数如此之多,以致街上的游行队伍根本分不清谁是谁了,完全变成乱糟糟的人海。打头的游行队伍已经到达上野公园很长时间后,队尾还聚集在日比谷动弹不得,人的长河足足延续了四英里。
>
> 由各行业工会的工匠们、学校的学生们、工厂的工人们、商业公司的职员们,还有许多上流社会人物汇集而成的人群,伴随着乐队的节奏行进。成百上千只喇叭和号角的吹奏声、喧天的锣鼓声,游行队伍和站在游行队伍两旁看热闹的人们那此起彼伏的欢呼声混合在一起,震耳欲聋。各式各样书写着稀奇文字的旗帜、横幅、军旗满天飞舞;在马车上身着节日装束的神父们、欣喜若狂的孩子们、市议会的议员们、来自内地的代表们喜气洋洋地走过去了;装饰成各种样式的花车在人们的簇拥下开过

来了,有的车上用竹竿挑着纸糊的或用柳条编成的人头,表示被斩首的清国人,摇摇晃晃地开过来,引起人们的哄笑。各种新鲜的有趣的物件在游行队伍中随处可见。当队伍到达皇宫时,人们的欢呼响成一片,声震云霄。他们到底在叫嚷什么,谁也听不清。

皇宫外摆放了很多明治天皇和皇后的肖像,许多悬挂条幅的气球放飞到了天空。人们一边行进一边唱着名为《君之代》的颂歌,这首歌是由日本著名诗人福井先生谱写的。在上野大街上树立了一道巨大的拱门,游行队伍必须从下面穿过。在这道拱门上满缀着帝国之花——菊花,黄色的花朵在绿色的背景上面组成了如下的文字:"武运长久"和"大日本帝国万岁"。……[1]

这一庆典,与此前慈禧的万寿庆典,具有一种神奇的呼应关系。这并非巧合,而是互为因果的。没有慈禧的万寿庆典,北洋未必会败,北洋不败,就没有日本的举国同庆。此前,清军已经在中法之战中取得了对外战争的首胜,大清军队,并非总是一堆烂泥。战胜日本,再办庆典不迟。如果赔款的是日本,那么北洋水师为慈禧贡献十

---

[1]《节日盛装的东京欢庆战争胜利》,原载《纽约时报》,1895年1月14日,转引自郑曦原编《帝国的回忆——〈纽约时报〉晚清观察记》,第241、242页,北京:生活·读书·新知三联书店,2001年版。

个颐和园都绰绰有余。无钱买船,有钱赔款,王朝的逻辑,没人能够理解。慈禧的庆典给了日本一个机会,一个千载难逢的好机会,好像她的万寿庆典,是专门为日本人办的。停办海军修建颐和园,大清皇太后成了日本人的卧底。日本人的庆典,包含在慈禧的庆典中。"失败乃成功之母",清国的失败,刚好造就了日本的"成功"。根据《纽约时报》的说法,"是日本人打开了世界的眼界,让人们看到大清帝国真正的无能。1894年因为朝鲜问题在这两个东方国家之间爆发了战争,大清国没过几个月就不得不向日本求和,《马关条约》终于给清国人带来了和平。可是,所有西方列强们立即把贪婪的目光投向大清国,并且开始谋划割让大清国领土,以及获得商贸特权。"[1]

而末代皇帝溥仪的英国师傅庄士敦则说:"中国孤立无援地被打倒在那个一贯被她鄙视和怠慢的小岛国脚下。这既非第一次,也不是最后一次。"[2]

八 宝剑上的风霜

清军并没有放下武器。1895年2月的一个早上,一场反击战,在刚刚落过霜的北方大地上展开。晨风从田野里

---

[1] 《慈禧太后生平》,原载《纽约时报》,1908年11月16日,转引自郑曦原编《帝国的回忆——〈纽约时报〉晚清观察记》,第159、160页,北京:生活·读书·新知三联书店,2001年版。

[2] [英]庄士敦:《紫禁城的黄昏》,第1页,济南:山东画报出版社,2007年版。

吹过来，带着冬日里的枯燥气息。太阳从覆了薄霜的洼地里爬出来，疲惫不堪，浑身染满了黏稠的血色。在经历了大溃败之后，清军终于爆发出一股强劲的力量，那力量来自被摧残之后的激怒与挣扎。凭借着这一股余勇，清军分别于2月26日和3月1日，收复宽甸、长甸一带。

黄海以及辽东的战败，令李鸿章及其亲手缔造的北洋水师和淮军信誉扫地。李鸿章百口莫辩。1894年12月28日，御史安维峻写下一折奏章。奏章中说：

> 窃北洋大臣李鸿章，平日挟北洋以自重，当倭贼犯顺，自恐寄顿倭国之私财，付之东流，其不欲战，回系隐情。及诏旨严切，一意主战，大拂李鸿章之心，于是倒行逆施，接济倭寇煤米军火，日夜望倭贼之来，以实其言。而于我军前敌粮饷火器，故意勒肯之。有言战者，动遭呵斥。闻败则喜，闻胜则怒。淮军将领，望风希旨。未见贼，先退避；偶遇贼，即惊溃。李鸿章之丧心病狂，九卿科道亦屡言之，臣不复赘陈。[①]

奏折中指责李鸿章消极避战，或可成立，但说李鸿章暗通日寇，期盼日寇到来，则言过其实。有意思的是，安维峻在奏折中居然毫不掩饰他对于慈禧太后和太监李莲英

[①] 弘治、张金典、孙大超编著：《盛世之毁——甲午战争110年祭》，第236页，北京：华文出版社，2004年版。

的指责,尽管他的陈述语气十分巧妙:

> 而又谓和议出自皇太后意旨,太监李莲英实左右之,此等市井之谈,臣未敢深信。何者?皇太后既归政皇上矣,若犹遇事牵制,将何以上对祖宗,下对天下臣民?至李莲英是何人斯?敢干预政事乎?如果属实,律以祖宗法制,李莲英岂复可容?①

这段话的重点,在于"如果属实,律以祖宗法制"一句,其中的味道,敏感如慈禧者,当然不会闻不出来。但太后并没有惩治他,可见当时朝廷中的人心向背,对慈禧已经形成了一股强大的压力。像慈禧这样唯我独尊的人,都感觉到她背后一股彻骨的寒气。

对李鸿章失望之极的皇帝,此时想到了当年战无不胜的湘军。在他心中,大清王朝的最后一丝气脉,都存在于湘军的身上。根据他的旨意,湘系的两江总督刘坤一被任命为钦差大臣,驻扎山海关。1895年1月,对"风流儒将"、湖南巡抚吴大澄与宋庆的任命接踵而至,他们成为刘的副帅,协理东征事务。

最后的赌注押到了辽东半岛。湘军以十倍于敌的兵力,像潮水一样涌向辽东。十个打一个,皇帝心想,即使用牙咬,也足以把日本人咬死。发兵不久,皇帝的圣旨便

---

① 弘治、张金典、孙大超编著:《盛世之毁——甲午战争110年祭》,第236页,北京:华文出版社,2004年版。

尾随而至：

> 朕亲奉皇太后懿旨，现在关外大军云集，各营枪炮亦齐，声威较壮。海城经依克唐阿等攻剿，凶锋已挫，应联络各营，鼓励士卒，齐心并力，迅图克复……无负深宫谆谆告诫之意。钦此。[1]

但这份圣旨暴露了皇帝的致命弱点：只讲大道理，没有具体措施。正是这一弱点，泯灭了清军的兵力优势。也正是同样原因，断送了他后来的变法维新。他是一个理想主义者，一个真正意义上的"愤青"，总是希望毕其功于一役。他志存高远，却眼高手低；他的大政方针，理论上可行，而在实际中不可行。《宫女谈往录》中的老宫女曾经描述："他性情急躁，喜怒无常，他手下的太监都不敢亲近他。他常常夜间不睡，半夜三更起来批阅奏折，遇到不顺心的事，就自己拍桌子，骂混账。"类似记录，在他的师傅翁同龢的日记中也屡见不鲜。他在老女人慈禧的庇护下长大，是一个患有心理疾病的人，而大清王朝的国运，无疑加重了他的心理疾病。晚清皇帝，没有一个比光绪更加勤政，但他的雄心是与他的幼稚连接在一起的，他始终没有治愈大清顽疾的具体办法，从来都是毫无必要地树敌，不能团结一切可以团结的力量，有条不紊地一步步

---

[1] 转引自弘治、张金典、孙大超编著《盛世之毁——甲午战争110年祭》，第252页，北京：华文出版社，2004年版。

接近自己的目标。他的目标太大,反而变得空洞。与光绪相反,日本人制订了详细的作战计划,即《辽河平原扫荡作战方案》,其中明确:

> 第一军第五师团由凤凰城西进,扫荡辽阳以南一带,进攻鞍山;第二师团主力由海城突围而出,向北进攻鞍山,进而佯攻辽阳。两师团在鞍山会合之后,立即合力进攻牛庄。与此同时,第二军第一师团进攻营口。

皇帝把焦灼的目光投向辽东,但在短暂的胜利之后,到来的全部是坏消息。他一次次燃起的希望之火又一次次地熄灭。一个月过去了,清军虽然经过六次苦战,仍然没有拿下海城。而日军,遵循他们事先制定的《辽河平原扫荡作战方案》,从海城突围,以后的事态发展,完全进入日本人预想的轨道。6000名日军在不到十天的时间内,就粉碎了6万湘军的围剿,取得大面积的反攻战果,日本人依靠他们与生俱来的精细和诡计占据了上风。于是,整个辽东半岛全部落入日本之手。辽东之战,又给日本提供了一个成功的战例。

在退往锦州的途中,吴大澂接到圣旨。吴大澂趴在地上,艰难地喘息着。在吴大澂疲惫的耳朵里,传旨太监的嗓音显得格外尖利刺耳:

"吴大澂大言无实,难期振作。撤去东征帮办职务,来京听候部议。钦此。"①

九　最后的勇士

如同慈禧一样，日本侵略者不乏看戏的雅兴，不同之处在于，后者的享乐是在胜利之后。

武生张铁腿花了一两个时辰才扮好妆，这一次他扮得格外仔细，并不是因为这一次的观众是日本强盗，而是因为这是他平生最后一场戏，他得作一次精彩的总结。所以，他在化妆的时候，一丝不苟。妆成后，他对着镜子打量了半天，才满意地离开。

锣鼓响了。这一折戏是《武松打虎》。好戏，正如他所愿。他可以好好施展一下他的拳脚功夫。他一出场，就博得满堂彩。那只一千年前的斑斓猛虎，在他的面前奄奄一息。他一边打虎，一边瞟向观众席。他在寻找他真正的猎物。他即将成为真正意义上的打虎英雄，这令他有些激动。老虎在挣扎，戏到了高潮，就在这时，戏院的灯光突然熄灭了，被舞台完全吸引住的观众们，感觉极不适应，眼前金光乱闪。这时，只听几声惨叫，一个日本军官哀嚎着，重重栽下去。枪声大作，震耳欲聋。片刻之后，一切都安静下来，喧闹的戏院，死一般沉寂。灯亮了，地上横七竖八地倒着几具尸体，张铁腿的尸体，压在一名日本军

---

① 弘治、张金典、孙大超编著：《盛世之毁——甲午战争110年祭》，第253页，北京：华文出版社，2004年版。

官的身上，胸口还汩汩冒着血。

张铁腿的故事在辽东的大地上传诵，更多的人在故事的鼓励下与日本人死拼。这样的故事，在辽东数不胜数，每一个都是真实的，每一个都引人入胜。张铁腿的传奇被众多的传奇所湮没。人们只要提起它，就会有一百个更加精彩的故事尾随其后。19世纪末，列强开始了瓜分中国的狂潮，辽宁因其显要的地缘位置，而成为最早的受害地之一。但不久以后，列强们开始明白，他们瓜分到的并非中国的土地，而是中国人的仇恨。他们的枪炮并非万能，它们可以消灭肉躯，但面对中国人的仇恨，它们无能为力，相反，只能催生和加剧仇恨的产生。他们发现，这个民族并非如想象的那样虚弱，他们所缺乏的，只是一个有力的政府。他们对这个国家政府的了解颇深，但对这个国家人民的了解，才刚刚开始。

1860年来华的英国伦敦会传教士麦高温，在他1906年首版于上海的《中国人生活的明与暗》（Men and Manners of Modern China）一书中，对中国人作出这样的评价："在更为严酷的自卫战中，他们的勇气也被充分地体现出来。这个美丽国家的肥沃的土地、阳光普照的平原和果实累累的山谷，常被……好战民族所觊觎……由此引发了许多场血腥的战争，但最终的结局总是入侵者遭到失败，灰溜溜地退回到自己的老窝。"①

---

① ［英］麦高温：《中国人生活的明与暗》，第34页，朱涛、倪静译，北京：时事出版社，1998年版。

没有人知道那个无名少年是怎样潜进日本人军营的。他的冒险取得了成功，他顺利地将毒药撒进日军的饮水缸。他没有跑，他目睹着日本兵手捂着肚子满地打滚，开心地笑了。雪白的牙齿在阳光下熠熠发光。即使他被日本兵团团围住，他的笑依旧没有停止，直到日本人的刺刀戳破他单薄的肚皮，那笑声才戛然而止。

光绪皇帝的"全民抗战"策略此时开始真正生效。辽东民众组成自发武装，旗帜鲜明地表明了他们对于侵略者的态度。袭击日本人的情况不断发生。这使抗战在大清帝国的正规军全面崩溃以后，仍然得以持续。在金州农民陈宝财的号召下，45名壮汉组成"红枪帮"，在凤凰山落凤沟伏击日军，给日军以重创。日军调重兵对付这四十多名农民，在日军的围困和攻击下，他们全部牺牲。奉天东南桂花岭复来社村的采煤工人也组织了团练，用抬枪反击侵略者，无数日本人成为他们枪下之鬼，以至于"自10月中旬至下旬，相持甚久，贼不敢轻进"。海城失陷后，吉洞峪练总徐珍办乡团，当日军企图抄小道进犯辽阳时，"徐珍集乡勇，各持抬枪、鸟铳在峪南韩家岭、宋家岭等处扼守。日军数千来窥，甫上岭，轰击之，毙数人，遂不敢前。"前面曾经提到，1895年2—3月间，陈提所部湘军官兵收复了长甸，这一行动，就是在当地民团的配合下完成的。与此同时，还有一部分民团，在袁徐山等的组织下，于3月2日发起反攻，一举收复交通要道三家子。更有，"各乡勇昼张旗帜，夜燃火把，出没往来，虚实间用","1日钲鼓大作,日人数百骑驰至",乡勇们埋伏,"发铳齐击",鸟铳的声响如狂风般吞没山谷,淹没了日本人的喊叫,他们的胸前迸出一股股的鲜血,在枪声的掩盖下,他们几乎是无声无息地从军马上摔落下来。在山谷间留下一堆日军尸体后,那支乡勇神奇地消失了。后来,日本人带着巨炮,来到他们遭受伏击的地方,准备进行报复时,竟找不到他们的踪影。乡勇们准备出现在下一个他们应该出现的地方。对此,日本人无法预知,这正是这支侵略军时时处于被动的原因。①

十 买回的土地

1895年4月,日本人迎来了战后第一次樱花盛开。樱花的芳香弥漫了整个日本。刚刚抵达日本马关的李鸿章,显然没有赏花的心情。他此行的目的,是来与日方签订城下之盟的。在行馆里,他将自己苍凉的心境化为一首诗:

> 劳劳车马未离鞍,临事方知一死难。
> 三百年来伤国步,八千里路吊民残。
> 秋风宝剑孤臣泪,落日征旗大将坛。
> 寰海尘氛纷未已,诸君莫作等闲看。②

---

① 弘治、张金典、孙大超编著:《盛世之毁——甲午战争110年祭》,第253、254页,北京:华文出版社,2004年版。
② 高拜石:《南湖录忆》。

李鸿章一向端庄谨严的字迹,在这一刻变得黏着滞重。仿佛他手腕间的力量已经完全被抽空,他枯瘦的身体已经变成一个空壳,再也拉不动朝廷这艘破船了。现在,他只能忍受命运的折磨,连死都成了一种奢望——所谓"临事方知一死难"。微风掀动着纸页,他朝那首诗默视良久,没有说一句话。应当说,甲午战争的失利,对这位73岁的老者,对大清朝廷中的改革力量,乃至对这个在同光中兴之后重新燃起复兴希望的王朝,打击都是毁灭性的。英国观察家J.罗伯茨在《19世纪西方人眼中的中国》(China through Western Eyes:The Nineteenth Century)一书中甚至作出了中国即将解体的预言:"1894—1895年的中日战争无情地宣告了中国'自强'企图的破产。军事上的失败促使人们对中华帝国能否生存下去这个问题发出疑问。西方人开始预言中国将要解体,这在西方列强和日本联合争夺租借地时更为明显。到(19)世纪末,中国的大半壁江山都落入西方列强的魔掌之中。清帝国海关总税务司赫德爵士是惊呼中国行将灭亡的人士之一。"①

会谈地点有一个诗意的名字:春帆楼。1895年3月20下午,李鸿章与伊藤博文在这里相对而坐。从这一刻开始,双方的任何一句话,都可能决定大海另一端的辽东人的命运。李鸿章在对这个比他年轻和健壮的对手凝视良久

---

① [英]J.罗伯茨:《19世纪西方人眼中的中国》,第140页,北京:时事出版社,1999年版。

之后,说:"中日两国为亚洲常被欧洲列强猜忌之两大帝国,两国人种相同,一切文物制度的渊源也莫不相同。今虽一时交战,终不可不恢复双方永久之交谊,此次幸而息止干戈,不仅应恢复从来之友谊,且冀更进而为亲睦之友邦。方今能洞察东亚各国对西方国家处于何等地位者,天下谁能出伊藤伯之右者!西方洪流不断向我东方冲击,此应吾人应深加戒备、同心协力、联合黄色人种,不断讲求防止之策以对抗白色人种之时期乎?惟信此次交战当不致妨碍两帝国恢复其天然同盟也。"①

其实,连李鸿章自己也知道,这段陈辞,纯属对牛弹琴,绝望中的人总是希望奇迹发生。但是李鸿章的善意与宽宏,换来的仅仅是日本人的子弹。在第二次会谈结束后,李鸿章在返回行馆的路上,突然看见一个日本人(事后得知,此人名叫小山丰太郎)从围观的人群中冲出,冲到轿子跟前,举起一支枪,扣动了扳机。李鸿章感到面部一阵火辣的疼痛,他莫明其妙地看了一眼那个冒着烟儿的枪口,就昏了过去。

凶手显然希望杀死李鸿章。这一点,在其被捕后的口供中得到证实。但意想不到的是,面部中枪的李鸿章,居然没有死。或许,这个帝国重臣的使命还没有结束,他的死,还为时尚早。6年后,还有一个更加重大的卖国条约等待他去签署。1901年,在又一次"舌战群儒",在八国

---

① [日]陆奥宗光:《蹇蹇录——甲午战争外交秘录》,北京:商务印书馆,1963年版。

强盗的注目之下签订《辛丑条约》之后,李鸿章才怀着忧愤之心,离开了这个耗去了他所有才华和梦想的朝代。那是他代表他的国家所做的最后一笔,也是最大的一笔买卖,在那场最为惨痛的赔本生意中,他卖掉了他的国家整整10年的财政收入——连本带息,共982230000两白银,从此以后,这个国家再也没有什么可卖的了。眼下,王朝还需要他与日本人周旋。回到行馆后,李鸿章逐渐苏醒过来。日方安排医生诊治,由于李年事已高,动手术取子弹有危险,只好不取子弹,直接将伤口缝合。李鸿章还特别命令侍从不要洗他换下来的血衣,他要永久保存,他说:"此血可以报国也。"

身负重伤的李鸿章在床榻上读到了日本拟定的和约草案,这令他的内心比伤口更加疼痛。草案内容主要有:

朝鲜自主;

将奉天以南领土、台湾及澎湖列岛割让给日本;

赔偿兵费3亿两白银;

修订通商条约,使日本在华的通商地位与欧美列强相同;

增加北京、重庆等七个通商口岸,允许各国输入机器直接在华生产,等等。

李鸿章决心为议和创造一个好的氛围,他的如意算盘,随着一声枪响烟消云散。这份和约,更令他无比愤怒。他希望自己日后在谈判桌上摆出一副更加强硬的架势,希望自己的舌头,为这个衰弱的国度,尽可能地挽回利益,至少,要保住我们的辽东半岛。他的底线,只是赔款,地,是绝对不能割的。第四次会谈时,关于割地一项,李鸿章给日本人的答复是:

"今查拟请所让之地,如果勒令中国照办,不但不能杜绝争端,且必今日后两国争端纷纷而起,两国子孙永成仇敌矣……国家所有之地皆列代相传数千年数百年无从之基业,一旦令其割弃,其臣民势必饮恨含冤,日思报复。况奉天为我朝发祥之地,其南边各处,如被日本得去,以为训练水陆各军驻足之地,随时可以直捣京师……日本与中国开战之时,令其公使布告各国曰:我与中国打仗,所争者朝鲜自主而已,非贪中国之地也。日本如果不负初心,自可与中国将此约稿第二款并以下所指各款,酌量更改……"[1]

李鸿章生逢大清帝国最黑暗、最动荡的年代,他的每一次出场无不是在帝国"危急存亡"之时,帝国要他承担的无不是"人情所最难堪"之事。难怪变法英雄梁启超都哀叹"吾敬李鸿章之才,吾惜李鸿章之识,吾悲李鸿章之遇"[2]。

日本外相陆奥宗光读了李的答复后,赞叹道:"笔意精到,仔细周详,将其所欲言者尽情地说了出来,不失为

---

[1] 弘治、张金典、孙大超编著:《盛世之毁——甲午战争110年祭》,第263、264页,北京:华文出版社,2004年版。

[2] 梁启超:《李鸿章传》,第1页,天津:百花文艺出版社,2000年版。

一篇好文章。"

伊藤准备彻底反驳李鸿章,陆奥说:"一开论驳之端,彼方亦必有再三反驳的余地。"日本人不希望把谈判变成一场辩论会,于是决定不与李鸿章纠缠道理,只就条款内容进行谈判。

形势迫使李鸿章必须带伤坚持工作。4月10日,李鸿章面缠绷带,又回到谈判桌前。双方唇枪舌剑,有攻有守,这场谈判桌上的战争,在今天看来,仍如高手的对弈般引人入胜。日本人做了1亿两白银的让步。但李鸿章仍不甘心于此。关于赔款,李鸿章说:"赔款二万万,为数甚巨,不能担当。"

伊藤博文说:"减到如此,不能再减。再战则款更巨矣……中国财源广大,未必如此减色。"

李鸿章说:"财源虽广,无法可开。"

伊藤博文说:"中国之地,十倍于日本。中国之民四百兆,财源甚广,开源尚易。国有急难,人才易出,即可用以开源。"

李鸿章说:"中国请你来做首相怎样?"

伊藤博文说:"当奏皇上,甚愿前往。"

李鸿章说:"奏如不允,尔不能去;尔当设身处地,将我为难光景细为体谅。果照此数写明约内,外国必知将借洋债方能赔偿,势必以重息要我。债不能借,款不能还,失信贵国,又将复战。何苦相逼太甚。"

伊藤博文说:"借债还款,此乃中国之责。"

实际上，日本人早已和列强策划好了"借债还款"的阴谋，等着大清入套。

关于割地，李鸿章说："再讲让地一节。历观西方各国交兵，未有将所据之地全行请让者……今约为所定奉天南部之界，欲将所据之地全得，岂非已甚？恐为西方各国所訾笑。"

伊藤博文说："如论西方战史，不但德法之战而已。"

李鸿章说："英法之兵也曾占据中国城池，但未曾请割寸土尺地。"

伊藤博文说："彼另有意在，不能以彼例此。"

李鸿章到死也没明白这句话是什么意思。

李鸿章说："台湾全岛，日兵尚未侵犯，何故强让？"

伊藤博文说："如所让之地，必须兵力所到之地，我军若深入山东省，将如之何？"

李鸿章说："这是日本人的发明。西国从未如此，日本如此，岂不贻笑西国？"

伊藤博文说："中国吉林黑龙江一带，何以让与俄国？"

李鸿章说："此非因战而让者。"

伊藤博文说："台湾亦然。此理更说得去。"

李鸿章说："中国前让与俄之地，实系瓯脱，荒寒实甚，人烟稀少。台湾则已立行省，人烟稠密，不能比也。"

伊藤博文说："尺土皆王家之地，无分荒凉与繁盛。"

李鸿章说："如此岂非轻我年耄，不知分别？"

伊藤博文说："中堂见问，不能不答。"

李鸿章有些厌倦，总结道："总之现讲三大端：二万万为数甚巨，必请再减；营还请退出；台湾不必提及。"

伊藤博文说："如此，我两人意见不合，我将改订约款交阅，所减只能如此，为时太促，不能多办。照办固好；不能照办，即算驳还。"算是最后通牒。

李鸿章说："不许我驳否？"

伊藤博文说："驳只管驳，但我主意不能稍改。贵大臣故愿速定和约，我亦如此。"①

这次谈判后，日本兵舰又做出了出兵大连湾的态势，向清廷施加压力。14日，李鸿章收到来自总理衙门的电报，要求他与日订约。4月15日，双方举行最后一轮会谈。李鸿章仍要求日方减让赔款总款。经一番讨价还价后，日方同意每年贴兵费为50万两。17日，即光绪二十一年三月二十三，日清双方全权代表在日本马关春帆楼举行签约仪式，李鸿章的枯手，在犹疑许久之后，在条约上签下了自己的名字。他知道，他签下的，是千古骂名。

《马关条约》中有关辽东半岛的条款如下：

> 下开划界以内之奉天省南边地方以鸭绿江溯该江以抵安平河口，又以该河口划至凤凰城、海城及营口而止，划成折线以南地方。所有前开各城市，皆包括在划界线内。该线抵营口之辽河后，又顺流

---

① 梁启超：《李鸿章传》，第266、267页，天津：百花文艺出版社，2000年版。

◇《马关条约》日文版（局部）

大日本國皇帝陛下及大清國皇帝陛下ハ両國及其ノ臣民ニ平和ノ幸福ヲ回復シ且將來紛議ノ端ヲ除クコトヲ欲シ媾和條約ヲ訂結スル為メニ大日本國皇帝陛下ハ内閣總理大臣從二位勲一等伯爵伊藤博文外務大臣從二位勲一等子爵陸奥宗光ヲ大清國皇帝陛下ハ太子太傅文華殿大學士北洋大臣直隷總督一等肅毅伯李鴻章二品頂戴前

至海口止,彼此以河中心为界。辽东湾南岸及黄海北岸,在奉天省所属诸岛亦一并在所让界内。"①

有关赔款的条款是:

中国约将库平银二万万两交与日本,作为赔偿军费。"②

翁同龢在日记中写:"惟李相频来电,皆议和要挟之款,不欲记,不忍记也。"③

这笔白银对日本意味着什么呢?2亿两白银,加上后来由于"三国干涉还辽"追加的3000万两白银,约合3.472亿日元,而日本政府的年度财政收入只有8000万日元,也就是说,这笔赔款,相当于日本4年多的财政收入总和。作为暴发户的日本或许有理由因此而感到兴奋。前外务大臣井上馨说:"一想到现在有三亿五千万日元滚滚而来,无论政府或私人都觉得无比地富裕。"④

李鸿章神情黯然地踏上了归国的船只。他表情呆滞地长时间伫望着翻滚的海浪,仿佛他的魂魄已经丢在了海里。青缎的官袍,被海风紧紧地裹在他瘦弱的身体上,使

---

① 自弘治、张金典、孙大超编著《盛世之毁——甲午战争110年祭》,第270页,北京:华文出版社,2004年版。

② 同①。

③ 《翁同龢日记》,第5册,第1794页,北京:中华书局,1989—1998年版。

④ 戚其章主编:《甲午战争九十周年纪念论文集》,第19页,济南:齐鲁书社,1986年版。

他更显得落魄和苍老。不知他此时是否会想到邓世昌,想到那些葬身大海的北洋官兵,想到当年北洋水师操练时用英文发出的口令。他像一个输光的赌徒一样失魂落魄,只是他输掉的不是个人的家当,而是他终生报效的国家。他知道,他的政敌们早已为他准备好了各种型号的明枪暗箭,各种不同的罪名正等着他去认领,但是,在他被国人的唾沫淹死之前,他的内心已经被自责的利刃所穿透。他将最后一次在旅顺港登岸,那个他苦心孤诣缔造的军港,从此将不再属于他的国家。

与李鸿章相比,东京的官员们无疑有着很好的心情,因为他们通过《马关条约》,得到了中国的辽东半岛、台湾和澎湖列岛,使日本的国土面积扩大了近一倍,领海面积大为膨胀。更重要的,辽东半岛成为他们进入中国深广腹地的第一站。

为了庆祝《马关条约》的签订,明治天皇准备于23日从广岛巡幸京都,大臣们纷纷提前赶往京都,只有外务大臣陆奥宗光在播州舞子养病。

但是他们的兴奋并没有持续太久。就在天皇准备启程京都的这一天,日本国外务部收到俄、德、法三国驻日公使联合递交的国书,当外务部的官员读到国书的第一行字的时候,他们的目光立即被烫了一下。其中,俄罗斯的国书写道:

"日本向清国所要求之讲和条件时,认为其所要求之辽东半岛如为日本占领,不仅将经常危及清国之首都,同时，朝鲜国之独立亦将成为有名无实。……兹特劝告日本国政府须放弃其确然占领辽东半岛一事。"①

另外两份国书的内容几乎如出一辙，核心只有一句话：敦促日本向中国归还辽东半岛。

俄、德、法三国的突然介入，显然不是出于维护国际和平，而是出于各自的利益。庄士敦曾经一针见血地指出："俄国佯装宽宏大量地逼迫日本将它交还中国，实际却是为自己获得了更多的领土，而且大大增强了它在整个东北的军事地位，使其成为在清皇族的故乡占据支配地位的强国。"②而辽东半岛，无疑是关系东亚局势乃至整个欧亚大陆政治局势的一根敏感神经。通过三国的眼睛，我们更能清楚地看到辽东半岛的地缘重要性。

当时的俄国，尼古拉二世刚刚即位，急于在政治上有所建树，在财政大臣威特（Witte）的怂恿下，决定加快向远东扩张的步伐。外交大臣罗巴诺夫提出，"我们要在太平洋获得一个不冻港，为便利西伯利亚铁路的建筑起见，我们必须兼并满洲的若干部分。"他们求之不得的那个不冻港，就是旅顺港。而日本人捷足先登，显然令他们颇感不快。甲午战争以前，李鸿章曾经展开外交斡旋，试图"以夷制夷"，当时，俄罗斯采取了袖手旁观的策略，那是因为他们没有想到北洋水师如此不堪一击，更没有想到日本人

---

① 戚其章主编：《中日战争》，第7册，第125页，北京：中华书局，1989—1996年版。

② ［英］庄士敦：《紫禁城的黄昏》，第1页，济南：山东画报出版社，2007年版。

的进展如此神速。现在,他们已经不能再沉默下去了。

一个在战争中得到好处的国家,对于战争的热情一时很难消退。刚刚打赢一场普法战争的德国,就是这样一个国家。德国皇帝威廉二世指出:"在这件事情上支持俄国的问题,是为了尽可能地大大减轻我们东部边境上的压力","把俄国引向它的真正的使命所在的东方,这也是符合我们的利益的。"①

三国国书,令那些被野心喂饱的日本官僚们顿觉茫然,尚未启程的天皇,在广岛立即召集御前会议,内阁总理大臣伊藤博文、陆军大臣山县有朋、海军大臣西乡从道等出席。伊藤提出上中下三策提交讨论:

上策:我国纵然不幸遭遇新增敌国,此时亦断然拒绝三国劝告。

中策:召集列国会议,处理辽东半岛问题。

下策:完全接受三国劝告,将辽东半岛交还清国,以示恩惠。

讨论结果是:放弃上下两策,而采取中策。理由是:刚刚经历战争的日本,已无力再打一场战争,不仅不是三国的对手,即使单独与俄国对抗,都无胜利把握;下策太显得日本软弱,无法接受。

于是,一场外交上的恶战开始了,这场没有中国参加的外交战,将在很大程度上决定中国的命运。这场舌头的

---

① [英]菲利普·约瑟夫:《列强对华外交(1894—1900)》,第94页,胡滨译,北京:商务印书馆,1959年版。

战争，在持续一周后，渐渐有了结局。俄、德、法三国的舌头最终占据了压倒性的优势，而日本人的舌头并没有完全放弃，它还想做最后的顽抗。4月30日，驻俄日使向俄国政府提交国书，提出：

"第一，日本政府对于奉天半岛之永久占领权，除金州厅（含大连、旅顺）外，完全抛弃；但日本国与中国商议后，对于抛弃领土，当定相当之报酬金额；第二，但日本政府在中国完全履行其媾和条约之义务以前，有占领上述土地以作担保之权利。"①

对于拱手交出自己的战利品，日本人显然很有意见，好像一个赌徒，他倾力一掷后的全部意外收获，竟然要在一瞬间被全部没收。这种冰炭相激的命运起落，足以令他晕眩。日本人还想为自己留一点好处。但事与愿违，三天后，他们收到俄方的回应，俄方显得有些咄咄逼人：

"昨日曾召开内阁会议，国务大臣一致议决，日本国占有旅顺口于事有碍；须坚持最初之劝告，决不动摇。该决议业经我皇帝陛下裁可。"②

这个在中国人面前不可一世的东洋帝国，在西方的压力面前，不得不再度表现出弱国的恭顺姿态。弱肉强食的丛林法则，再也没有比这更加贴切的例证。有意思的是，舌头战争的所有参与者，都煞费苦心地对舌头进行了

---

① ［日］陆奥宗光：《蹇蹇录——甲午战争外交秘录》，第164—165页，北京：商务印书馆，1963年版。

② 戚其章主编：《中日战争》，第7册，第366页，北京：中华书局，1989—1996年版。

装饰——这些野蛮的强盗一律使用文明的字眼儿,这些文明词汇与他们的行为颇不匹配,反而使其更显滑稽。两天后,日方向三国递交国书,表示:

"日本帝国政府根据俄、德、法三国政府之友谊的忠告,约定放弃辽东半岛之永久占领。"①

为此,中国人需要再向日本支付3000万两白银,"买"回属于自己的领土。

5月10日,日本天皇向国民发布诏书,即使在今天,这份诏书仍然具有极强的欣赏价值:

> 朕因清国皇帝之请,命全权办理大臣,与其简派之使臣,会商订结两国媾和条约。然俄、德两帝国及法兰西共和国政府,以日本帝国永久占领辽东半岛之壤地,为不利于东洋永远之和平,以勿永久保其地域,怂恿朕之政府。顾朕恒眷眷于和平,而竟与清国交兵者,洵不外以永远巩固东洋和平为目的,而三国政府之友谊劝告,意亦在兹。朕为和平计,固不吝容纳之。至更滋事端,致时局益艰,治平之恢复益迟,以酿民生之疾苦,而沮国运之伸张,实非朕之本意。且清国依媾和条约之订结,以致渝盟之悔,使我交战之理由及目的,炳然于天下。今顾大局,以宽宏外事,亦于帝国之光荣及威严无所毁损。朕乃容纳友邦之忠言,

---

① 《日本外交文书》,第28卷,第787号。

命朕之政府以此意照复三国政府。若夫关于交还半岛壤地之一切措置，朕特命政府与清国政府商订。今媾和条约既经批准交换，两国和亲复旧，局外之国亦斯加交谊之厚。百僚臣庶其善体朕意，深察时局之大势，慎微戒渐，勿误邦家之大计。朕有厚望焉。[①]

短短几百字，不知隐藏了多少信息，甚至，我们从中可以隐约看到它为后来的历史设下的伏笔。这位张口闭口"东洋和平"的天皇，尽管具有相当厚度的脸皮和高人一等的粉饰才能，把对华战争称为"以永远巩固东洋和平为目的"，但是他最后的暗示，所谓"朕有厚望"，还是露出了他的真实用意。10年后的日俄战争、19年后的第一次世界大战、36年后的"九一八事变"，都在这份诏书中，隐隐地露出了影子。此时，有四个字已经深深地刻进了天皇的心里，这四个字是：

卧薪尝胆。

十一 战争引发的战争

没有一个时期，像19世纪后期那样，对中国的命运有着至关重要的作用。那段岁月里，几乎每年都有惊天动

[①] 《东亚关系特种条约汇纂》，第86页，转引自王芸生编著《六十年来中国与日本》，第3卷，第19、20页，北京：生活·读书·新知三联书店，1979—1980年版。

地的大事发生。大事件的密集,令历史的回顾者们应接不暇。光绪二十四年(1898年)也不例外。

这一年最大的事件,当属百日维新。从4月23日,光绪皇帝发布《定国事诏》开始,到8月6日,103天中,皇帝共发出改革谕旨286件,平均每天近3件。这些文件如倾盆大雨,扫荡着这个帝国的陈腐之气。但这些痛快淋漓的慷慨文字在103天后就被血腥湮没,庙堂之上的诸项改革政策,最终只变成菜市口的囚徒们"我自横刀向天笑,却留肝胆两昆仑"的激扬文字,消失在北方雨季的泥泞中。

这一年,"西方列强争夺港口、中国沿海租界和分割'势力范围'的活动达到了顶点。包括优良港口青岛在内的胶州地区,被德国攫为己有;近三百平方英里的威海卫,成为大不列颠的租界,在32年间受到同英国殖民地同样的管理;另一面积相当的地区——香港,作为殖民区被租让99年;而广东省南部沿海的广州湾地区,则同样被法国'租借'。意大利对浙江省一个港口提出要求,当遭到中国的成功抵制后(此事发生在墨索里尼上台前),其内阁因未能在瓜分领土的豪夺狂掠中赢得荣誉而被推翻,同时中国人也为自己的大胆拒绝震惊不已。"①

也在这一年,根据外交大臣罗巴诺夫的计划,沙俄实现了它的梦想,攫取旅顺、大连,进而在旅顺拥有了不冻港,从而为6年后的一场战争埋下伏笔。据庄士敦记

---

① [英]庄士敦:《紫禁城的黄昏》,第2页,济南:山东画报出版社,2007年版。

载，1898年在东北居住过的英商说："正是在我们的眼皮底下，进行着对这个国家的事实上的吞并。"[1]一位上层英国传教士称："我和我的全部传教士都把东北视为俄国，仅名义除外。"[2]光绪二十六年（1900年），庚子事变爆发，八国联军入侵北京，慈禧太后带着光绪皇帝仓皇逃出北京。面对这个天赐良机，彼得堡冬宫里的那位以彼得大帝自诩的沙皇尼古拉二世已经无法掩饰自己的兴奋，在他的旨意下，沙俄动员近18万人，分六路呼啸侵入中国东北，开始了他的东扩计划。同年9月20日，盛京将军增祺在沙俄南俄军司令关东地区长官阿列克谢耶夫的逼迫下，在旅顺签订了城下之盟——《奉天交地暂且章程》。主要内容是：一、"沈阳应设俄总管一员"，"凡将军所办要件，该总管应当明晰"，这意味着，奉天将军应该对俄国总管俯首帖耳；二、将奉天省"所有军队一律撤散"，炮台一律拆除，这等于取缔了中国军队对东北的一切防务；三、"留俄军驻防"。东北，也就自然而然地成了俄国人的地盘。

这种"分配不公"显然引起日本人的极大不满，日本制定的"大陆政策"，首要目标就是占领朝鲜和中国东北，要顺利实施"大陆政策"，必须搬开俄国这块绊脚石。日本首先进行外交斡旋，联合英、美两个大国，逼迫俄国从

---

[1] ［英］庄士敦：《紫禁城的黄昏》，第1页，济南：山东画报出版社，2007年版。

[2] 同[1]。

中国撤军。无奈之中，俄国与中国签订了《交收东三省条约》，规定自条约签订之日起，俄军分三期撤出东北，每期六个月，一年半撤完。

这可以被认为是又一次"三国干涉还辽"事件，只是日本与俄国的地位发生了置换。唯一没有变化的是辽宁的地位，这个对远东地缘政治有重大影响、同时又无比富庶的地域，成为几条野狼争抢的对象。

日本不是一个善于忍气吞声的民族。当年的耻辱，日后一定要报复。甲午战争后三国干涉还辽，至少为日本明确了两个目标：一是打败这三个对手，特别是俄国和德国（俄国的利益在中国东北，为日本首敌；德国利益在山东半岛，亦与日本利益冲突；法国利益在云南，与日本冲突不大）；二是"收回"辽东半岛。

一切都与甲午战争相同，只是这一次，日本的目标变成了沙皇俄国。光绪二十二年（1896年），日本制订了以俄国为假想敌的海陆军扩军计划。光绪二十五年（1899年）至光绪二十六年（1900年），日本的军费开支已占该国总支出的50%，此外，日本通过《马关条约》从中国获得的两亿三千万两白银，90%用在扩充军备上。

日本人的忍耐持续了八年，直到他们认为自己的军事实力超越俄国时为止。由于俄国军队赖在东北不走，光绪二十九年腊月二十三（1904年2月8日）夜，日本偷袭了旅顺的俄国舰队，日俄战争从此开始。

值得注意的是，偷袭是日本发动战争的一贯做法，这

◇ 日俄战争中，被日军占领的辽阳市街景城内市民面露惧色（1905年）

一伎俩在以后的历史中一再重演。它的所有对手都吃过这一苦头。如果一个国家已经成为日本的假想敌，而这个国家还处于一片歌舞升平之中浑然不觉，那么，它的危险就已经迫在眉睫了。

这一年的春节，辽宁人是在动荡不安中度过的。他们看见，刚刚离开没几年的鬼子兵，再度从鸭绿江的对岸逼近过来。烧杀抢掠，他们的所有动作，辽宁人都不陌生。这些善良的农民或许没有想到，他们的噩梦才刚刚开始，在以后的岁月中，他们将不断"重温"日本人的血腥残酷。旅顺口之战是这场战争中持续时间最长，也是最激烈残酷的一场攻坚战，战斗从八月初开始，一直持续到第二年的大年初一，被枪弹洞穿了无数次的日本军旗，破烂不堪地在旅顺城墙上飘扬，这场持续了155天的战斗才宣告结束。俄国人向辽阳、奉天一路退却。双方在奉天进行了一场大决战，战线长达200公里，俄军动用兵力32万人，日军25万人，战斗结束时，战场上共留下25万具双方尸体。战报在第一时间传到尼古拉二世手中：俄国人败了。

就像当年的光绪皇帝一样，尼古拉二世被俄军的溃败震惊了。但这并不能泯灭他心里燃烧已久的野心。他手里还有最后一张王牌，他试图依靠它来扭转败局，那就是波罗的海舰队。他将这支舰队调往远东，但这支不可一世的舰队驶到对马海峡时，就遭到日本舰队的伏击而全军覆灭。6月，日军攻占库页岛，俄守军投降。直到这时，尼古拉二世才哑口无言。

这时，尼古拉二世最后悔的一件事，就是对中日甲午战争采取了袖手旁观的政策。日本人是战争狂，他们通过战争养肥自己，敌人的血，是他们最好的养料。如果中俄在甲午战争中并肩作战，日本的崛起必将受到遏制。现在的事实是，像当年清王朝一样以国运相赌的沙皇，也像清朝一样没有得到其他任何国家的支持。大清帝国怎么在甲午战争中失败，沙皇俄国就怎么在日俄战争中失败。

这一次，轮到中国采取袖手旁观的政策。但是由于战争是在中国的土地上进行的，所以无论双方谁输谁赢，中国都是永远的输家。根据清朝政府的"局外中立"原则，奉天省交涉局颁发了一个《两国战地及中立地条章》，为交战两国划出具体战区，但是战争怎么可能按照中国人的图纸进行？战争是一种不择手段的较量，这份天真而愚蠢的《条章》，日俄从来没有正眼看过，它很快被战火化为灰烬，同时消失的，还有许多辽宁和平居民的生命。

日本仙台医学专科学校，一位来自中国绍兴的留学生，在霉菌课前放映的时事电影中，目睹了日本战胜俄国的情形，以及日本人枪毙为俄国人充当间谍的中国人的行刑场景。20多年后，已成中国著名作家的他，仍然无法忘记这一幕，把这一场景写入他的散文名篇《藤野先生》中。

根据战争的惯例，胜利者亟须将战果写在纸上。这样，便有了日俄之间的《朴茨茅斯和约》。《和约》中与辽宁相关的条款包括:"东三省的行政权全部归还中国,日俄双方在东三省的军队都应于条约生效后18个月内撤出,但旅大租借地内的行政权及军队皆不在此限。俄国将旅顺口、大连湾及其附近领土、领水之租借权,转让给日本政府。俄国政府将宽城子(长春)以南至旅顺口的铁路及一切支线,连同附属财产、煤矿,无偿转让给日本政府。"

光绪三十一年(1905年)十一月二十六,中日在北京签订《中日会议东三省事宜》,对《朴茨茅斯和约》所保证的日本利益予以确认,除此之外,还为日本人送了一份厚礼。主要有:将凤凰城、辽阳、新民、铁岭、通江子(今辽宁省昌图县通江口)、法库、长春、吉林、哈尔滨、宁古塔、珲春、三姓、齐齐哈尔、海拉尔、瑷晖、满洲里等十处"开埠通商";改筑日本非法修筑的由安东(今辽宁省丹东市)至奉天(今辽宁省沈阳市)的安奉行军铁路,仍由日本"接续经营";鸭绿江右岸的森林采伐权让予日本;日本得在营口、安东、奉天划定租界。两年后,日俄之间又签订一份《日俄秘密协约》,将中国东北划分为南北两部分,分别作为日、俄的势力范围,其中,长春以北为俄控区,人们称之为"北满";长春以南为日控区,人们称之为"南满"。俄日双方互相保证、不妨碍各自在自己的势力范围内谋求更多的侵略权益,并保证不在对方的势力范围内扩张自己的势力。

大清政府在日俄战争前后的表现,充分证明了它的"宽宏大量和国际主义精神"。作为这个王朝一贯的苟且政策的继续，它试图借此来息事宁人。但它的好心是单方面的，并不会被列强所认同，而只能将大清帝国置于更深重的灾难中。"饮鸩止渴"这个成语，没有比用在此时的大清帝国身上更加贴切的了。这个浑身伤病的国度，显然对自己未来的命运缺乏足够的认识：一场或许可称其为人类历史上最大、最复杂的"文明冲突"，正聚焦在自己的身上，而当时的执政者显然不具有这样的知识结构与政治韬略，他们日理万机，干了许多事情，但对这个国家真正有用的事情却屈指可数。在这场来势凶猛的文明交锋中，大清帝国这艘战舰彻底沉没了，而它的龙兴之地辽宁，也成为列强入侵中国的最重要方向和前沿战场。

整个世界都在重新洗牌。德国方面，自1895年干涉还辽，1897年强占胶州湾，1900年庚子事变中，德国人冲锋在前，充任八国联军总司令（八国联军总司令为德国人瓦德西），德国人不加节制的贪婪，使它迅速成为众矢之的，威廉大帝的灾难也已经为期不远。就在日俄苦战的同时，英法悄悄签订了《英法协约》，1907年，英俄签订《英俄协约》，奠定了第一次世界大战协约国的基本格局。第一次世界大战也给了日本一个报仇机会，日本加入协约国，对德宣战。俄国在日俄战争中遭受重创，其皇帝尼古拉二世，在1917年的十月革命中，被革命者处决，一个名叫列宁的小个子，为这个国家乃至全世界带来了一种全新的社会制度。

第一次世界大战成为英美势力兴衰的最重要转折点。

通过这场战争，美国人夺走了英国在中国长江中下游地区的利益，到"二战"前的蒋介石时代，美国基本取代英国，垄断了长江中下游的殖民利益，并因此与日本形成战略冲突。

我们经常用于描述战争的词汇包括多米诺骨牌、潘多拉的盒子、传染细菌，等等，这表明战争的有害性和不可逆性。战争一旦开始，就很难结束。它永远存在，即使已经终战，但它依然如幽灵一样，寄生在某些民族的心灵里，在和平的角落里成长壮大。它有着超强的繁殖力，一场战争，可能孕育着另外一场，甚至几场战争，许多战争之间都有亲戚关系，它们同属一个家族，有着同样的习惯与嗜好，它们从来都不是孤立存在的。只有通过战争的家谱，我们才能看清它们之间的遗传关系。而辽宁，在地理和政治形势的双重作用下，不幸成为诸多重要的连续性战争的亲历者与受害者。

学者认为，"甲午战争对世界局势的影响远远不仅限于第一次世界大战和后来的第二次世界大战。在100多年后的今天，其影响仍然深刻存在，甚至可能再次空前激烈地爆发出来。"[1]

---

[1] 弘治、张金典、孙大超编著：《盛世之毁——甲午战争110年祭》，第314页，北京：华文出版社，2004年版。

第五章 艰难的统一

一　东北虎

张作霖一生中最爱写的是"虎"字。草书的"虎"字，看上去又有点像"佛"字。每写这个字的时候，张作霖总是把那一竖拉得很长。他的桌案不够长，所以，每到他写这一笔的时候，秘书都会把垂下的宣纸拉直，等他完成这关键性的一笔。

张作霖书法并不好，但他写的"虎"字令人望而生畏，就像张作霖本人一样。张作霖就是一只虎，一只东北虎。即使不见面，也能远远地感觉到他的杀气。张作霖的照片，挂在他沈阳的大帅府故居里，身着陆海军大元帅服，肩章上的长穗像璎珞一样垂着，威风凛凛，一副标准的帝国军人形象。但是，身穿便装的张作霖并不可怕，身材矮小，骨瘦如柴，脱下军服的他立即从国家的编码系统中解脱出来，变成一个再平常不过的市井老头，一个信奉佛祖的平和老者。

据张学良回忆，张作霖至死都保持着朴素的品性。对他而言，朴素不是一种道德标准，而是一种本能。张学良说，他们兄弟在家里吃饭时从来不敢吃好的，否则被父亲看见就要挨打。张学良还说，饭粒掉在桌子上，张学霖会让他们捡起来吃掉，即使掉到地板上也不例外。①

张作霖的这一平实形象，从曾在上海主编英文刊物《密勒氏评论报》的美国人鲍威尔的回忆录中，得到了印证。他说："外国人另外送给张作霖一个绰号'东北虎'，形容他的胆大妄为和豪放不羁。我一听见他的这个绰号，断定他是一位凶狠的、满脸络腮胡子、屁股后面插着两支快枪的土匪头子，所以去访问他的时候，心里已经有所准备。因此，当我坐在会客厅里，看见一位矮小、温和、没有胡子的人走进来，有人介绍说这就是张作霖将军时，我不由大吃一惊，完全出乎我的意料。"②

张作霖没有什么文化，匆匆读过几年私塾，就开始投身江湖。张作霖对此从不讳言。所以，当鲍威尔问他年轻时在哪里读书的时候，张毫不犹豫地回答："绿林学校。"

但这丝毫不妨碍他对读书人的敬重，这些读书人中，就包括他的私塾先生杨景镇。当年，正是这位先生，让无钱读书的张作霖免费入学。所以，张作霖刚刚当上民国

---

① 参见张学良口述、唐德刚撰写《张学良口述历史》，第24页，北京：中国档案出版社，2007年版。

② ［美］鲍威尔：《鲍威尔对华回忆录》，第91页，上海：知识出版社，1994年版。

陆军第27师师长，就把杨先生接到沈阳，在家中开设了私塾馆。他于1921年创办了东北大学，6年后，作为校长的张学良又个人捐款180万银圆，作为建校基金，到1929年，东北大学共建楼60余栋，成为东北最高学府，它的图书馆，是著名建筑设计师杨廷宝设计的，这是一座砖红色的哥特式建筑，阅览室内有舒展的圆形屋顶，地下书库则为平面"士"字形，这座建筑现在仍为辽宁省档案馆服务。张作霖创办东北大学的时候，像对待杨景镇一样，邀请包括梁思成、林徽因在内的一批知识精英，延揽进自己的故乡。

张作霖最崇拜的人是孙中山。众所周知，1924年，孙中山北上北京，是应冯玉祥的邀请，但很少有人知道，在冯玉祥的身后，站着一位举足轻重的人物，他就是张作霖。这时，第二次直奉战争刚刚结束，张作霖与冯玉祥联手，将吴佩孚的直系赶出北京。冯玉祥就是在这个时候，向孙中山发出北上邀请的。孙中山一行于12月4日抵达天津，第二天，前总统黎元洪为孙中山洗尘，同席作陪的不是别人，正是刚刚大获全胜的奉系首领张作霖。

有资料表明，早在1919年，孙中山就已经开始实施与段祺瑞、张作霖的合作计划了。据老同盟会员宁武回忆，1919年的秋天，孙中山对他说："在国际上要联俄，学列宁的革命方法；在国内，五四运动正蓬勃发展，中国新青年起来了。这是中国革命的新血液、新生力量……我们要分化北方军阀，利用直系与皖系的利害冲突，联络段

◇ 上图 张学良捐资修建的东北大学图书馆
◇ 下图 张学良任校长时修建的东北大学教学楼

祺瑞,特别是关外实力派张作霖,三方合作,声讨曹吴。"然后,他对宁武说:"你是东北人,派你去做张作霖的工作。"①

千疮百孔的大清王朝,到1911年,已经没有力气向前再迈一步。他的终结者,就是孙中山。《剑桥中华民国史》指出:"在满族的清王朝统治下的中国旧秩序结构极为牢固,自我维护极为巧妙,能够经受住一个世纪的民众叛乱和外国入侵。然而,正是它本身的力量否定了它。它对工业主义与民族主义近代运动的适应,对科学和民主的适应是如此缓慢,以致最终必然让位。"②1911年10月10日在武昌发生的事件,只是在清朝这个筋疲力尽的对手身上给了最后一拳,它就应声倒地了,再也爬不起来。不管怎样,大清帝国的解体,远比大明帝国的解体体面与和缓,革命者给它以最大限度的宽容。但是,胜利的欢乐也只维持了很短时间,革命者很快发现,下一步的革命难以为继,他们不得不把这根接力棒,交给袁世凯。1912年,在经过一系列颇具表演性的推让之后,袁世凯在北京就任中华民国的首任大总统。"在革命领导人看来,民国元年可以被认为是一连串的退却。在革命过程中,革命的力量并没有完全调动起来,全力以赴地去夺取全面的胜利(大部分革命力量并非听从革命领袖)。当权力机构重新改组

---

① 徐彻、徐悦:《张作霖——一代枭雄》,第101页,桂林:广西师范大学出版社,2007年版。

② [美]费正清、费维恺编:《剑桥中华民国史》下卷,第3页,北京:中国社会科学出版社,1994年版。

时，权力越来越多地从革命党人手中滑掉了。"①"革命者的愿望，与新的国家元首袁世凯大相径庭……一个宪法总统不承担明确的为革命和共和献身的义务，这就是妥协让步引起严重隐忧的根源。"②

革命者驾驶的共和快车与他们的目的地擦肩而过了。专制在这块饱经沧桑的土地上表现出顽强的生命力。袁世凯死后，中国进入历史上最混乱的时期，有一万种思想、一万种政治势力，在这个国家里杂乱无章地运动。其中最引人注目的势力，首推吴佩孚。鲍威尔说："从1922年到1928年蒋委员长建立南京政府之前，是中国的军阀混战时期。在这一混乱的阶段，吴佩孚比其他任何人更有可能统一中国，在许多方面，他都是一个能干而有个性的人物。"③吴也因此成为1924年9月8日美国《时代》周刊封面人物。但吴佩孚可能做梦也没有想到，他的两个对手——孙中山和张作霖，居然能够跨越漫长的距离，手握在一起。

孙中山没有实力，却有魅力，即使对于地方军阀而言，他的魅力依然有效。1904年，清政府派遣学员去日本学习陆军，阎锡山是其中之一。这个山西人一到日本，就去听孙中山演讲。清朝出钱培养自己的反对者，这实

---

① ［美］费正清、费维恺编：《剑桥中华民国史》上卷，第211页，北京：中国社会科学出版社，1994年版。

② 同①，第201页。

③ ［美］鲍威尔：《鲍威尔对华回忆录》，第88页，上海：知识出版社，1994年版。

在是历史的玩笑。张作霖也对孙中山充满敬仰。1920年,孙中山派宁武到北京与张见面,这令张受宠若惊。张作霖见到宁武,第一句话就是:"孙先生看得起我,我很高兴!"[①]

终于,在经过最初的试探之后,有一位特殊的人物走进了沈阳大帅府,他,就是孙中山的首席代表——汪精卫。1910年,作为革命党的汪精卫,就因行刺前任皇帝光绪的弟弟、清朝现任摄政王载沣,而举国闻名,同时不胫而走的,还有他的绝句"慷慨歌燕市,从容作楚囚。引刀成一快,不负少年头"。那时候,张作霖还在东三省总督徐世昌手下当旅长,但汪精卫的赫赫大名,尤其是他视死如归的气魄,一定让张作霖心头一震。那一年,张作霖35岁,而汪精卫只有27岁。眼下,他们却已经成了决定中国命运的人物。在他们的联袂下,中国完全可能走上另外一条轨道。对此,他们都颇感兴奋。为了表明对汪精卫此行的重视,同时向日本人示威,张作霖以最高规格的宴会,大张旗鼓地迎接汪精卫。

这次宴会,是大帅府经历的最重要的历史事件之一。除张作霖、张学良父子外,杨宇霆、韩麟春、姜登选等东北军高层人士悉数出席。张作霖与汪精卫,这两个不同寻常的人物相遇,其结果必定是不同寻常的。在宴席中,他们就已制定了共同出兵,对曹锟和吴佩孚军队进行南北夹

[①] 徐彻、徐悦:《张作霖——一代枭雄》,第102页,桂林:广西师范大学出版社,2007年版。

击的军事方案，颇有"谈笑间，樯橹灰飞烟灭"的气魄。来自吴佩孚的威胁，促成了他们的合作。从某种意义上说，吴佩孚成了他们的合作牵线人。为此，他们应该对吴佩孚心存谢意。通过与汪精卫的会谈，张作霖修改了自己的身份，变成了革命者，至少是革命者的盟友。当时，他们谁也不会想到，在不久的将来，曾被视为反动军阀的张作霖因与日本人的不合作态度被炸身死，而高调革命者汪精卫则在日本人的支持下在南京建立了傀儡政府。

  这种即使在今天看来也颇为不可思议的合作，就这样开始了。或者说，它早已开始，只是在最初，双方都不知不觉，而汪精卫的到来，将它提升到战略合作的层面上，开始有了周密的计划和部署。从此以后，孙中山的手书，不断飞到张作霖的大帅府。给张作霖的每封信，孙中山都亲笔书写。我曾经见过孙中山来函的影印件，信封正面上书"面致 张总司令雨亭启 孙缄"，正文用纸为大本营公用笺。信文为标准的孙中山楷行体书，布局讲究，行笔严整，一丝不苟，雍容典雅，偶有漏写的两个字也用小字谨慎地添在行侧。孙中山的亲笔信，一定曾让张大帅在阴沉的北国冬日里呼吸到一股来自南方的清新之气。在1923年11月25日的信中，孙中山写道：

  雨亭总司令大鉴：自去年陈炯明听吴佩孚唆使叛乱于后方，致我北伐之师中道挫折，因而致奉天师旅亦不克扫荡燕云，擒斩国贼，良用为憾。失败而后，只身到沪，犹奋我赤手空拳与吴贼决斗。一年以来，屡蒙我公资助，得以收拾余烬，又闽回师；又得滇军赴义，川民逐吴，遂将国贼在西南之势力，陆续扑灭，而广州根本之地，得以复还，此皆公之大力所玉成也。惟自得广州之后，残破之余，元气一时难复，而财政之困，日以迫人，以致不能速于扫荡，竟使叛逆尚得负隅东江，为患至今。而吴佩孚、齐燮元近日济以大帮饷弹，逆贼乃得倾巢来犯，旬日以士用命，将敌人主力完全击破，广州得转危为安，从此广东内部平定可期，而北伐计划亦可从此施行矣。故特派叶誉虎前来领教一切，并详报各情，到时幸赐接洽为盼。并候

　　大安。

　　　　　　　　　　　孙文。

　　　　　　　　　民国十二年十一月二十五日 [1]

这封由叶恭绰（誉虎）亲自带到沈阳大帅府的信函，已经清楚表明了张作霖与孙中山的密切关系，即二人早已进入实质合作阶段，而毫无虚假客套的外交辞令。从中我们可以看到，1921年4月，陈炯明兵变后，张作霖在孙中山最困难时期给予了支援。正是这份支援，帮助孙中山度过了最危险的时期。张作霖对孙中山革命的支持，是关键

---

[1] 《国父致张作霖及有关函电选录》，见《张作霖传记资料》，第1辑，第68页，中国台北：天一出版社。

性的。张作霖通过宁武等人向孙中山传话:"宁要在患难中交朋友。我不写信,信也难写,你就代表我去探望孙先生,请他到东北来住。"1922年4月,第一次直奉战争爆发,奉军孤军作战,没有得到南方革命军的支持,很快投降,对此,张作霖毫无怨言。与孙先生文质彬彬的政治家气度相映成趣,张作霖用沾染着浓重的泥土腥味的东北土话,以高分贝的嗓音说:"那边有个陈小子。这边有个张杂种,坏了事。胜败乃兵家常事,算不了什么。不过孙先生是文人,带兵是为难的。我不求他别的。只要他对国家大计多想办法,这帮家伙让我来用武力收拾他们!"[1]

1924年12月4日下午,应邀北上的孙中山,在河北曹家花园张作霖府邸,正式会晤张作霖。次日,张作霖到孙中山下榻的张园回访。这时,孙中山最大的敌人已经不是吴佩孚以及被吴佩孚煽动起来的陈炯明,而是他身体里的病魔。与前者相比,后者完全是一个无法战胜的敌人。这为他与张作霖的会晤蒙上一层阴影。形势的变化,尤其是吴佩孚这个共同敌人的消失,使他们的合作前景骤然黯淡下来。更可悲的是,他们只能把对方视为最后的对手了。此时,他们都不能不面对彼此间的思想差距。对此,他们心照不宣,也无法说破。"1924年寒冷的冬天,这位'纯粹的人'最后一次走进北京,病魔使他难以实现自己的梦想。在手握重兵、各怀心思的军阀面前,除了威望与

---

[1] 宁武:《孙中山与张作霖联合反直纪要》,见《文史资料选辑》,第41辑,第120页,北京:文史资料出版社,1980年版。

神圣令人仰望,他再也没有充沛的精力和能量来改变现实了。1925年3月12日,上午9时25分,孙中山病逝于北京铁狮子胡同11号行辕,享年59岁。"[1]

三年后,1928年1月8日,蒋介石就任国民革命军总司令。2月22日,蒋介石任国民政府军事委员会主席,发布通电,申明务于最短时间内完成北伐。而北伐的头号敌人,就是已于一年前在北京就任中华民国海陆军大元帅的张作霖。

1928年6月3日,在战场上支撑不住的张作霖,决定退回沈阳。次日凌晨,在即将抵达目的地的皇姑屯附近三洞桥,被炸身亡。

二 "虎 窝"

我在一个初冬的午后走进沈阳的大帅府。大帅府很静,没有什么人。尽管沈阳市已把它列为旅游景点、国家级文物保护单位,但游客依然寥寥,与近在咫尺的中街形如天壤。与"兴隆大家庭"(沈阳中街一家大型商场)铺天盖地的打折广告相比,张作霖对这座城市的影响力已经微乎其微。是时间促成了这一切变化,它把那位曾经不可一世的帝国元帅留在了时间的另一岸。时间正在武断地割断他与这座城市的联系。他与这座城市的距离越来越

---

[1] 李辉:《封面中国——美国〈时代〉周刊讲述的中国故事(1923—1946)》,第40页,北京:东方出版社,2007年版。

远，以至于被兴致勃勃地冲向打折现场的人们所淡忘。当我步履悠闲地走进帅府大院的时候，我在猜测，当年那些戴着雪白手套的卫兵，会站立在哪个角落。80年前，像我这样的凡夫俗子，最多只能隔着高高的砖墙，望一眼大青楼挺拔的尖顶——雪亮的刺刀会毫不客气地阻挡我的脚步。是时间给了我进入张氏帅府的门票。只要愿意，任何一个人都可以不请自来地到大帅的家中做客。时间的双重效应实在耐人寻味——它把逝者推得更远，同时，又拉得很近。

即使仅从建筑的角度，大帅府也是值得一访的。这座1914年，也就是张作霖被袁世凯任命为民国陆军第27师师长，授陆军中将军衔两年之后开始兴建的宅第，由3部分组成：一是由仿王府式四合院组成的帅府中院，二是由大青楼、小青楼等西式建筑以及家庙、花园等组成的帅府东院，三是由6座北欧式三层红楼组成的帅府西院。总之，大帅府是一个中西合璧的建筑群，它的特别之处，正在于它对于西方文化谨慎的接纳与对中国文化谨慎的保留。它的主体——仿王府式四合院，是中式的，坐北朝南，三进院落，主要建筑都是石雕柱础转角石刻，墙基镶嵌浮雕石板，墙顶镶嵌砖雕饰件，门前踏步垂带，挂梅栏板雕刻精湛，檐檩枋柱及门窗油饰彩画一丝不苟。我进去的时候，下午的冬阳斜射在那些砖雕上，使它的每个细小的纹路都被凸显出来，并且，随阳光的移动而变化。尽管这座建筑在装饰上费了一些工夫，但它给我的感受，依然是朴素与安逸，与奢华无关。或许是它灰色的砖墙，给整座建筑以稳重感，让人感到安稳、平和与放松。我曾经一千次地对"东北虎"的家进行想象，甚至在主流意识形态的提示下把它想象成鬼蜮魔窟，这种想象显然借鉴过南霸天、坐山雕以及刘文彩等提供的范例，但是，我从没想过张作霖的家是这个样子，它更像是一个富足之家，安详而和谐。正南门外是"寿"字砌成的砖雕影壁，挑檐起脊，墙壁正中镶嵌一块雕有"鸿禧"二字的汉白玉匾额。一进院由正房七间和耳房三间组成，是当年张家后勤部门所在地。与二进院相连的，是仪门和一道两米高的砖雕花墙。二进院是当年张作霖的办公地，正房七间分别是张的休息室、办公室、议事厅和书房，五间东西厢房分别是秘书长室、内收发室与秘书室。三进院是内宅，分别住过张作霖的几位夫人及孩子们，张学良就是在内宅长大的。

西式建筑中，以大青楼最引人注目。很多年中，它一直是沈阳市最高建筑。它的高度与它的重要性相呼应。与名字相配，这座青灰色的西洋楼，是典型的哥特式建筑，它的内部装饰却是中式的，青砖墙体，白色水泥抹边线，古朴典雅，充分显示了房子主人"中学为体、西学为用"的过人本领，以及实用主义价值观在民国军阀大脑中的战无不胜。自从它1922年建成后，它就成了东北的行政中心，张作霖和张学良两代"东北王"，都曾在这座房子里办公。从这里发出的文件，曾经决定着辽宁、东北乃至中国的命运，也决定着张氏家族自身的浮沉。实际上，大帅府是我个人成长史的重要背景。当硝烟散尽、和平年代，这里已经成为辽宁省作协的办公地，当时一家重要的文学期刊《鸭绿江》也在这里办公。出于与文学的密切关系，我把少年时的大量时光，都留在了这里。一想到大青楼，我就想到大厅里那个盘旋的木制楼梯，以及旧式家具散发的带着霉味的古朴气息——或许，不同年代，可以根据不同的味道来命名；我把那种旧木头的味道视为那个年代特有的味道，一想起那种味道，我就想起那个年代的小巷、楼梯和面孔。我只是没有想到他——那位逝去的"东北王"。我们出现在同一空间中，只是时间不同，我们便有了完全不同的命运与心境。"东北王"不会想到，在他的木楼梯上，还残留着一个无知少年闲散、快乐而单调的记忆。在沈阳，民国老房子无计其数，在我眼中，它们不是以民国遗民的身份进入现实生活的，它们就是我们日常生活的一部分——我的出生地，就是民国时期一座日式民居。对此，张作霖可能有不同意见，在他看来，没有了张作霖的大青楼，就不再是大青楼了。

或许是门口那个售票处的缘故，那个初冬的午后，我再次来到帅府的时候，突然产生一种陌生感。现在，我重返的不是自己的成长之地，而是一位军阀的故居、一个国家级文保单位。它们是两个完全不同的场所，但在这个下午，它们居然重合了。这迫使我不得不去考虑在自己出生以前这所宅子里发生的事情。我必须把那些印在课本里的模糊面孔，还有一系列惊天动地的历史事件，与这所宅子联系起来。所以，走进大帅府，就等于走进了历史内部，特别是20世纪20年代至30年代那段充满波折的中国史。历史的布景原封未动，仿佛中间的时间已被抽空，故居成为我们回到从前的最快捷的通道。我可以把现在假设为1925年，3分钟后，张作霖就会带着他著名的脏话闯进屋来。

三　背道而驰的轨道

1925年，日本人正绞尽脑汁地迫使张作霖就范。那一年发生了一件大事，就是东北军出现了内讧，杨宇霆举兵反奉。日本人乘张作霖危难之际，威胁利诱双管齐下，逼张作霖签订密约，答应日本关于"满蒙问题"的全部要求。

《剑桥中华民国史》对于"军阀"一词的释义是："'军阀'是指挥一支私人的军队，控制或企图控制一定范围的地区，并在一定程度上独立行事的人。在中文意义上，'军阀'是个不光彩的贬义词，意指没有什么社会意识和民族精神的一介武夫，是手中握有枪杆子以谋取个人利益的极端自私自利者。"[①] 这一概念在张作霖身上

[①] 《导言——中国历史上的沿海与内陆》，见［美］费正清、费维恺编《剑桥中华民国史》，上卷，第277页，北京：中国社会科学出版社，1994年版。

并不完全适用。说他"手中握有枪杆子以谋取个人利益"或许恰如其分,但是将他称为"极端自私自利者",甚至"没有什么社会意识和民族精神",则有些言过其实。我这样说,是根据一个简单的道理:"谋取个人利益"的人,未必没有"社会意识和民族精神",个人利益与国家利益,并不是一对克星,在更多时候,它们是一体的,只有保住国家利益,才能保住个人利益,这个道理并不深奥,对此,张作霖寄身已久的江湖,对他不可能没有启迪。

1904年,日本人和俄国人在张作霖的故乡打得不可开交。那时的张作霖已经30岁,正处于一生事业的上升阶段。而这个具有重要历史意义的阶段,却被日本人和俄国人挤得只剩一条窄窄的夹缝。这使张作霖练就了一身走钢丝的卓越技能。张作霖的崛起,既占过俄国人的便宜,也占过日本人的便宜。有人说他是一个十足的实用主义者,换句话说,即"有奶就是娘"。实用主义者这件外衣与张作霖的身材刚好合适。张作霖做过东三省总督徐世昌的门徒,也做过中华民国首任总统袁世凯的门下走狗,但是在日本人面前,实用主义的惯性作用突然消失,张作霖一向轻盈的步伐陡然变得滞重起来,仿佛前面有一道警戒线,拦住了他的去路。他不可能向前再跨一步。"汉奸",对于中国人而言,没有比这更加耻辱的字眼儿。作为军人的张作霖,对这个词有着本能的厌恶。二流子出身的张作霖偏偏没有叛国的遗传基因。在这个世界上，他或许情愿扮演任何一种角色，只有汉奸除外。在中国人的心目中，对于祖国的态度，是区分善恶的最后一条标准。他可能与任何人、任何政治势力为敌，比如直系、北伐军，甚至共产党，但绝不会成为自己国家的敌人。与《剑桥中华民国史》对于"军阀"的注释不同，国家利益，成为武夫张作霖内心得以凭借的最后坐标。

张作霖与日本人的矛盾，集中在一条铁路上，这就是"南满铁路"。如前所述，根据日俄两国的战果以及日后签订的一系列条约，俄国与日本分别控制了"北满"和"南满"。1906年，迫不及待的日本就在东北建立了"南满铁道株式会社"。值得注意的是，"满铁"并非一个单纯的外资企业，同时还是日本的情报机关。"它像一把利剑，从东北最南端的旅顺、大连港插入，穿过东北资源集中地区的辽南与东北的政治中心奉天，抵达东北战略要地长春，再往北则经过东北富饶丰腴的松花江流域，直达北部重镇哈尔滨。虽然南满铁路北部划到长春为止，其实它的势力范围已经扩张到了哈尔滨。日本人占有了南满铁路，实际上就等于占有了东北的命脉。"[①]

"满铁"是日本人精心培育的一只毒蜘蛛。日本人把它调理好以后，就放到了"南满"的胸膛上，让它在这血肉饱满的胸膛上，展开自己的毒爪，把血液当作自己最好

---

① 徐彻、徐悦：《张作霖——一代枭雄》，第224页，桂林：广西师范大学出版社，2007年版。

的营养素。对于辽宁人而言,一个恶性循环的过程由此开始了——这只吸血鬼因其永不疲倦的吸食而茁壮成长,而长大成人的毒蜘蛛,胃口和吸食能力也与日俱增。没有人能够终止这一过程。这时,需要"东北王"动用一下他的强硬和狡猾了。张作霖的确想出一个办法:办一条自己的铁路,与日本人抗衡。

东北的第一条铁路,是李鸿章当年筹划的京奉铁路,这条铁路从北京正阳门火车站出发,抵达关外中后所(绥中),就戛然而止了。现在,在张作霖的主持下,东北自建铁路已时不我待。这场与日本人进行的竞赛,就像当年北洋水师与日本联合舰队之间的竞赛一样紧张刺激。到1927年,东西两条干线——西线为打虎山(大虎山)至通辽的"打通铁路",东线为奉天至吉林省省会吉林市的"奉吉铁路"——陆续建成。它们都通过京奉线与关内连通,从而与京奉线一起,形成东北自建铁路的三条干线。

现在,轮到日本人的神经接受考验了。遗憾的是,他们的神经很快崩溃了。1926年的夏天,沈阳酷热无比,这更加剧了他们心中的化学反应。9月9日,日本驻奉天总领事吉田茂跑到大帅府,指责张作霖。狡猾的张作霖回答他:"东北当局没有这项计划,即使有计划也没有筑路资金。"[1]张作霖在为自己的铁路争取时间。

---

[1] 徐彻、徐悦:《张作霖——一代枭雄》,第225页,桂林:广西师范大学出版社,2007年版。

◇ 上图：奉天车站（摄于 1907 年）
◇ 下图：当年的奉天车站，今天的沈阳站

◇ 上图：1930年建成的北宁铁路总站（原沈阳老北站）
◇ 下图：沈阳铁路局沈阳铁路办事处

吉田茂从来没有像这段时期那样热衷于成为张作霖的访客，这当然并非出于他对张的热爱，而是出于对他的愤怒。在他（以及他所代表的政府）看来，中国人在自己的土地上建造铁路是不可思议的事情，这极大地触犯了他的国家和他的人民的"利益"。出于这种认识，他对张作霖说的每一句话都义正词严，捎带着还有些火药味儿。好在张作霖是行伍出身，对火药味儿并不陌生，也就没有什么不适反应。这反而使张作霖平静下来。面对日本人，他从未像现在这样和颜悦色、和风细雨。他开始以一种赏玩的态度对待日本人的恼羞成怒。有时候，国际较量实际上是一种心理较量，张作霖已经掌握了其中的窍门。

一纸借款合同，使张作霖筹到了2000万元，他的债主，是英国和美国。他把这笔钱用于建筑葫芦岛商港，以便摆脱日本人控制的大连港。日本人快被张作霖逼疯了。1927年六七月间，日本首相田中义一主持召开东方会议，会议以斩钉截铁的姿态通过了它的基本方针："坚决排除阻挠我国实行对满政策的势力，如有必要，则准备动用武力。"[1]

日本使节又来了。这一次是江藤丰二，满铁社长山本条太郎的义子，他带来了伪劣的笑容，和东方会议制订的《满蒙铁路计划》。按照这个计划，日本人将在北满再修五条铁路，为南满铁路扩展支线，并把朝鲜和中国东北连在

---

[1] ［日］关宽治、岛田俊彦：《满洲事变》，第6页，上海：上海译文出版社，1983年版。

一起。张作霖把计划书轻轻放在桌案上,说:

"这不是日本准备和俄国开战的铁路吗?"

他知道这份计划触犯了俄国人的利益,他想用俄国人压一压日本人。但张作霖也有软肋,不幸的是,这个软肋被日本人抓住了。江藤丰二说:

"如果你不合作,日本军队将要帮助你的敌人蒋介石!"张作霖的心被这句话烫了一下,他又想起了自己的军队与北伐军之间的厮杀。成千上万的头颅像向日葵一样被砍下。鲜血飞溅上天,被阳光照亮,红艳艳的,并且,是透明的,像旋转的灯盏,把大地照亮。北伐军所向披靡,自己的地盘越来越少了。他第一次觉得江藤丰二的目光咄咄逼人。他看清了自己的心思。张作霖暂时屈服了,在江藤丰二画出的五条铁路中,勉强圈上四条,他的笔在空中停留很久,又圈上最后一条。他感觉自己的手在激烈地抖动,他控制不了自己的手。

日本人深知趁热打铁的奥妙。他们很快拿来《满蒙新五路协约》,一叠崭新的纸页,中文日文排印得精心而考究,上面只缺张作霖签字。在日本人看来,只有张作霖在上面签上自己的大名,那才算完成了一件艺术品。但是,对此,张作霖不能苟同。张作霖看后,只吝啬地写了一个字:"阅",连名字也没签。1928年5月3日,张作霖下达总退却令,并向蒋介石发出停战通电。不久之后,日本人从张作霖口中得到一个坏消息,他写的这个"阅"字,只是看过了的意思,并不表示他已同意。从张作霖手里,日本人什么也没有得到。

6月1日下午，张作霖在北京中南海怀仁堂举行告别茶话会，款待各国公使，旗帜鲜明地表明了他对日本人的立场："只是大元帅府由北京迁往奉天，不管怎样，我姓张的不会卖国，也不怕死。"①

第二天，日本公使芳泽谦吉赶到张作霖办公室，这个可怜的日本人还对拿到协约签字本心存指望，没想到得到的只是张作霖一顿臭骂。身材矮小的张作霖聚集起他的全部胸腔共鸣吼道：

"日本人不够朋友，竟在人家危急的时候，掐脖子要好处。我张作霖最讨厌这种办法！我是东北人，东北是我的家乡，祖宗父母的坟墓所在地。我不能出卖东北，以免后代骂我张作霖是卖国贼。我什么也不怕，我这个臭皮囊早就不打算要了。"②

张作霖从未信奉过什么主义，或许，民族主义除外。民族主义，或许是唯一一种与生俱来的主义，而不需要太多外来的灌输。几乎每个人都是天生的民族主义者，而民族的灾难，又是这种主义最好的传布者。张作霖以近乎亡命徒的语气向日本人亮出了自己的主义。作为一个独裁者，张作霖是我们的敌人；而作为一个民族主义者，我们则可以把他视为自己的朋友。即使是一向喜欢对历史人物

---

① 《中华民国史资料丛稿·大事记》，第十四辑，第155页，北京：中华书局，1985年版。

② 罗靖寰：《我所知道的张作霖的对日外交》，见《天津文史资料选辑》，第二辑，第31页，天津：天津人民出版社，1979年版。

作出定性的历史教科书,面对张作霖这个极端复杂的人物,也感到无能为力。但无论怎样,这段独白使张作霖彻底获得了解脱:从此之后,再也不会有什么事令他感到无奈、焦灼、郁闷和犹豫了,他感到前所未有的畅快和通透。

四 皇姑屯·1928

尽管张作霖身材矮小,其貌不扬,但他身上有着十足的野性。这种野性,自然是东北的土地、历史与他跌宕的生活经历赋予他的。很多人在谈到张作霖的时候,都会谈到他少年时的一次赌博。那一次赌博,他输得分文不剩。他遭到了其他赌徒的合伙暗算,对此,他已心知肚明,却无计可施。终于,他做出了一个举动,令所有人大惊失色——他从腰间拔出一把刀,刀锋旋转,一块肉瞬间从腿上剜下来。他一只手堵住腿上那个血窟窿,一只手举着刀。那块带着体温的肉,插在刀尖上,在赌徒们眼前晃动。张作霖说:我现在只有这个了,来吧,我坐庄,咱们什么都不赌,就赌这块肉,如果你们赢了,这块肉就归你们;如果你们输了,我不要你们的钱,只要你们的肉。所有人的脸上都没了血色。他们只有哀求告饶的份儿。当张作霖亮出自己的本性,所有人都不是他的对手。

直到成为中华民国的实际元首之后,他的赌徒本色丝毫没有改变。与其他赌徒不同的是,张作霖敢以生命作抵押。如果一个人已经输得一无所有,生命,将成为他最后的赌注。当然,并不是所有人都敢动用这笔最大的储蓄,在这种情况下,苟且偷安也不失为一种选择,但张作霖永远不会做出这样的选择。作为一个老谋深算的政治家,张作霖并没有丢失他少年时的那份血性,这使他显得有些可爱和悲壮。

日本人的炸弹,张作霖并非初次领教。1916年,张作霖已经当上奉天督军兼奉天巡按使,掌握了奉天省的军政大权。由于他对日本人支持他独立的做法不予理睬,日本人决定搬掉他们"满蒙独立"路上这块又臭又硬的绊脚石。5月27日,日本天皇的弟弟闲院宫载仁亲王从俄罗斯首都返回日本,途经奉天,为表示礼遇,张作霖率部下27师53旅旅长汤玉麟等,乘五辆豪华俄式马车,在骑兵卫队的护卫下,大张旗鼓地赶往车站迎送。日本驻奉天总领事矢田也到车站迎送亲王。在撕破脸皮之前,张作霖给日本人留足了面子。但他对日本人阳奉阴违的态度,也是众所周知。对于张作霖的礼遇,日本人用一种特殊的方式予以回应。在从车站返回大帅府的途中,仿佛天上掉了一个大馅饼,有一枚炸弹,热气腾腾地从小西关附近一个楼房的窗口飞出,落在车队中。或许因为张作霖太不起眼,执行暗杀任务的日本陆军少佐三村丰等人张冠李戴,误把威风凛凛、霸气十足的汤玉麟当作张作霖。炸弹在汤玉麟坐骑前,爆出一大片红光,红光里,灼热的气浪和鲜血碎肉掺和在一起,向四周荡开。片刻之后,那些绿的脑子红的肠子才噼里啪啦从天下掉落下来。销烟散处，张作霖从地上爬起来，拍拍军服，又摸摸自己的秃头，笑了，说：我的脑袋还在。汤玉麟也只受了点轻伤。

张与卫兵互换了上衣，敏捷地蹿上马背，军马飞驰，绕道穿过胡同，穿过大西门，奔向大帅府。途经奉天图书馆门口时，一个人突然从图书馆门洞里冲出，手持炸弹，向张作霖扔去。张作霖见势不妙，双腿一夹马腹，为他的战马提速。一声巨响，气浪汹涌，战马如飞般在气浪中愉快地滑行，气浪掀掉了大帅的军帽。鲜血喷涌，但不是张作霖的，而是那名刺客的。行刺者躲闪不及，被炸身死，张作霖安然无恙。

但张作霖并不是九命鸟，他躲过这最后一劫，几乎是不可能的。日本人的计划一次比一次周密，而张作霖，最终也用完了他的运气。日本关东军参谋长斋藤恒少将的日记披露了这一点。他在1928年5月25日的日记中写道："松岗（满铁）副社长谈国内的空气。他辩解说要不要让（张）作霖活下去，社长没有多嘴。"

5月30日日记中写道："满铁社长来。由司令官听了他与司令官的会谈。民政党也认为，此时日本应该解决满蒙问题。但是，（1）干掉（张）作霖，使日本为所欲为；（2）让其多活些日子，使其变成傀儡；（3）命列国势力入满蒙，以实现所谓机会均等，等等。"

6月3日，就是张作霖从北京启程返回奉天的那个凌晨，斋藤恒的日记中留下如下记录："军宪要杀（张）作霖的计划，似由何本所规划。今天，总领事给我看电报。公使暗示军宪可能杀（张）作霖。"①

6月3日凌晨1点，北京正阳门火车站的月台上，月光皎洁。张作霖出现在站台上。退出北京，令他心情黯然，但一想到即将返回自己的故乡，想到自己的根和命脉，一股莫名的兴奋与战栗就从身体最深处升起。张作霖一点儿没有扫兴的感觉，他兴致盎然，本该清冷的车站，也因张作霖的到来而热闹起来。嘈杂声中，张作霖高昂的东北话回荡在送行的人群中，包括北京的各路中外要人，张学良、杨宇霆等也到车站送行。但是，所有的人都不会想到，从这里出发，张作霖将踏上一条不归路。实际上，很早以前，张作霖就已经踏上这条路，所以，北京正阳门的京奉铁路火车站，只是他的一个转乘点、一个驿站，自从他决定与日本人周旋对抗的那一天起，他的死亡就已经注定。作为死神的代理人，日本人不止一次地为他设计了死亡。他无法回避和拒绝日本人的好意。不知张作霖对此是否已有准备，那一天，他戎装笔挺，腰配短剑，以严整的军姿，奔赴他生命的终点。

火车在下午4时抵达山海关。张作霖深情地望了望这个军事上的要隘。侍卫送来精致的晚餐。据厨师朴丰田回忆，张作霖最后的晚餐包括：肉丝烧茄子、炖豆角、榨菜炒肉、干煎黄花鱼、菠菜烹虾段、辣子鸡丁，外加小白菜

---

① ［日］白井胜美：《张作霖被炸死的真相》，见［日］河本大作等《我炸死了张作霖》，第39页，长春：吉林文史出版社，1986年版。

汤。马夫人说:"明天的早饭就得到家吃了。"①

皇姑屯早已大名鼎鼎。但在当时,只是一个不起眼的小车站。张作霖的专列抵达这里,是在6月4日早晨。车站200米外有一座三洞桥,是日本人经营的南满铁路和中国人经营的京奉铁路的交叉点,桥上是日本人的铁路,而桥下则是中国人的铁路。这样的结构使这座桥具有极强的象征意义。两条道路在此相逢,旋即分道扬镳。坐在车厢里的张作霖感到天气微凉。吴俊升问:"天有点冷,要不要加件衣服?"张作霖看了看表,已是5点多,便答道:"算了,马上要到了!"话音未落,一股浓烟伴随着巨响,把他们吞没。

张府少将校尉处处长温守善一边呼喊着大帅,一边穿越烟雾向张的方向爬去。他的手首先被地板上的血粘住,接下来,他就发现了那些血的来源——它们全部是从张大帅脖子上的一个窟窿里冒出来的,像喷泉一样,涌动不止。他急忙用一个大绸子,把那个喷泉堵上。然后和张学曾一起,把张作霖抬到齐恩铭的汽车上,副官王宪武抱着他,横卧在车上,两边还有三公子张学智和随身医官杜泽先。汽车以最快的速度向大帅府驶去。这一次,奇迹并没有发生。张作霖于当日上午9时不治而死,年仅54岁。他留下的最后一句话是:"我受伤太重……恐怕不行了……

---

① 徐彻、徐悦:《张作霖——一代枭雄》,第241页,桂林:广西师范大学出版社,2007年版。

◇ 沈阳皇姑屯三洞桥，当年是南满铁路和京奉铁路的交叉点，桥上是南满铁路，桥下是京奉铁路

◇

◇ 佟淑坤的父亲、张作霖的随行副官佟春荫，张作霖被炸死的时候，他就在张作霖的所乘的火车上

叫小六子快回奉天！"①

所有难听的粗话或者动听的豪言壮语，连同那浓重的东北口音一起消失了。一个血性的武夫变成了一具尸体。他死得惨烈，并且死于日本人之手，这为他的一生陡增悲壮色彩。或许，这是一个强硬的民族主义者的最佳结局。鲍威尔对张的评价是："尽管东北长期处在日本军阀的铁蹄下，张作霖常常不得不奉命行事，但盖棺论定，他无愧为一个爱国的中国人。张作霖把自己的大半财产用于兴办教育。他年轻时没有受过良好教育，但他在东北亚地区，跟俄国人和日本人玩弄国际政治这副牌时，却是一个精明的牌手，应付裕如，得心应手，始终保持了东北领土的完整。"②在国破家亡的年代，恐怕没有比保国护国更大的政治，政党政治在这一政治面前当然不值一提。从这个意义上说，张作霖并非一个政治侏儒，相反，他是服从于国家利益这一最大政治的强人。很多年后，人们唱起当年的《大帅练兵歌》，依然充满激情。这首歌是这样唱的：

> 中华民国五族共和好
> 方知今日练兵最为高
> 大帅练兵人人都知晓
> 若不当兵国家不能保

---

① 张华民：《张作霖被炸所闻》，原载《辽宁文史资料精粹》，第一卷，第437页，沈阳：辽宁人民出版社，1999年版。

② ［美］鲍威尔：《鲍威尔对华回忆录》，第93页，上海：知识出版社，1994年版。

不久之后，这首歌被另一支队伍所传唱，经过改词，变成一首新歌，在那支队伍的领袖毛泽东大力推荐之下，流传至今。新歌的名字是：《三大纪律八项注意》。

五　统一的旗帜

小六子，就是张学良，美国《时代》周刊把他称为"张之后的张"。1928年6月4日，在北京的他接到了父亲的死讯，这一天，刚好是他27周岁的生日。

从此以后，张学良再也没在这一天过过生日。

那是一封密电，上面只有14个字：

"雨帅皇姑屯遇难，速回奉料理善后。"

接到电报的时候，张学良对于所发生的一切就已经了然于胸了。但那深处的疼痛并没有使他丧失理智。年轻的张学良在这一时刻显示出政治家的卓越素质。他看了看生日宴会上的宾客，其中有杨宇霆、孙传芳和军团部的高级人员，还有一些亲友，然后，若无其事地回到宴席中，谈笑如常。后来，张学良说："我父亲死了，我很痛苦，但现在，再苦也不能说出来。"[1]

与张学良的举动相呼应，奉天方面，对张作霖的死也采取了严格的保密措施，以防止局势突然变化。根据奉

---

[1] 管宁、张友坤：《缄默50余年——张学良开口说话》，第45页，沈阳：辽宁人民出版社，1992年版。

天省督办公署参谋长臧式毅的建议，奉天省隐瞒了张作霖的死讯，对外宣布张大帅只受了轻伤。大帅府，每日照常为张作霖做饭，医生每天来帅府，为张作霖换药，填写病历和处方。死去的张作霖像往常那样躺在床上，他的头部被绷带包扎起来，仅露出五官。他的身边，依然摆着鸦片烟具和水果，家人还为他重新配制了被炸坏的老花镜。中国历史上曾经有过许多次杰出的表演，这次无疑是其中之一。在这个历史的关键时刻，所有的演员都表现了他们高超的演技。日本人的智商此时遭到了愚弄。

大帅府里的演出，为张学良秘密返奉赢得了时间。6月17日，张学良剃光了自己的长发，换上灰色士兵服装，混坐在卫队营的士兵中，坐兵车，返回奉天。他现在所想的，是尽快回去，重掌军队。但日本人的想法显然不同，车到山海关的时候，日本宪兵上来查问，列车去奉天干什么，张学良是否在车上，卫队营营长崔成义回答：张学良不在。列车驶进奉天省界内，这样的盘查，在绥中、锦州、沟帮子等每站都要重复一遍。这一系列的关口，在张学良的生命中具有极强的象征意义。或许，他的生命，就是为那一道道艰难的关口存在的。当所有的关口消失，张学良就不再是张学良，而是一个历尽沧海的仁者、智者，一个异常平静的老人。

没有人能把张学良从那群灰色的士兵中辨认出来。连张学良自己也不能。他觉得他和身边的士兵质地相同，像一颗玉米，隐藏在浩瀚的田野里。这令他感到无比安全。

◇ 沈阳大帅府前的张学良塑像

◇ 在奉天督军府的张学良与杨宇霆
（奉天即今天的辽宁省，1928年）

◇ 张学良在沈阳就任国民政府陆海空军副司令，其右为张群，左为出关劝服他支持蒋介石的吴铁城（1930年）

如果说略有不同，就是他对日本人的仇恨更深，他返回奉天的心情更加急切。火车逼近皇姑屯了。张学良用喑哑的声音，对卫队营营长崔成义说：

"经过老将遇难处时，告诉我一声！"①

破晓时分，风很强劲，晨曦被风吹得一点点破开。张学良对老崔的劝告置若罔闻，把身子探向窗外。张作霖的遇难处，在张学良的视线里一闪即逝。老崔看到，张学良的脸色像铁一样阴暗和冰冷。这里是张作霖的死地，是他生命列车的终点，而对于张学良来说，一切才刚刚开始。

张学良返回了奉天，有惊无险。张学良所做的第一件事，除了抚尸痛哭之外，是以张作霖的名义草拟一份手令，内容如下：

> 本上将军现在病中，所有督办奉天军务一职不能兼顾，着派张学良代理，仰即知照，并转所属一体知照。
>
> 张作霖 铣

张学良模仿父亲的笔迹，签了名。他以假乱真的技术堪称一流，没人对此提出质疑。这一手令，于18日由奉天省长刘尚清正式发布，张学良于19日正式就职。

7月2日，东三省议会联合会会议一致改推张学良为

---

① 崔成义：《张学良奔丧返奉》，见方正、俞兴茂《张学良和东北军（1901—1936）》，第84页，北京：中国文史出版社，1986年版。

东三省保安总司令兼奉天保安司令。

日本人以为他们的炸弹会吓倒张氏父子,但事与愿违,张学良主政之后,于1928年7月1日发出通电,宣布与南京方面停止军事行动,绝不妨碍统一,并派遣官员前往北京,与蒋介石及其代表商谈"东北易帜"问题。一个掌握军权的人的思想,能够决定一国的命运,这是当时中华民国的政治现实。所幸,在历经军阀混战之后,当时的东北军,掌握在一个具有现代国家意识的政治家手里,他的民族主义思想,在一定程度上得自父亲的遗传,而他的国际眼界和现代知识结构,使他的头脑里比他的草莽父亲多了一些先进的元素。张学良认为:"换旗不换旗,这是关系东北前途,也关系中国大局的问题。日本不愿意我们换旗,其用心所在,大家都清楚,就是要挟持东北独立,但要俯首听命于它,做一个傀儡。这等于出卖民族利益,成为历史罪人,我们绝不能这样做。先大元帅尸骨未寒,我们认贼作父,良心上也不许我们这样做。要靖国难,报家仇,只有全国统一,合力对付日本。换旗以后,北伐军要进兵关外,师出无名,而且只要拥有实力,也不会失去自主。"[1]这就是张学良对当时局势的认识和自己所做的政治抉择。当历史把这个年轻人推向前台的时候,中国的统一,便获得了前所未有的机遇。至于这究竟是偶然还是必然,已经不再重要。

---

[1] 何柱国:《忆张学良将军》,见《西安事变资料》第二辑,第297、298页,北京:人民出版社,1981年版。

10月8日,蒋介石在国民党中常会上力排众议,提名张学良为国民政府委员,获得通过。12月14日,张学良向东北三省发出电报命令,决定于12月29日宣布易帜,东三省同时取下北洋政府的五色旗,悬挂国民政府的青天白日满地红旗,要求东北各省秘密赶制青天白日旗。[①]30日,南京国民政府任命张学良为东北边防军司令长官,奉军编入国民革命军序列,改称东北边防军。1929年3月1日,奉天省改称辽宁省,省会改称沈阳市。中国的统一,终于实现了。北洋军阀的历史,自此终结。

中华民国的旗帜,开始在东北各省飘扬起来。根据张学良的回忆,这些旗帜是在被服厂秘密做出来的,令日本人措手不及。[②]

易帜的同时,张学良开始着手另一件重要的事情,就是为父亲修建陵墓。一个巨大而高耸的陵墓,是所有政治家的最终去处。似乎只有巨大的陵墓,才能够把他们一生的业绩最终确定下来,供后人凭吊。许多以历史缔造者自居的人,自己对历史就持怀疑态度。而陵墓,则成为他们抵抗遗忘的最有力武器。在张学良的头脑里,事情或许没有那么复杂,他或许只想给自己在刀尖上度过一生的父亲安排一个清静的居所,一个与大帅府不同的,能够躲避所有人的目光以及所有明枪暗箭的休憩之地。这个后来被称

[①] 辽宁档案馆编:《奉系军阀密电》,第四册,第30、31页,北京:中华书局,1985年版。

[②] 参见张学良口述、唐德刚撰写《张学良口述历史》,第81页,北京:中国档案出版社,2007年版。

为"元帅林"的陵墓,位于抚顺城东的水龙卧村,对面是铁骑山,脚下有浑河水,四周峰峦起伏,森林茂然,从这里甚至可以望见当年努尔哈赤大败明军的萨尔浒战场,把这里称为风水宝地并不过分。这里,是张作霖真正的归隐之地。我从山坡上走过,除了荒草发出沙沙的声音之外,一切都是安静的。历史仿佛消失了,它只有在于回想之中,从这个意义上说,陵墓又是重要的,它向我们提示了历史是一个实体。因此,它不仅仅是帝王和政客们的事业,也是所有历史继承者的事业。没有它们,历史就会像耳畔的风一样飘散。与张学良的愿望相反,政局的迅速变化,并没有给张学良足够的时间完成心愿。张学良的易帜终结了日本人策动"满蒙独立"的计划,因此,他们已经开始着手制订一个全新的侵略计划。两年后,早已按捺不住的日本人终于撕去了伪装,正式开始侵华战争,而"元帅林"的工程,也只能半途而废。

六 "九一八":悲剧性的错误

日本外务大臣币原喜重郎有一个习惯,每天早上,他都是边进早餐边读报纸。1931年9月19日清晨,一条消息令他大吃一惊——那行粗重的标题如棒喝般令他立即警醒。昨夜,当他还在睡梦中的时候,日本军部已经兵不血刃地占领了中国沈阳。而他这个外务大臣,居然是事后在报纸上得到这一消息。

1931年，是稍有历史常识的中国人永远无法释怀的年份。从任何角度看，它都"属于那种加了着重号的、可以从事实和时间中脱离出来单独存在的象征性时间"[1]。它是中国现代历史的分水岭，许多人的命运，都在这一年发生改变，尽管这一年的元旦，与以往任何一年没有不同。所有的迹象，似乎都还未显现。统一不久的政府，在南京举行了第一次大规模阅兵。蒋介石一身戎装站在检阅台上，雄赳赳的中国士兵昂首从他面前走过——他们即将被这个总司令送到"剿共"前线上充当炮灰。检阅台上的荣耀并不能维持太久，2月以后，蒋介石变得日益郁闷和焦躁。这一点，可以从他的日记中得以证实。2月9日，蒋介石在日记中写道："见人面目，即受刺激，小人不可与共事也。纪念周时几欲饮泣，而又耐止，何人而知我痛苦至此耶！"[2]

蒋介石日记中的"小人"，是指立法院院长胡汉民，这位国民党元老正成为他独裁道路上的绊脚石。2月28日，失去了耐心的蒋介石索性诱捕并囚禁了胡汉民。这一鲁莽的行动，使国民党内反蒋势力的凝聚力骤然增加。5月18日，广州国民政府成立，党内反蒋人士团结在了汪精卫的旗下。这是一个奇怪的政治大联盟，囊括了当时国民党内胡汉民派、汪精卫派、孙科派、西山会议派和两广军人陈

---

[1] 欧阳江河：《站在虚构这边》，第49页，北京：生活·读书·新知三联书店，2001年版。

[2] 转引自常钺、饶胜文《九一八——事变背后的角力》，第35页，北京：中共党史出版社，2005年版。

济棠、李宗仁、白崇禧，等等。他们的利益和政治诉求各有不同，却在反蒋的旗帜下联合起来。4个月后，蒋介石在日本侵略军面前的退却政策，更给了广州国民政府起死回生的机遇，"反蒋抗日"成为广州方面威力极大的撒手锏。

只有张学良始终与蒋介石保持一致。在各路诸侯中，他忠实于蒋介石，对南京政府寄予厚望，希望它能打造出一个统一、强大的中国。尽管国家已经统一，但张在北方的势力仍然不可小视。所以张的政治取向，对蒋介石是至关重要的。张学良在主政东北期间，先后修建了沈海铁路、吉海铁路、呼海铁路等，到1931年，新修和完成的铁路营业里程有604公里，使日本人经营的南满铁路的利润骤降，运输量不足往年的40%。张作霖计划修建的葫芦岛港，也在张学良手中完成。东北的官员将此港称为"中国复兴之曙光"[①]。

东北的政治中心沈阳，历经张氏父子两代的经营，城市发展已经颇具规模。在市郊，有占地1000亩的东三省兵工厂，员工有3万多人；飞机场也设在城郊。张学良自己喜欢开飞机，他亲手缔造了中国最早的空军之一，拥有300多架飞机，同时拥有全国最好的炮兵与舰队。完备的军备，使这位国民革命军的副总司令，真正拥有统帅三军的实权。在他的筹划之下，中国第一家造币厂、第一台载

[①] 陈晓卿、李继锋、朱乐贤：《一个时代的侧影——中国1931—1945》，第13页，桂林：广西师范大学出版社，2005年版。

重汽车,也在沈阳一一亮相。

  1928年考上东北大学的学生马加有幸两次见到校长张学良。一次是在1929年春季开学典礼上,马加看到张学良和同学们一起参加拔河比赛,还有一次是在北陵的球场上打网球,张学良休息时正巧坐在他的身边。张学良注意到马加胸前的校徽,便问他是哪个系的、是否和参加奥运会的刘长春在一个学院。① 在这位半个多世纪后被辽宁省政府授予"人民作家"称号的老作家心里,少帅的声音在50年后仍清晰如初。

  在张学良的治理下,一个现代化的沈阳已经初露端倪。城市的每个区域都有现代化的影剧院,其中最有名的是亚洲电影院和大观剧场。在城市的街巷里,会时常飘出上海最新的流行歌曲。当时上海演艺界的"四大天王"黎莉莉、王人美、胡笳、薛玲仙,陆续到沈阳演出。词曲家黎锦晖的新歌《毛毛雨》刚刚完成,就在这座东北城市中传唱起来:

    毛毛雨下个不停 微微风吹个不停
    微风细雨柳青青 哎哟哟 柳青青
    小亲亲不要你的金 小亲亲不要你的银
    奴奴呀只要你的心 哎哟哟 你的心

---

① 马加:《九十感怀》,见王充闾、康启昌主编《辽宁新散文大系》,上卷,第3页,沈阳:春风文艺出版社,2002年版。

但是，中国的国运，并不像流行歌曲的旋律那样柔靡和浪漫，不祥的兆头，在6月份开始明显地显现。刚刚入夏，无休无止的雨浸透了大部分国土——不是流行歌曲里的"毛毛雨"，而是接踵而至的大雨和暴雨，珠江、长江、淮河、辽河流域河水猛涨。每天都有大批的人死去。尸体腐臭的气息弥漫了大半个中国。国民党中央宣传部发布的《为救济水灾告一国同胞书》，将这场水患称为"国难"。据统计，湘、鄂、赣、浙、皖、苏、鲁、豫8省合计受灾人口5127万，而当时中国的总人口，只有4.2亿。

秋风又起的时候，报纸上连篇累牍的是洪水的消息。这一年全国受灾区域达16省672县，在整个20世纪，1931年的洪水仅次于1998年的全国性水患。1998年的特大洪灾中，死亡3004人，而1931年的洪灾中，却有40万人死亡。

天渐渐凉了，上亿灾民的冬衣问题迫在眉睫，国民政府开始以每日1万套的速度赶制冬衣，并向全国征求破旧衣服和鞋，经消毒后运发各地。实业部部长孔祥熙致电张学良，请求依旧风调雨顺的东北能运粮赈灾；政府还劝告全国农民不要用美国运来的小麦做种子，并且下令灾区不可宰杀耕牛。[1]

那是一场至今令人不寒而栗的灾难。对于这个统一不久、刚刚经历了几年太平岁月的国度来说，无疑是一场巨

---

[1] 陈晓卿、李继锋、朱乐贤：《一个时代的侧影——中国1931—1945》，第15页，桂林：广西师范大学出版社，2005年版。

◇ 1931年的洪水。资源来源:《良友》杂志

大的打击,大水把国民政府冲得摇摇晃晃,国人刚刚获得的希望被大水冲毁。但所有的人都不会想到,所谓的"国难",才刚刚开了个头。这场天灾将成为漫长的兵祸的序幕。大水还未退去的时候,一群恶鬼已经闯入这个虚弱的国度。

张学良坐在北平的戏院里聆听《宇宙锋》,是梅兰芳的赈灾义演。就在这个歌舞升平的夜晚,他的东北,丢了。

张作霖与张学良曾经以自己的手段为保全东北与日本人争斗,显然这是一项不易完成的使命。关于这一点,我们可以在卢作孚的一本书中找到证据。1931年,实业家卢作孚将他考察东北后撰写的《东北游记》第二次印刷出版。他东北之行的第一站是大连,而后又去沈阳。他将沿途的见闻写进日记:

> 站上的职员大概都是日本人,常有日本的武装警察持着枪从那里站起。车站附近常有日本人家,城市常有日本人经营的街市。如有高烟囱耸立在中间,则大抵是日本人经营的工厂了,烟囱上常注明其是什么会社或株式会社。[①]

曾经有孩子提出疑问,"九一八"事变发生的时候,

---

① 陈晓卿、李继锋、朱乐贤:《一个时代的侧影——中国1931—1945》,第13页,桂林:广西师范大学出版社,2005年版。

为什么沈阳会有日本驻军？日本驻军，不是应当在它的本土上吗？这种问题的提出，缘于我们向来把历史事件作为孤立的存在，而不去寻找它们内部的联系。八国联军侵华后签订的《辛丑条约》，特别是日本取得日俄战争胜利以后签订的《朴次茅斯条约》，已经使日本在中国东北的驻军成为合法。我们国家所特有的漫长边境，在军事上已经失去了意义，任何强盗，都可以不请自来。他们的这一特权，是对中国"半殖民地"处境的最好注释。所谓"中国人民陷入深重灾难"，并不是一句简单的政治结论，而是孱弱善良的中国百姓们每天必须面对的现实。他们必须考虑的是，以后如何能在外国人的刀尖下讨生活。清朝末年的一系列不平等条约，已经为民国初年的灾难埋下了伏笔。这个仓促之间建立的民国，在经历了最初的兴奋之后，立即发现自己的尴尬——大清王朝从前的难题，如今无一遗漏地落在了自己的身上。它接管的是前一个王朝遗留下的破烂家当，其中还包括很多数目不菲的欠款借据。这些"遗产"，几乎使民国的雄心荡然无存。那些民国官僚必须接受的一个事实是：中国的领土，如今已成了他人的屋檐。我国近邻之一的日本，在这样的历史性机会面前，自然是当仁不让，这些曾经被我明朝海军无数次打到海里喂鱼的倭寇，扛着他们的枪，居然堂而皇之地在东北驻军，并开始酝酿向这片肥沃土地实施移民的计划，自此以后，贪心不足的日本人，注定将成为中国人民的头号仇人。

美国人开到横须贺①的"黑船",使日本人听懂了枪炮的语言——那是一门来自西方的外语,但日本人很快懂得了它的深义,并开始熟练使用。那是来自大海的启示,凶险的海洋,对于孱弱者将不再宽容。长州藩出身的吉田松阴,甚至划着小艇爬上"黑船",企图偷渡美国,去考察西方文明。他们相信,海洋文明,将在不同国家之间建立一个新的食物链,而那些弱小的国家,将必然成为贪食者的鱼肉。于是,吉田松阴贡献了他的"国策":

> 既与鲁西亚或亚墨利加缔结条约,当恪守之,勿失信于外国。于其间滋养国力。至于与其贸易得失之壑,可夺朝鲜满洲支那之土地,以填实之。②

一方面是对强者的毕恭毕敬,另一方面则对弱者睚眦必报。显然,日本人企图借此扭转他们在食物链上的不利位置,变成食人者,而不是相反。他们试图通过血腥的方法解救自己,他们顺从了列强的逻辑。福泽谕吉作为日本式帝国思想的集大成者,甚至提出"与西洋文明共进退"的思想,并将中国、朝鲜等亚洲邻国称为"恶友":"与恶友交亲者难免共有恶名,我应自内心谢绝亚细亚东方之恶友。"③从那时起,日本与中国之冲突,成为海洋国与

---

① 位于日本神奈川县东南部三浦半岛的城市,是军事要地。
② 转引自张承志《三笠公园》,原载《鸭绿江》,2008年第3期。
③ 同②。

内陆国的冲突,即进攻者与和平守护者之间的冲突。"其后,'日清战争'、'台湾征讨'、'北清事变'、'日俄战争'、'第一次世界大战'、'济南事变'、'满洲事变',每隔几年就有一场对外战争。日本帝国就是通过在这些战争中获胜而取得大片殖民地,并在此基础上建立起一个大殖民帝国。"①《剑桥中华民国史》指出:"中日在满洲的冲突是一场正经历严重经济困难的工业国与决心恢复并维护国家主权的农业为主的社会之间的力量的抗衡。"②拉铁摩尔也明确指出:"日本侵略中国满洲及征服整个中国的企图,在占领某种意义上,表现了海上势力与陆上势力的直接冲突。毫无疑义,那是一个使中国亚洲内陆边疆受海上势力支配的企图。"③

前面提到,1927年六七月间,日本首相田中义一提出:"坚决排除阻挠我国实行对满政策的势力,如有必要,则准备动用武力。"④在田中奏折的基础上,研究拿破仑并且信奉日莲宗的日本关东军参谋石原莞尔提出了"最终战争论",在《世界最终战争论》一书中,这位被人称

---

① [日]高桥哲哉:《靖国问题》,第55页,北京:生活·读书·新知三联书店,2007年版。"日清战争",即中日甲午战争;"台湾征讨",即日本占领台湾地区、镇压台湾地区人民起义的活动;"北清事变",即义和团起义;"满洲事变",即九一八事变。

② [美]费正清、费维恺编:《剑桥中华民国史》,第496页,北京:中国社会科学出版社,1994年版。

③ [美]拉铁摩尔:《中国的亚洲内陆边疆》,第9页,南京:江苏人民出版社,2005年版。

④ [日]关宽治、[日]岛田俊彦:《满洲事变》,第6页,上海:上海译文出版社,1983年版。

◇《纪念"九一八",誓死收复失地!》特刊

◇《良友》杂志对卢沟桥事变的报道（1937年）

◇《抗战一年》画报

◇《战时画报》

◇

◇蒋作宾手书"战争无勇非孝也"

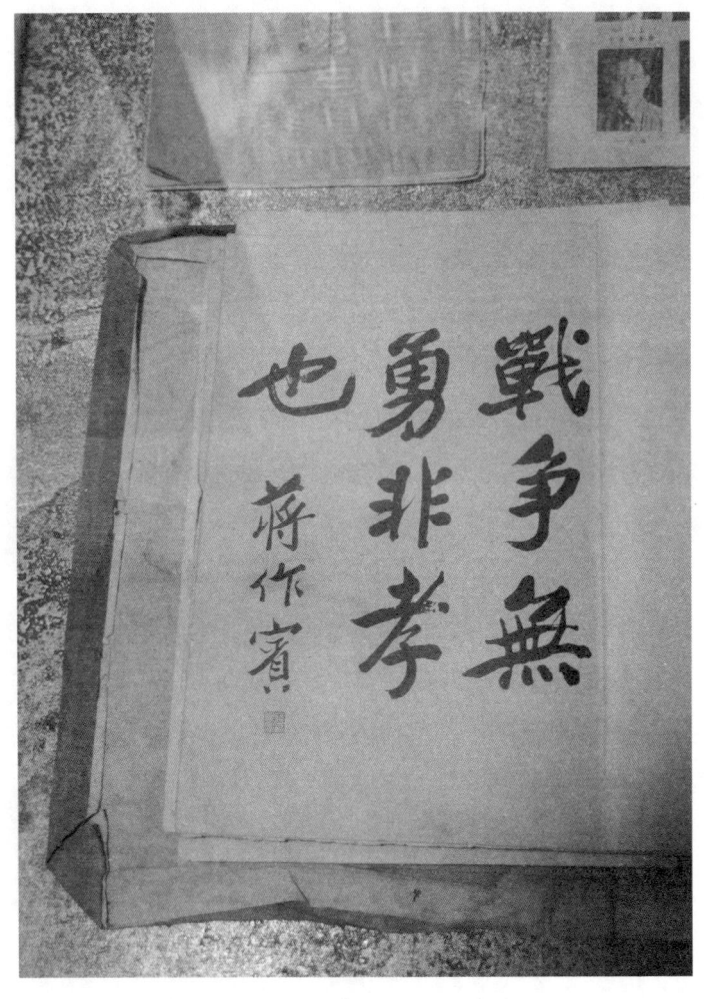

为"日本陆军大学创建以来最为出类拔萃的毕业生"的年轻军官指出:"世界终将归于一个统一的体系。而其中心将通过作为西洋代表的美国与作为东洋选手的日本之间的霸权争夺战决定。我国应该迅速地获得作为东洋选手的资格。"[1]在石原看来,取得选手权的关键,在于将当时的满蒙"变成我国的领土"[2]。日本人身体很小,但他们的胃很大,在欲望的催生下日益肿胀。这种有违自然之道的身体畸形早晚会使他们死于非命。然而,即使他们曾经从中国文化中了解了"天道"的含义,欲望的诱惑仍使他们欲罢不能。他们刚刚掌握中国文化的皮毛,就被西方列强的社会达尔文主义引入了歧路。或许,深厚蕴藉的中国农业文明对他们来说确如隔靴搔痒,而西方的强盗精神,更与他们的岛国气质相吻合。损人利己的通用法则,使他们在强盗的体制内如鱼得水。

无论如何,中日战争已不可避免。历史看上去像一盘散沙,由一个又一个偶然的事件组成,但它们内部存在着隐秘的联系。我们不能够看到它,不仅是因为它深隐在事物的内部,更因为我们只能观察近距离的事物。如果我们的目光能够跨越得更远,我们就会清楚地知道,20世纪30年代的中日战争,是清末那两场战争(甲午战争与日俄战争)的延续,在那两场战争之后,我们这个国度,就

---

[1] 日本读卖新闻战争责任检证委员会:《检证战争责任——从九一八事变到太平洋战争》,第138页,北京:新华出版社,2007年。

[2] 同[1]。

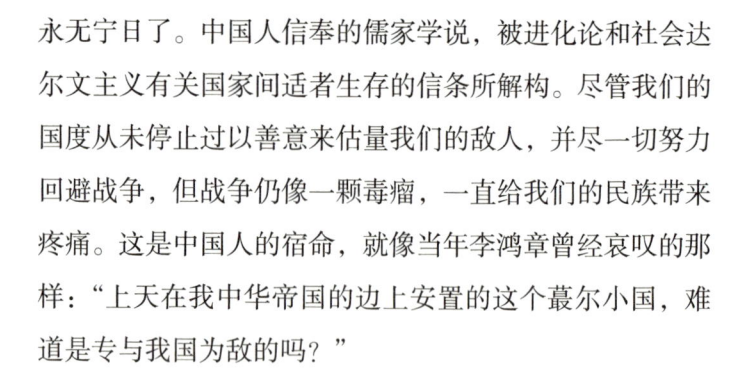

永无宁日了。中国人信奉的儒家学说，被进化论和社会达尔文主义有关国家间适者生存的信条所解构。尽管我们的国度从未停止过以善意来估量我们的敌人，并尽一切努力回避战争，但战争仍像一颗毒瘤，一直给我们的民族带来疼痛。这是中国人的宿命，就像当年李鸿章曾经哀叹的那样："上天在我中华帝国的边上安置的这个蕞尔小国，难道是专与我国为敌的吗？"

自从1929年的10月24日，美国股票市场突然崩溃，这些工业国就没过过一天好日子。日本既然享受了工业国的好处，也就必须承担工业国的灾难。1931年，日本失业人数已经达250万以上。这一年，不仅中国遭受了洪水的袭击，日本也未幸免于难。北海道的粮食收成只有往年的三分之一。到处是死亡的迹象，一些日本人悲观地认为，他们已经抵达了世界的末日。

坏消息接二连三地出现在报纸上。这令币原喜重郎的早餐变得索然无味。它严重地影响了他的胃口，而他的外交官职业生涯，也变得像他的国家一样飘忽不定。中日之间的矛盾、日本内阁与军部之间的矛盾、中国内部的矛盾——一切都在激化，向着一个无法确定的终点冲刺。20世纪30年代的世界，到处呈现出一片乱象，如同一个没有谜底的谜面，没有人对世界的未来具有预判的能力。日本的"激进分子"开始准备他们的行动。他们"和别处的激进分子一样，不愿致力于维持国内和国际秩序"①。引用1931年7月满洲青年联盟发表在小册子上的话说，在日本的控制下，"满洲不仅会减轻在本土的日本人的苦难，也会减轻中国'无产大众'的苦难。首先果断的行动会给日本带来光荣、威望和扩展，现在就亟须采取这种行动，为人民提供目的意识和民族自豪感。"②

日本内阁对于占领中国不抱信心。在他们看来，那是一场赌注极大的冒险，一项几乎不可能完成的使命。与军部一样，内阁是田中义一奏折的狂热支持者和信奉者，但包括币原喜重郎在内的内阁成员们，并不认为现在是最好的时机。"外相币原喜重郎清楚地了解这种挑战的性质；他意识到，除非大陆的军事行动受到抑制，它会损害日本同美、英的关系。他相信，由于全球性经济危机，这种关系现在变得比过去更重要。他还意识到，如果让军官们的片面行为合法化，大陆的军事行动还会引起国内的激进运动。"③对此，激进的军人们显然有不同的看法。"币原的政界和军界同僚几乎都对保持国内与国外秩序之间的脆弱联系不感兴趣。他们没有从国际主义外交和议会政治的联系看待沈阳事件，而是倾向于在中日关系的双边框架内对它

---

① 转引自日本读卖新闻战争责任检证委员会《检证战争责任——从九一八事变到太平洋战争》，第497页，北京：新华出版社，2007年。
② 同①。
③ [美]费正清、费维恺编：《剑桥中华民国史》，第498页，北京：中国社会科学出版社，1994年版。

作出反应。"① 在他们看来，占领满洲的计划，再也不能拖延了。他们摩拳擦掌，跃跃欲试，正逐渐失去耐心。这些被热血所蛊惑的年轻军人们，已经对说服内阁里的那帮老朽失去了兴趣。他们急需一场战争来完成自己的英雄梦，并且拯救这个几乎崩溃的岛国。大海对岸那个比他们的小岛大上几百倍的巨大国土，令他们眼睛发亮。他们企图在那里建立自己的新国家。

日本战败60周年的时候（2005年），日本最大的报纸《读卖新闻》成立了"战争责任检证委员会"，提出了一份长达35万字的检证报告，在涉及"满洲事变"（即我们所说的"九一八"事变）时，这份报告指出："挑头的是一批陆军大学毕业的少壮派'优秀'军官，当时他们担任'参谋'。而高级干部们则默许了他们'下克上'和'干预政治'。"② 这份由日本人拟订的战争责任检证报告，提供了如下事实：

> "1928年（昭和三年）3月1日，由陆军省和参谋本部的军官组织的研究会'木曜会'举行了第五次聚会。"该会以铃木贞一为中心，成员包括了后来的大部分甲级战犯，如永田铁山、冈村宁次、东条英机、石原莞尔等人。"聚会中，在根本博作完报

---

① 同①。
② 日本读卖新闻战争责任检证委员会：《检证战争责任——从九一八事变到太平洋战争》，第135页，北京：新华出版社，2007年。

告大家进行了讨论之后,当时为陆军省中佐的东条总结道:'为了帝国自己的生存,需要在满蒙确立完整的政治性权力。'当有人问'所谓完整的政治性权力是指攫取吗?'东条回答'是'。

"'为了日本民族的生存,为了解决人口问题,必须确保满蒙。而这与苏联的南下政策相抵触,可能会引发日苏之间的战争。届时,要把中国变成兵站,还要为与美国的战争作好准备。"①

1931年9月初,日本国内就盛传关东军将要在中国东北采取军事行动的消息,以至新闻记者向若槻首相提出何时出兵的问题时,若槻一脸尴尬。币原喜重郎外相致电日本驻奉天总领事,要求他管束日本浪人。自9月7日开始,本庄繁司令官率领高级参谋板垣征四郎、作战主任参谋石原莞尔等,对关东军驻扎在满铁沿线的部队,进行了一次不同寻常的检阅。这次检阅,是军队的战争动员令。日本人的弓,已经拉满了。

据《读卖新闻》"战争责任检证委员会"的战争责任检证报告,"九一八"事变的具体计划,早在1931年春天以前就已完成,具体方案是,制造中国人炸毁铁路的假象,并以保护满铁和侨民为借口出兵。9月15日,在日本内阁的压力下,日本中央陆军部向关东军派出特使——刚

---

① 日本读卖新闻战争责任检证委员会:《检证战争责任——从九一八事变到太平洋战争》,第135、136页,北京:新华出版社,2007年。

刚被提升为参谋本部作战参谋部部长的建川美次少将，要求他们"再隐忍一年"。事态的发展似乎对关东军不利。少壮军官们有些不知所措。

9月15日晚上9时半，一些战争狂热分子的面孔，在黑夜中聚集。花谷正说："建川奉怎样的命令而来，尚不得知。倘若奉天皇的敕令而来，我等就会变成逆臣，还会有坚决实行的勇气吗？好歹也应与建川会面后再作决定。"

今田新太郎对此有不同意见，他说："既然计划已经泄露出去，务必要在见到建川之前，趁锐气未减时动手。"

这时的板垣征四郎坐在一旁，脸上带着似笑非笑的表情，沉默不语。

突然，石原莞尔问三谷清："你说怎么办？"

宪兵队长回答："我主张坚决干。计划既已至此，只要点火，总会有办法的。"

争论持续到16日凌晨。一个大家认可的结果还没有出现。板垣征四郎站起身来，他身材矮小，但总是衣装整洁，外套袖口露出雪白的衬衫，头剃得精光，腮帮子刮得青白。他习惯性地搓搓手，给人一种文质彬彬的感觉。他提议作一次占卜，说着，他抓起一把筷子，立在桌上，说：如筷子向右倒的多，则立即停止行动；反之，马上行动。

所有人屏住气息，目光聚集向筷子，这些筷子，正履行决定历史的功能。板垣松手的时候，筷子倒了，而且大多数是倒向右边。这是天意，它注定了日本人的行为对天意的违背。这令板垣和所有战争狂热分子大失所望,他们在沉默片刻之后,沮丧地离开了会场。

三谷清就是这样沮丧地进入了梦乡。可不久之后,他就被石原推醒了。与板垣不同,石原是一个理性主义者,他不会让任何偶然的事件左右自己的决定,一旦他明确了自己的目标,就会不顾一切地去做。①

9月17日,重光葵公使向中外发表一份声明书,称:"最近中日两国间发生种种不愉快之事件,激刺两国之舆论,洵属不胜遗憾。中村大尉事件,尤为最不幸之一事,日本政府对之,以实际的手段,努力诱导友谊的迅速解决中。关于该事件,盛传日本军队有动员计划说,全系无根之谈,乃是一部分反动分子之宣传而已。"②

1931年9月18日,农历辛未年八月初七。沈阳高粱地里挂满了成熟的穗子,收获的日子即将到来。

沉重的夜色,遮蔽了所有神秘的事物。

东北大学的秘书长宁恩承在沈阳市内青年会西餐部宴请美国客人后,匆匆返回校园,路经满铁附属地,他看到有日本巡捕三三两两,手提灯笼,沿街巡察。日警巡察街道是常有的事,他并没有感觉出有什么蹊跷。

后来的情况显然出乎了宁恩承的意料,很多年后,宁恩承在《东北大学话沧桑》中,这样描述10点以后的情

---

① 以上史实见常钺、饶胜文《九一八——事变背后的角力》,第86—89页,北京:中共党史出版社,2005年版。
② 《重光使发表声明书 中日两国最近关系》,原载《盛京时报》,1931年9月18日。

形:"我方走到办公楼门前十码,忽然一个大炮弹经我头上飞过,一道火光嗖嗖作响,由西向东如流星一般飞去。夜深人静,大炮弹由头上掠过,声音特别清晰。我不禁大吃一惊,知道大事不好了,日本人开始攻打我方驻军北大营。"①

据王镜寰的孙女王玲回忆,那时,王镜寰正在自己的公馆里与大太太说话。从前的奉海铁路公司总理王镜寰,此时已被张学良任命为东北行政和财务总管,兼任中华民国外交部驻辽宁特派员,负责东三省外交事务。夜色渐深,家人们吃罢晚饭各自回房,上学的孩子一小时晚自习后就都睡觉了,二太太刚生了一个千金,也早休息了。一片静谧中,突然传来巨大的爆炸声。王镜寰刚要打电话询问北大营那边的情况,电话铃声就响起来了,正是北大营旅部打来的,说柳条湖附近铁路被炸,肯定是小鬼子干的,正在进一步调查。王镜寰说:"先摸清情况,防止势态扩大,我马上和行营联系。"他用另一部电话打往北平张学良行营。行营的回答是不要开枪,避免事端,先把情况摸清,尽量安抚,等等。话音未落,另一部电话又响起来,大太太接电话,说是北大营打来的:北大营目前的情况是小鬼子诬赖我们派人在柳条湖炸了南满铁路,现在几路小鬼子向北大营开来,并有小摩擦。王镜寰神色凝重地传达了行营的命令,接下来,行营又来电话、北大营又有

---

① 转引自陈晓卿、李继锋、朱乐贤《一个时代的侧影:中国1931—1945》,第17页,桂林:广西师范大学出版社,2005年版。

情况——日本鬼子又来电抗议、他又联络外务署官员……整个晚上，这两部电话没有停歇过。

火车的汽笛声如一把锐利的刀刃划破长夜。听到汽笛声，王镜寰脱口而出："长春过来的，铁轨没被炸，火车照常行驶，小日本在搞鬼。"又是一片沉寂，西屋二太太说："好不好叫听差出去看看街面情况。"大太太也连声附和，王镜寰说："也好。"朱妈妈赶紧出去传话。从这里进城，一路小跑也得个把钟头。他们不知等了多久，打探消息的听差终于回来了，上气不接下气地禀报说："满街筒子的人，都没个准信，瞎打听。大街上兵很多，有坐车的，有列队步行的，穿的跟宪兵不一样，像是野战军服。……"电话又响了，是关里打来的，王镜寰接起电话，刚听清对方通报姓名，电话一下断了。王镜寰马上抓起另一部电话打给电信局，大声说道："马上给关里拍电报，说日军已连夜进城，足见蓄谋已久。就你们所见、所闻，悉数向行营汇报、向有关部门汇报、向社会大众汇报。"王镜寰的声音哽咽起来，"有劳各位，我王镜寰在此向大家致谢……"话没说完电话又断了。王镜寰颓然坐到椅子上，口里吐出四个字："已成孤岛。"

关东军在沈阳柳条湖精心策划的爆炸，使他们拥有了进攻中国军队的借口。日本满铁铁道部的《满洲事变记录》详细记载了爆炸发生的地点和被炸情况：

> 被炸处位于以大连为起点404公里220米，上

行列车方向向左侧铁轨接头处,从北大营西道口向南 1 公里 50 米起点。只造成轻微的破坏。以铁轨接头为中心,向长春方向切断长 10 厘米,向大连方向切断 70 厘米;在铁轨联结处前后两根枕木延伸在铁轨外侧部分,几乎全部被炸飞散。其他无异常。①

这是一项并不高明的设计。事变后赶到沈阳的《密勒氏评论报》记者鲍威尔,在日军岛本少校陪同下采访爆炸现场,根据自己的观察,他发现现场纯属伪造:

> 在现场,我们和一些军事观察员看到 3 具中国士兵的尸体倒卧在铁路旁,可能他们是在逃跑时被击毙的。岛本少校说:"他们就在这儿引爆了炸药,炸毁了 3 根枕木和一段铁轨。"毁坏的地方已经重新修好,岛本少校一边说,一边把 3 根新枕木和一节新铁轨指给我们看。岛本又提醒我们说,从那 3 个中国士兵倒毙的地点,可以看出他们是在逃跑时被击毙的。但是,岛本少校却忽略了一个很小的事实:在那 3 个中国士兵的倒卧之处,居然没有血迹!由于在进攻沈阳的同时,日军还攻击了沈阳附近的中国驻军,所以弄 3 具中国士兵的尸体放在这儿,

---

① 常钺、饶胜文:《九一八——事变背后的角力》,第 103 页,北京:中共党史出版社,2005 年版。

显然是轻而易举的事。①

鲍威尔还写道，后来一位随着国际联盟李顿调查团来到沈阳的美国专家，又发现了日本人一个更大的破绽：

> 随团同行的美国专家道弗曼（Ben Dorfman），仔细查对了南满铁路的行车时刻表，结果发现一列时速50英里的快车，就在日本军方所说爆炸事件发生后的20分钟内，竟然通过了所谓被中国方面破坏了的铁路路段！为了自圆其说，日本军方推出一名证人。该证人是那趟列车的乘务员，他证实说，当列车通过那路段时，他曾经感觉到"轻微的震动"②。

显然，日本人编故事的能力并不高明。他们的故事中存在着难以理解的漏洞。这使他们的所有借口都显得荒唐和滑稽。他们忽略了一个更加重要的事实：任何偶然事件，都不可能成为入侵的借口，只有野心，是侵略别国的真正原因。而那些精心编制的借口，在他们的野心面前，都是些不值一提的鸡毛蒜皮。

没有必要与日本人进行任何理论，我们必须用自己的

---

① ［美］鲍威尔：《鲍威尔对华回忆录》，第186页，上海：知识出版社，1994年版。
② 同①。

枪炮说话。

但是，在这个关键时刻，中国军人的枪，哑了。

东北军士兵们在睡梦中被枪炮声惊醒。他们对于战争毫无准备。不仅他们，整个被大水吞没的国家都对战争毫无准备。9月18日，蒋介石正与周佛海亲密无间地站在"永绥"舰上，欣赏他对江西共军的"围剿"，几年后，周佛海便成为汪精卫伪政府的要员，与蒋分庭抗礼；而张学良，正在北平中和戏院，沉浸在梅兰芳幽咽婉转的唱腔里。那天晚上，东北军参谋长荣臻喊破了嗓子也无法与张学良取得联系，只好根据张学良避免与日军冲突的严令，用嘶哑的声音，向茫然的士兵们喊道："不准抵抗，不准动，把枪放到库房里，挺着死，大家成仁，为国牺牲。"

日本人带着稀奇古怪的叫声冲入北大营，刺刀捅向绝大多数手无寸铁的中国士兵。出于掩盖事实的考虑，同时显示自己的英勇，一位名叫佐藤庸的日军上校杜撰了这样的细节："闯入西北角营院，川岛中队所携弹药已尽，中队长以下乃挥动白刃战斗。此时，田村正中尉向中队长左边一黑影砍去，将敌之头劈成两半。一敌举枪向刀响处欲射，田村中尉'咄'的一声，举手挥刀将敌左手砍断，使彼枪支落地，继而，斜劈其头，毙其性命。谷川照一军曹亦毙敌3人，追赶逃者，冲入兵舍内。田村中尉刺杀门口之敌，冲入室内，电灯仍亮，敌兵4人前来对抗。谷川军曹与传令兵2人毙敌3名。田村中尉举刀砍向右边一敌，劈其面颊欲死，然敌仍以左手握住我刃，以右手欲刺。此一刹那，谷川军曹奔来，刺杀此敌。"①

为了更多了解"九一八"事变的历史细节，我曾埋头于辽宁省图书馆的史料中。其中许多时间，用于翻检《盛京时报》。这份当年日本人在沈阳出版的重要报纸，在整个辽宁省，如今也只能找到这一套原件了。所以，当我轻轻捻动它脆黄的纸页，内心产生一种走进历史的庄重感。此时，我想知道，在这个关键性时刻，日本人都说了些什么。

对"九一八"事变的首次报道出现在1931年9月20日的《盛京时报》第二版上：

> 18日满铁南行第14次列车通过后，于午后11时许，在北大营西方，突有中国正规兵，依将校指挥之下，爆炸南满铁路，并向日本守备巡逻兵一齐开枪攻击，该守备兵对之立即开枪应战使华军遁走于北方。华军大举逆袭，亦被日军击退尾追，直冲北大营，有顷华军大队五六百人重来逆袭日军，日军乃亦极力迎击进而直逼北大营，华军尚以机关枪、白炮、步兵炮等猛烈抵抗，日军一时陷于苦战，野田中尉负重伤，先是与此冲突勃发同时，该巡逻兵向虎石台守备队及驻沈守备队等打电话告急，经该两队急派兵共3个中队驰援，直至12时许，日军继

---

① 常钺、饶胜文：《九一八——事变背后的角力》，第105、106页，北京：中共党史出版社，2005年版。

墙而上，竟占据该营之西北角，比及19日午前1时25分，进占其东墙，即向弹药库开始攻击，华兵抗御甚力，此役也，战况殊激烈，炮声轰轰，疑摧地轴，直至30分许，日军格外猛攻，结果华军仅留一小部队而已。

午前6时30分，沈阳竟被占领矣。先是午前0时50分，日军驻部队由屯营出发，1时联队本部即次小西边门外，同时，其第二大队向迫击炮厂开始攻击，2时10分进抵小西关大十字街，2时40分竟绝城墙之西北角，4时30分进占城内西部地带，迫令华警缴械，6时30分完全占领。[1]

在这份报道里，日本人再次显示了他们对于编造历史的热衷，他们企图在这种拙劣的谎言中，完成自己的英雄梦想。只是这种虚构的历史就像没有根源的枝叶一样，在现实中无法找到生长的空间。

那个不平静的夜晚，荣臻在日军占领无线电台及电话局之后，用小型电报机发给张学良的密电，为我们保留了当时的真实情况：

万急。副司令钧鉴：详密。日兵昨晚十时许开始向我北大营驻军实行攻击，我军抱不抵抗主义，

---

[1]《北大营兵炸毁南满路 导致南满各地成战场 彻夜而闻炮枪轰轰隆隆》，原载《盛京时报》，1931年9月20日。

毫无反响。日兵竟敢侵入营房，举火焚烧，并将我兵驱逐出营。同时用野炮攻击北大营及兵工厂，该厂至现时止，尚无损失。北大营迫击炮库被毁，迫击炮厂亦被占领，死伤官兵待查。城内外警察各分所，均被日兵射击，警士被驱退出，无线电发报台亦被侵入。向日领迭次交涉，乃以军队之行动，外交官不能直接制止等语相告，显系支吾，并云由我军破坏南满铁路之桥梁而起，实属捏词。截止本日午前五时尚未停止枪炮。以上等情，均经通过各国领事，伊等尚无表示。职等现均坚持不与抵抗，以免地方糜烂，余续电，并乞转南京。谨陈。臧式毅、荣臻叩，皓卯印。[1]

通过这份电文，我们可以详细了解那天夜里发生的一切，它是我们了解"九一八"事变真相的珍贵文件。这份电文全文刊载在1931年9月20日《大公报》上，第一次出现"不抵抗主义"字样。显然，这是中央政府和张学良一再强调的。就在这一年的7月12日，蒋介石曾致电张学良，表示"此未对日作战之时"。16日，蒋又在电报中说："无论日本军队此后在东北如何挑衅，我方应予不抵抗，力避冲突。吾兄万勿逞一时之愤，置国家民族于不

---

[1] 常钺、饶胜文：《九一八——事变背后的角力》，第117页，北京：中共党史出版社，2005年版。

顾。"①张学良经过与国民政府要员的磋商之后，于19日上午10点，在北京协和医院向中外记者发表谈话指出："吾早已令我部士兵，对日兵挑衅，不得抵抗"。②当时的美国《时代》周刊报道说："深知自己的军队根本无力与日本抗衡，精明的张学良元帅欲尽量赢得世界的支持。他命令自己的军队放下武器，不抵抗日本军队。他在病床上签署声明。"③半个多世纪后，张学良在回忆那段历史时说："关东军经常寻隙挑衅，这日本小兵在街上，看到东北军人的刺刀，他们就走上前在刺刀上划火柴，故意挑衅。那东北小兵脾气大着呢，你来划火柴，老子就捅你一刀。但我下令，绝对不许反抗，老子就是不让你有借口。"④

事变的第二天，日本外务省就"满洲事件"向中国国民政府提出"抗议"，乃"俟调查真相后表示反驳的意思，同时预定向中外发表个中关于责任之所在，将言明日本军击退北大营之东北军，全然系自卫权之发动，入奉天城及沿线之行动，亦为使满铁完全运行之必要上为战略的占据，当与恢复秩序同时，复归原驻屯地"⑤。

同日，蒋介石在日记中感叹道："天灾频仍，匪祸

---

① 常钺、饶胜文：《九一八——事变背后的角力》，第118页，北京：中共党史出版社，2005年版。

② 同①。

③ 美国《时代》周刊，1931年9月28日。

④ 陈晓卿、李继锋、朱乐贤：《一个时代的侧影——中国1931—1945》，第18页，桂林：广西师范大学出版社，2005年版。

⑤《满洲事件对华说明 日外务省将发表声明》，原载《盛京时报》，1931年9月22日。

纠缠，国家元气衰敝已极，虽欲强起御侮，其如力不足何！"[1]

而日本主流媒体则对此次事变一片好评，认为"日军此次行动，系属正常，同时指摘中村事件及最近频发之中国官民暴举，蹂躏日本条约上既得权益之事实"[2]。

仿佛天人感应，事变后第三天，日本东京发生强烈地震。日本媒体称之为"最近稀有之强震"[3]。

19日晚8时，国民政府要人在南京国民党中央党部召开中央常务紧急会议，催促蒋介石速返南京，并决定向广东及其全国通电，中止一切内争，一致对付外患，同时向全世界友邦发表奉天事件真相，暴露日本之国际野心。21日下午1时30分，蒋介石乘"永绥"舰返回南京。两小时后，所有人在中央党部开会，紧急商定对日政策。

如果说张学良在"九一八"事变中作出的错误决策，归因于他在仓促间不能对局势作出正确判断，那么，他接下来所犯的错误，就更加不可思议了。沈阳丢失以后，东北军还拥有大半个东北，局面应该仍在张学良的控制之中。我们仔细分析一下当时的局面就会知道，当时，完

---

[1] 转引自黄仁宇《从大历史的角度读蒋介石日记》，第92页，北京：九州出版社，2008年版。
[2] 《日报评论奉天事件 认定为正当防卫行动》，原载《盛京时报》，1931年9月21日。
[3] 《东京又地震》，原载《盛京时报》，1931年9月22日。

整的黑龙江省还在马占山①手中,吉林虽然熙洽②投降了,但是丁超③等部抗日武装还在浴血奋战。特别值得一提的是,东北军主力还在辽南的锦州,辽左一带的反日运动此起彼落。在沈阳,臧式毅被囚禁50余日顽强不屈,甚至像东边道镇守使于芷山这样的大汉奸,也首鼠两端——一边与日军勾结,一边与张学良联络,并没有完全迈上日本人的战车,表明他对张学良的势力还心存忌惮。张学良一方,尚有军力可用,更有人心可依。而日本方面,则慑于张学良的威力,不敢轻进。10月18日,即"九一八"事变整整一个月以后,日军参谋部连续下达四次命令,要求关东军回军,不再前进,以免与张学良部队冲突。至1932年新年,始终没有与张学良部发生地面冲突。

然而,就在这样的局势下,张学良却作出了一个令人匪夷所思的决定:弃守锦州,撤入关内,这一决定使踟蹰不前的日军大喜过望,他们不废一弹,占领了这个进入关内的军事要地、东北边防军司令长官公署和辽宁省政府所在地。

---

① 抗日爱国将领、民族英雄。陆军中将加上将衔,被世人称作"抗日英雄"。

② 辽宁沈阳人,爱新觉罗氏。"九一八"事变后沦为汉奸,宣告吉林省独立。中华人民共和国成立后,熙洽被引渡回中国,1952年,病死于哈尔滨狱中,终年68岁。

③ 奉天新宾人(今辽宁省新宾县邓家堡人)。1931年辽吉事变,兼代护路军总司令。日军侵入东三省后,组织义勇军抗日,失败后沦为汉奸,苏军进攻东北将其关押,后遣返回国,20世纪50年代初病死于抚顺战犯管理所。

◇《东方画报》推出的《马占山特辑》

1932年的新年是沉闷的，1月2日，日军像旅行者一样，轻松进驻锦州，至此，中国东北全境沦陷。张的这一决定，不仅出卖了东北，而且出卖了东北的抗日力量。以马占山为主的黑龙江省既失去了精神上的支持，又失去了辽宁方面的军事呼应，而成为名副其实的孤军。日本人领会了张学良的好意，迅速北上，一举剿灭了马占山部。与此同时，东北的人心，陷入极度的悲观与失望中。

出于为尊者讳的好意，我们多年来对于张学良在历史关键时刻的悲剧性失误闭口不谈，仿佛已经发生的错误会因为我们的缄默而自行消失。有些学者已经习惯了根据自己的意愿打扮历史人物，我们的史书常常会泾渭分明地分开了正面人物和反面人物的队伍，前者一贯正确，而后者十恶不赦。而这样的公式套用在张氏父子身上时则遇到了困难，为什么张作霖是土匪，而继承了张作霖衣钵的张学良却是英雄？与父亲的"反动军阀"身份不同，张学良被定义为"爱国将领"，即使如此，他仍然会犯错误，甚至是巨大的、不可原谅的错误。对此进行掩饰，不仅是对历史的不尊重，甚至也是对张学良本人的不尊重，因为张学良后来一直被自己的错误所折磨，对自己当时的做法进行了深刻的反省，最能表明这种反省的，就是他五年后发动的西安事变。1931年，包括张学良在内的国民政府陷入一个深深的误区，在他们看来，日本不可能，也无力发动对中国的大规模战争，"九一八"事变，充其量是少数军人的一时冲动，只要中方克制，不扩大事态，日本最高当局自会站出来制止这一愚蠢的做法。这是典型的中国式幻想。在历经甲午战争、日俄战争,以及日本人对东北长达27年蹂躏之后,国民政府依然对日本人抱有幻想,充分表明了执政者的愚蠢无知。他们企图通过这种自虐式的回应,博取国际社会的同情,就更加荒唐可笑。对杀人如麻的强盗动之以情,这显然是不可理喻的错误。消极避战,保存实力,寄望于外交调停——一切都在重蹈覆辙。晚清以来,中国政府在对外战争中交过的一笔笔学费,并没有使国民政府有所长进。无可否认的是,在整个事件中,张应负的历史责任更大。事隔59年之后的1990年,张学良在年近90岁的时候,面对日本NHK电视台的记者,承认了自己当年的判断失误:"我当时没想到日本军队会那么做,我认为日本是利用军事行动向我们挑衅,所以我下了不抵抗的命令……我对'九一八'事变判断错误了。""我不能把'九一八'事变中不抵抗的责任推卸给国民政府,是我自己不想扩大事件,采取了不抵抗的政策。"[①]当时的东北军,黑龙江省正规军1.5万,准军事部队1.8万;吉林军5.5万人;锦州的辽宁军19.5万——远远超过日本军力。虽然沈阳的北大营丢了,但锦州的东北军东大营尚在,物资、指挥机关齐备。锦州所在后方为山海关,前方为狭长的地障,而日军兵力难以展开,后勤补给线完全暴露在周围抵抗力量的包围中。无论从哪个角度上说,形势都对中

[①]《"九一八"当夜不抵抗政策的责任争议》,原载《三联生活周刊》,2005年3月28日。

方有利。哪怕象征性地打一下，不仅会振奋士气，也会给日本内阁以口实，使其干涉军部的行动。不幸的是，中国军队以自己不抵抗的实际行动，给日本军人提供了最大的帮助，不仅使他们不费一弹占领沈阳，而且培养了他们进行更大赌博的胃口和决心，并帮助他们在与内阁的较量中，占据了上风。

日本人的狂妄，在一定程度上归因于中国人的姑息"培养"。东北军的不堪一击，极大地鼓舞了日本人。胜利者是不受追究的，关东军的"胜利"，使日本的媒体和整个舆论界倒向军界。在《读卖新闻》"战争责任检证委员会"2005年的检证报告中，关于战争责任的调查结果，认为"陆军及海军领导人"应当承担战争责任的，占67%，而新闻记者占6%。[1]当时的情况是，军人已经将他们对于战争的热情传染给了全体民众。"满洲事变"的"成功"，唤起了深隐在日本人内心深处的狂热情绪，"群情"被迅速"激昂"起来。战争如同鸦片，越来越让这个民族上瘾，越陷越深，无法自拔。不是日本人控制了战争，而是战争控制了日本人。那时，几乎所有的日本人都意识到一个简单的事实：这个贫弱小国彻底翻身的机会到了。50年来，他们还从没打过败仗。胜利像气球一样迅速膨胀。它终有爆裂的一天，但人们正被战争带来的巨大利益所蛊惑，无暇顾及战争的危险。战争将给他们带来关于未来的

---

[1] 日本读卖新闻战争责任检证委员会：《检证战争责任——从九一八事变到太平洋战争》，第327页，北京：新华出版社，2007年。

许诺,他们在经济危机中失去的一切,都会在战争中重新获得。一幅有关"王道乐土"的灿烂图景,一场类似于恺撒大帝的宏伟大业,摆在整个民族的面前,任何流血牺牲,都是值得的。战争是一种最大的欲望,一旦燃起,就很难熄灭,而且,带有强烈的非理性色彩——这正是它难以控制的原因。战争在非正常状态下对人格、信仰与思维方式的塑造,正常状态下的人们是无法理解,也是很难改变的。事变后,日本学生发起组织捐款、义演,酬慰满洲前线的"爱国将士",并把这一行动称为"爱国行动"。社会舆论普遍称事变为"爱国行为",并对政府的"软弱"政策进行指责。1932年5月15日,9名日本军官甚至冲进首相犬养毅的官邸,把他们的子弹全部射进了这位75岁老者的身体。与此同时,一个由贫困农民和渔民组成的极右翼团体"血盟团"组织了一系列暗杀活动,共有11位政界和财界领袖,成为这一团体的枪下之鬼。在这样的压力下,内阁中反对军部的声浪已经烟消云散,一向奉行和解政策的币原喜重郎外相黯然辞职。

就在张学良下达不抵抗令的同一天,似乎要在这一重要的历史时刻使自己平静下来,本庄繁司令官在刚刚迁到沈阳的关东军司令部(今沈阳中山广场边上的沈阳市总工会办公楼)里沐浴静身,然后,带着缭绕的水汽走出浴盆,穿上干净的和服。脱去军服的他,看上去更像一个平易的长者。石原莞尔、新井匡、武田寿、中野良次、片仓衷、竹下义晴,所有的参谋和幕僚都把目光投向他。枪炮声停止了,司令部陷入死一般的沉寂。三年前,皇姑屯事件的策划者河本大作受到处分,现在,他们不希望自己成为河本第二,让出兵中国的计划半途而废。他们已经等待了三年,而眼下的5分钟,比那三年更加难熬。终于,他们听到司令官的嘴里徐徐吐出几个字:"由本司令负责,干吧!"

全面进攻的命令终于下达了,本庄繁带着他的僚属和第30联队出发了。

这将是一次不归的旅程。它的终点,是14年后东京国际法庭的绞刑架。

日本美术大师平山郁夫说:"日本军国主义之所以失败是理所当然的。过去日本是向中国学,向西方学,而二三十年代陷入闭关自守、极权主义的怪圈。当时的军国主义与今天的恐怖主义、基地组织一脉相承,都自许高明,它们的下场只能是失败。"[1]中国作家张承志则说:"你们的强者与胜利的理论失败了。唯有经过一次人间炼狱般的惨败,你们才能懂得'除了真理,没有胜者'的理论。冥冥之中的强大无限的主宰,不会允许一个断绝他人希望的强国梦;不会成全一种践踏他人尊严与生存的民族前景。若是从'黑船'逼迫开国、民族选择霸道以来计算,日本的强国梦,不过仅仅做了不足百年。伟大的日本精神,令人憧憬的日本精神,不是被原子弹、不是被黑铁或

---

[1] [日]平山郁夫:《悠悠大河》,第305页,北京:生活·读书·新知三联书店,2008年版。

◇日本关东军司令官本庄繁发布的《日本军司令官布告》（1931年9月19日）

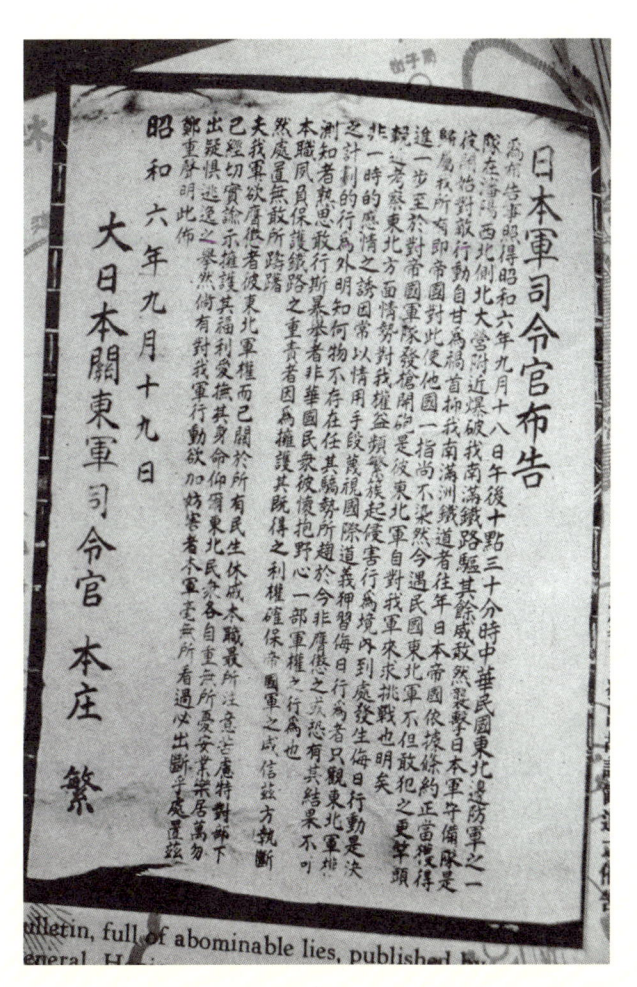

◇《盛京时报》发表的报道之一（1931年9月25日）

日本對滿洲案態度將由政府發聲明書

【東京二十三日電通電】日本政府對于滿洲事件之聲明書，預定二十五日發表。

【東京二十三日聯合電】政府關於滿洲事件，決定發表聲明書，向中外表明日本之態度與方針，目下正由外務省亞細亞局起草聲明書，政府在此項聲明書中，說明滿洲事件經過，及滿蒙諸懸案一氣解決之必要，此外並言及俟佔據地域保障安全、急速撤兵、與撤兵時期等。

【東京二十三日電通電】關於滿洲事件之聲明書，當於明日午前，詢若機首相南陸相幣原外相三閣僚會議，經臨時閣議或舉同開議承認，二十三日晚或二十四日朝發表，政府在此項聲明書中，豫定二十三日午後示外務省發表，內容要旨如左。

一、日本軍事行動、為自衛權之發動、中日兩軍之發動、非國際法上所謂之交戰狀態。

二、如滿洲治安恢復、日僑生命財產認為安全、則日本軍撤回原駐地。

三、日本政府為不使突發此等不祥事件、謀中日關係圓滿、希望兩國爭執中之滿蒙問題、一舉解決。

四、鑒於滿洲之特殊制度、前後交涉、由中日兩國直接單獨交涉。

關長樂軍民衝突始末

◇

◇《盛京时报》发表的报道之二

對滿洲問題張學良態度

【北平二十日聯合電】張學良關于奉天事件之對策、與榮臻以下各要人等慎重協議中、昨日派萬福麟鮑文樾等赴南京報告事件之經過、並使之探詢蔣介石之意嚮、由此觀測、東北派向中央解決事件之前提爲苟早、或至必要場合、向中央委任表面的交涉、難解決之實際的諸問題、關于單純之外交交涉、仍然基于東北獨自立場之見地、有與日本直接折衝之意嚮、尚無具體的成案、暫時觀望日本側態度之如何、然後似當決定對策、【北平二十四日商通電】二十三日赴南京之萬福麟、于二十四日午後三時返北平、向張學良詳細報告、因此結果、滿洲事件此後之方針、蔣張兩氏之意見、完全一致、對日善後交涉、向中央委任、山東北側派遣有力者赴南京參與交涉、物质的凶器，而是被精神打败了。在历史的真理和永恒的道德面前，日本失败了。"①

凶顽的海盗精神，在中国人的"天道"面前最终不堪一击。

文明，远比军事更加强大。

但那时的日本军人不会想到他们的失败，他们唱着军歌，正在庄稼成熟的东北土地上大步前进。军歌唱道："我们大日本帝国的军士们神采奕奕，英勇善战。"就像他们歌中唱的，不到四个月的时间，他们就占领了中国东北的全部土地。

七　血肉长城

沈阳市民一觉醒来，悲伤地发现青天白日旗已经换成了刺眼的膏药旗。平日里那些熟识的日本侨民已经拿起武器，以一份趾高气扬的神情，帮助他们的军队维持秩序。沈阳人的眼睛里，放出惊恐、疑惑的目光。这天的黎明，与黑夜有着同等的质地。这是一个长达14年的漫长黑夜的开始，中华民国的这些国民从这个早上开始了他们的亡国奴生涯。他们在自己的国土上沦为下等国民。那时的他们还不知道，他们的噩梦将在什么时候结束。

9月19日5时，东方渐白。宁承恩抬头向东望去，只见北大营方向火光冲天，缕缕浓烟缓缓上升。宁恩承知

---

① 张承志：《三笠公园》，原载《鸭绿江》，2008年第3期。

道,"北大营的火柱黑烟,宣示世界大战开始了"。但校园内没有炮弹落下,也没有抢劫奸杀,晨光笼罩着教学大楼、水塔、体育场像平常一样宁静。只是人们的脸上,流露出惶恐的神色,"好像居在台风的中心风眼之中"。宁恩承办公室的客厅里挤满了不知所措的教授、学生。

宁恩承最担心的是校园内的200名女生落入敌手。他找到学校女生部的主任金陛佳,让家住沈阳市或在市内有亲友可投靠者任其自由回家或投靠亲友,无处投奔者送入小河沿医学院(当时是英国人的学术机关,中立地带)躲避一时。

6时,学校的理工大楼,挤满了学生、教职员工、巡警,宁恩承在这里召开全校大会。他告诉大家:日军攻占了大帅府、兵工厂、北大营,但日军兵力不足,"大概不会派兵攻占我们大学文化机关"。

面对不知所措的大家,宁承恩语气沉着地说:"我将尽我的一切能力维护东北大学,给教授学生提供一切安全办法。"他说,"今天我是东北大学的船长,我们这条船处在风浪之中,不知要有什么危险。我向诸位保证……如果遇上危险,逃生的次序按我所说次序实行:妇孺先离船,其次是教授学生,再次是职工,我是永守舵位,尽力让大家先逃生。"

在国难当头的危急时刻,宁恩承提醒大家要有"士报国恩"的准备,面对任何危险。在讲话的过程中,全场听众寂静无声。

散会后，宁恩承命令会计主任解御风打开铁柜，把全部伙食费发给学生，然后将空荡荡的铁柜打开，以示存款已空，让校外强徒放弃抢劫的念头。①

19日早上，王镜寰公馆的门口，响起一阵沉闷的皮鞋声。他料定日本人会来，此时的他一身长袍马褂，坐在沙发上，等着他们。他听到有人在粗鲁地喊话："王镜寰出来！"是日语，王镜寰端坐在那里，一动不动，直到日本人径直走到他的面前，他的眼皮也没有抬一下。日本人哇里哇啦说了一大通，翻译官说，太君代表板垣司令官来送信，请王镜寰署长马上去关东军司令部议事。王镜寰站起身，带着听差，不急不慌地，随日本兵出去了。大门刚关上，家人们就拥挤在客厅里，大睁着惊恐的眼睛，喋喋不休地议论。两位夫人倒冷静了。孩子们不敢去上学了，她们先安顿孩子，让他们各自回房读书写字，吃饭时再叫他们出来；她们又派听差轮流出去打探消息；一切都安排妥当后，她们又检查厨房、仓库，不知什么时候才能出去，柴米油盐能维持多久。

中午时分，王镜寰回来了，满脸铁青，吓得谁也不敢说话，还是朱妈妈忍不住了，问听差："怎么不说话，两位太太都快急死了。"听差尽量平静地说："枪都掏出来了，差点回不来。说咱们修奉海路就是冲满铁去的，这回又炸满铁，就是不想活了。"这时，王镜寰才说："让我

---

① 有关宁承恩及东北大学在"九一八"之夜的情况，参见《74年前，东北大学沉着应对"九一八"》一文，原载《辽宁日报》，2005年9月18日。

出面组织维持政府,我哪能干这种给祖宗丢脸的事儿!"转而对两位夫人说:"收拾东西,别让孩子们知道。""逃难?""先做准备,不日必有消息。"

《盛京时报》刊登了担任沈阳附近警备的日军第二师力长多门中将19日发出的布告,内容如下:

> 一、我军纪律严正,对于无辜人民,极力保护,无犯秋毫,如有阻碍我军行动,或侦探我方机密之徒,一体重惩,毋予宽贷。
>
> 二、对于居住城内外商埠地其他各处日侨,均须完全保护,苟有危害日侨生命财产者,不问何人,定以枪决从事。
>
> 三、凡示威运动集会,其他苟使人心激昂,或图滋扰之行为,一律严行禁止,违者从重查办。①

同日,该报还报道了沈阳"暴民"千余人在沈阳站袭击货车、抢劫面粉的消息,称:"日兵乃即时开枪威胁,惟暴民不但不停掠,均皆担粉袋于肩,明目张胆而抢掠",于是日兵开火,击毙暴民十余人云云。②

9月的沈阳,寒风袭人,逃难者聚集在车站上。当时的沈阳有两个车站:一个是日本人为南满铁路修建的"奉

---

① 《日军第二师团长布告晓谕周知》,原载《盛京时报》,1931年9月21日。

② 《"暴民"蜂拥而抢面 日警备队出动即如鸟兽散》,原载《盛京时报》,1931年9月21日。

天驿",就是现在的沈阳站(又称"南站"),它的设计者是毕业于日本东京帝国大学的设计师太田毅,修建于1909年;另一个是"奉天火车站"(又称"奉天城站"),即沈阳北站(现为沈阳铁路分局办公楼),是当年张作霖为与日本人的南满铁路"奉天驿"相抗衡而修建的,是京奉铁路的端点和奉吉铁路的起点。现在,人们簇拥到它半圆形的钢筋铁皮筒拱下面,只能把自己的未来,托付给漫长的铁道线。从这一天起,他们将脱离原有的身份,只剩下一个共同的身份——难民。他们的历史消失了,他们的个人身份汇入一个集团。从车站开始,这个集团以日益扩大的规模,向广袤的内陆蔓延。

10岁的刘黑枷和他的两个妹妹,在拖着病体的母亲带领下加入了逃难的人群。后来成为《沈阳日报》总编辑的刘黑枷回忆说:"我的妈妈当时才32岁。带领着两个妹妹和我,妹妹一个七岁,一个三岁,坐火车四天四夜到了北平。不走不行啊。当时奶奶60多岁了,特别喜欢孙子,和我最好,舍不得离开。她抱着我,摸着我的脑袋,说不知道什么时候才回来呀;摸摸我的脚,天冷冻脚呀。"[1]到北平后,刘黑枷的母亲病死了,再也没有回到故乡。

溃逃的难民与溃逃的军队相遇,他们把军人的枪称作"烧火棍"。

1931年11月30日,鲁迅先生在上海《文艺新闻》发

---

[1] 陈晓卿、李继锋、朱乐贤:《一个时代的侧影——中国1931—1945》,第19、20页,桂林:广西师范大学出版社,2005年版。

表文章，写道："我们应该看现代的兴国史，现代的新国的历史，这里面所指示的是战叫，是活路，不是亡国奴的悲叹和号咷。"①

善良、隐忍，一向被中国人视为美德，但它是有条件的，即在受到尊重的前提下；而在动物凶猛的残酷世界里，这份美德反而成为一种弱点。美国社会学家E.A.罗斯在辛亥革命之年出版的《变化中的中国人》（*The Changing Chinese*）一书中得出如下结论："大多数中国人既没有西欧人那种强烈的意欲，也没有西欧人好斗的冲动。小伙子们吵架时一般恪守君子动口不动手的原则，他们像女人一样谩骂对方，却很少动真格的；尽管他们挥舞着拳头，但决不会打在对手的致命处。发生在苦力们间的吵架，更多采用评议谴责的方式，而很少发生武力打斗的场面。"②这种品格无疑是温驯的农业文明赋予我们的，与日本人凶悍激烈的海洋型性格格格不入。黑格尔说："勇敢的人们到了海上，就不得不应付那奸诈的、最不可靠的、最诡谲的元素，所以他们同时必须具有权谋——机警。"③海洋的训练，使日本人具有了与大海相同的特点："表面上看起来十分无邪、驯服、和蔼、可亲；然而正是这种驯服的性

---

① 鲁迅：《"日本研究"之外》，见《鲁迅全集》，第8卷，第320页，北京：人民文学出版社，2008年版。
② ［美］E.A.罗斯：《变化中的中国人》，第116页，北京：时事出版社，1998年版。
③ ［德］黑格尔：《历史哲学》，第84页，上海：上海世纪出版集团上海书店出版社，2006年版。

质,将海变做了最危险、最激烈的元素。"[1]有人曾经把中国男人与同是东方民族的日本男人进行过比较,认为:日本农民身上,永远隐蔽着一种军人式的凶猛表情;而在中国士兵的脸上,则永远隐蔽着一种农民式的温顺厚道。这并非中国人自己的结论,罗斯,这位美国威斯康星大学教授,在他的著作里写道:"中国人的这一特点与日本人的好斗的本性形成了鲜明的对比。日本人由于刚刚摆脱军事封建主义的束缚,所以尚具有好战的品性。"[2]相比之下,中国人中,即使士兵,也不具有进攻性,中国军队是世界上少有的纯粹用于防御的国家军队,这一传统至今未变。在弱肉强食的丛林法则之外,中国人早已调适出一套维持社会和谐运营的法则。这套以"温良恭俭让"为信条的人生原则,在一定程度上避免了社会秩序的混乱无序,控制了人性中恶的因素,如罗斯所说,"中国人公认,什么都比战斗要好","他们这种害怕惹麻烦的心理在他们所处的环境之下是理智的"。[3]这是一套成熟的契约,但它只在承认并且遵循这一契约的人群中生效,像罗斯说的那样,这一契约必须被放置在"他们所处的环境之下",而面对那些对这一契约嗤之以鼻的列强而言,我们必须摆脱这些信条的约束,展现自己强悍的一面。中国人的忍让,并不等

---

[1] [德]黑格尔:《历史哲学》,第84页,上海:上海世纪出版集团上海书店出版社,2006年版。

[2] 同[1]。

[3] [美]E. A. 罗斯:《变化中的中国人》,第96页,北京:时事出版社,1998年版。

于向强盗发出的邀请函，当自身的生存权受到践踏的时候，中国人就应当抛掉"君子动口不动手"的祖训，亮出尘封已久的宝剑。在危境中拯救自己的唯一途径，就是披上鳞甲，重新长出牙齿和利爪，恢复野性，用比敌人残酷一百倍的手段，咬断他们的喉咙。

中国人的死，是殉难；日本人的死，是报应。

事变后大约两周，一天后半夜，从后院墙跳进一个人来。值夜听差听到了声音，迅速冲上去，要捉住他。对方压低嗓音，说："别喊。"又说，"见王厅长，关里有信。"王镜寰此时也听到响动，没敢开灯，披衣走了出来。此人忙拱手低声说："少帅，有信。"微茫的夜色中，王镜寰辨认出他的面孔。他姓王，是王镜寰的老下属，曾在交涉署任俄语翻译，后随张学良进关，在北平行营张学良手下任职。王镜寰拱手道辛苦，拉着他，走进客厅后的一间小屋，借着微弱的灯光，来人从破夹袄大襟下扯出巴掌大小长方形的一块绫子，说："多亏少帅写在绫子上，又薄又软，好几回搜身都没摸出来。"王镜寰展开绫子，看到了张学良亲笔写下的三个字，眼泪立刻夺眶而出。那三个字是："速来平。"

王镜寰就这样丢下了妻儿老小，只带上他的两个儿子（一个16岁，一个13岁）乔装上路，三个人的身影，消失在浓密的黑色里。

他们一行三人，打扮成普通百姓模样，先是步行，大约走了半小时，在路上雇了一辆马车。由于王镜寰是东北名流，又处于被监视的状态，所以不敢在奉天火车站上车，而是直奔邻近小站——皇姑屯车站。他一路上不停地叮嘱儿子，此行是送他们去北平读书的，一个上初中，一个上高中，无论谁问及，都只能这样说。在马车上，王镜寰留心观察沿途巡逻的日兵服装，见都是关东军装束，与平时的日本宪兵队的制服不同，肯定是从外边开来的，才略为放下心来。

王镜寰迅速进关，令张学良大为欣慰，说："明宇先生来，中日政情无不知矣。"立时委任王镜寰为司令部参议。此时，李顿率领"国联调查团"已到北平，接待事宜就由王镜寰负责。所有日军侵略行径，悉由王镜寰当面陈述，并备有书面报告，用以备忘。作为"九一八"事变的亲历者，王镜寰的陈述获得国联调查团的信任和敬佩，给调查团很深的印象及影响力，导致调查结果是：完全肯定中国的克制表现，而谴责日本的野蛮行径。

"九一八"事变后，中央政府财力紧张，蒋介石向张学良问及东北财经人才，张学良首推王镜寰，于是马上派他赴察哈尔省任政务厅长。王镜寰上任后一方面调查大型资产状况，调整税务；另一方面打击贪污腐败，有力地支持了抗战。蒋介石十分高兴，在庐山召见王镜寰，并给予嘉奖。

三年后，张学良建立武昌行营，又电召王镜寰前往武昌，委以主任办公室高级秘书长。2月21日，王镜寰写了第一封家信，信中说："所好系为张帮忙，论公论情均无可辩之理……所难满意在惟家人父子未能朝夕相聚耳……"2月26日,王镜寰在家书中又写:"……移往中央旅社图节省旅费,此处每日两元二毛,璇宫每日五元八毛整……"二位太太见信,啼笑皆非,这位王大厅长的'抠门'劲儿又上来了,想当年在沈阳,就是有名的"穿大布衫,吃高米子儿"。成立东北银行等八所企业、担任董事长时,他每晚在东北银行餐会,都只是两菜一汤,其中必有豆腐,此时,眼看要搬武昌住了,在汉口这两天又换哪门子旅馆!这只是一封平常的家信,信上除写换旅馆外就是问候亲属及孩子,别无其他内容。没有人能够想到,当时的王镜寰,已高烧两天两夜。据说,王镜寰因每日坐摆渡往返过江,受了风寒,又因正值壮年,公务繁忙,自以为吃点药可以顶过去,哪料病势突然恶化,竟然高烧卧床不起。26日、28日,蒋介石两次电谕传见,均不能前往,3月2日清晨闭上眼睛,抛下两位夫人,15个子女,永不醒来。

张学良深感歉疚,亲往致祭,并书赠匾额,上写:"长怀无已",又满怀伤痛地写下一组挽联:"弃我忽若遗无路从容陪笑语;看君妙为政感时抚事增惋伤。"

王镜寰带着他的国仇家恨,溘然长逝。令他欣慰的是,在他的故乡东北,当政府军大幅度退却的时候,民众自发组织的抵抗组织开始向敌人发起攻击了。做到这一点,对于长期受到文明熏染的中国人而言,并不是一件容易的事件。中国的顺民,曾被认为是天下独一无二的物种，但是，具有世界最强忍耐力的中国人，在敌人的逼迫下，也开始了绝地反击。如果政府军队不能履行它的职责，那么民众就必然会代替它履行。如同日本人的狂妄在一定程度上是由中国人"培养"起来的一样，中国人强大的意志力，也是由日本人的野蛮"催生"的。辽宁民众与全体中国人一道，通过这场残酷的战争考验了自己的生命力。"九一八"事变后，以东北军爱国官兵为主体，包括工人、农民、学生乃至绿林武装在内的各阶层人士相继在东北各地建立起义勇军、救国军和自卫军等自发的抗日武装，统称"东北抗日义勇军"，以后成为国歌的《义勇军进行曲》，歌唱的就是这些抗日义勇军以游击战不断袭扰入侵的日军。1932年夏天，人数最多时曾达30万，活动地区遍布东北。

黄显声是东北义勇军的缔造者之一。作为东北军高级将领，他最早主张并实行武装抗日。他利用自己担任辽宁省警务处处长兼沈阳市公安局局长的特殊身份，组织抗日义勇军。当时，日伪报纸报道义勇军，必提及黄显声，关东军将黄显声领导的义勇军称为"日军之劲敌"。1932年，长城抗战开始之后，黄显声与中共北方局取得联系，中共先后派出多名党员以秘书、军需官的身份，对其部队进行改造。黄显声率领的骑二师成为"东北军中建立中共党组织较早的一支队伍"。西安事变后，黄显声被国民党秘密逮捕，关押于重庆"渣滓洞""白公馆"。

除黄显声部外，唐聚伍创建的辽宁民众自卫军、东北军下级军官王德林创建的"中国国民救国军"、邓铁梅在辽东领导的义勇军等，各自写下他们的英雄传奇。尽管政府军缺席，但中国人仍然不会给日本人的"王道乐土"留下一丝太平的空间。殖民地并非殖民者的安睡之所，而是成为他们的地狱。对此，上海《密勒氏评论报》评论说："满洲事实上没有不被袭击的地方，城市和铁路，竟找不出一处来。"《伦敦每日导报》也撰文指出："满洲国当局日陷不宁，目下满洲境内，日本人没有一条绝对安全的道路。"

1932年10月下旬，在上海颇有影响的《良友》杂志主编梁得所赴北平采访，专程看望了正在北平养病的张学良。在谈话中，梁得所有意回避敏感的东北问题，仅与张讨论摄影，但梁得所没有想到的是，在谈话即将结束的时候，张学良主动谈到了东北义勇军，他含着眼泪对梁得所说："他们才是真的英雄！"

应当指出的是，随着时间的推移，义勇军开始显露出"乌合之众"的特质。由于这些军队成分复杂，又缺乏统一领导，各部义勇军彼此间不能团结一致，合力御侮，有时互相掣肘，摩擦冲突，甚至互相残杀。旧奉军原本纪律松弛，对于扰民已习以为常，但毕竟还是军队，受一定约束；而收编的队伍，则全无纪律可言。曾有一支义勇军部队在进入大赉县时，将商店抢劫一空，到老百姓家里翻箱倒柜，把农民的马匹全部牵走，有的甚至强拉少女寻欢。这不仅削弱了这支军队的正义性质，而且使他们在训练有素的日军面前显得不堪一击。不到一年，这支队伍就在日军的扫荡下，销声匿迹了。

1935年2月，中共开始整合义勇军残部，在东北抗日义勇军、东北反日游击队和东北人民革命军的基础上，建立了东北抗日联军，简称"抗联"，先后编成11个军，拥有4.5万人。这是一支经过了"过滤"和改造的军队，作为一支正规武装，一直战斗到1945年日本投降。"东北抗联"恶劣的生存环境众所周知，他们承受着常人在常态生活中体会不到的巨大的压力。这些士兵如同一块块铁坯，在一次次危机、逃亡、死亡与绝境中，被命运的重锤所击打，终于百炼成钢，成为一把寒光闪烁的利剑。这支军队让冷酷、坚硬的日本军人，既感到不寒而栗，也为这支军队的存在感到不可思议。

同一年（1935年），剧作家田汉在被国民党逮捕以前，把他酝酿的一首歌词匆匆忙忙写在香烟的包装纸上。这张纸传到作曲家聂耳手里，不久，一首为电影《风云儿女》创作的主题歌《义勇军进行曲》诞生了，歌中号召"把我们的血肉筑成我们新的长城"。与中国北方那条被风雨剥蚀的古老长城不同，这是一条精神的长城，它的基本材料是中国人用以阻挡枪弹的血肉身躯，中国人用死亡诠释关于重生的意念。这是一条从未出现过的长城。这条看不见的长城，却令汹涌而来的海上暴徒望而生畏。或者说，那条砖石砌成的古老长城通过那些前仆后继的身体完成了自己的价值承诺。漂泊不定的长城，真正成为中国人

◇ 东北抗联教导旅在苏联哈巴罗夫斯克的合影,前排左四为旅长周保中、前排左二为副旅长李兆麟(1943年)

1945年8月,在苏联的东北抗联教导旅配合苏军解放东北。这是旅长周保中(前排左四)、副旅长李兆麟(前排左2),1943年在哈巴罗夫斯克合影。

顽强意志的一部分。长城变成了细胞,存在于每个人的内心深处。物质的长城与精神的长城遥相呼应,成为中华民族最具代表性的空间符号。

丰子恺曾回忆说:"我从浙江经过江西、湖南,来到汉口,在沿途各地逗留时,抗战歌曲不绝于耳。连荒山中的三家村也有'起来!起来!''前进!前进!'的声音出自村夫牧童之口。都市里自不必说,长沙的湖南婆婆、汉口的湖北车夫,都能唱'中华民族到了最危险的时候'。"建筑学家梁思成说,他在美国的时候,走在大街上曾听见有人用口哨吹奏《义勇军进行曲》,回头一看,是一个美国青年。背负国恨家仇和"不抵抗将军"罪名的张学良将军于1936年6月在陕西省长安县创办了"长安军官训练团",连续三期学员班每班都配备留声机教唱抗日歌曲,特别强调《义勇军进行曲》不仅军训团人人要会唱,而且回去要教会部队所有人。1940年,美国著名黑人歌唱家保罗·罗伯逊演唱了这首歌曲,并灌制成唱片,在西方世界广为传唱,成为世界反法西斯战士们共同的歌曲。1949年,在中华人民共和国第一届政协会议上,根据梁思成等人的提议,这首歌被定为中华人民共和国国歌。1949年10月1日,这首歌第一次在共和国的广场上回荡。它表明这个多难的民族已经如郭沫若诗中的凤凰那样浴火重生，在死亡和废墟上，赢得了胜利与未来。

2007 年 4 月 30 日北京动笔

2008 年 8 月 17 日康定完稿

2008 年 8 月 20 日康定一改完成

2008 年 10 月 4 日北京二改完成

2018 年 8 月 8 日成都三改完成

2021 年 10 月 20 日成都四改完成

图书在版编目（CIP）数据

辽宁传 / 祝勇著. -- 北京：华文出版社，2022.1
ISBN 978-7-5075-5535-6

Ⅰ.①辽… Ⅱ.①祝… Ⅲ.①辽宁-地方史 Ⅳ.①K293.1

中国版本图书馆CIP数据核字（2021）第265261号

辽宁传

著　　者：祝　勇
责任编辑：杨艳丽　郭俊萍
出版发行：华文出版社
地　　址：北京市西城区广安门外大街305号8区2号楼
邮政编码：100055
网　　址：http://www.hwcbs.cn
电　　话：总编室 010-58336239　发行部 010-58336267
　　　　　责任编辑 010-58336191
经　　销：新华书店
印　　刷：北京博海升彩色印刷有限公司
开　　本：880mm×1230mm　1/32
彩　　插：14幅
印　　张：12.625
字　　数：242千字
版　　次：2022年1月第1版
印　　次：2022年1月第1次印刷
标准书号：ISBN 978-7-5075-5535-6
定　　价：88.00元

版权所有，侵权必究